谨将此书献给母亲廖小玲女士、
爱人杨李娟和可爱的儿子熊穆熙

江西财经大学会计学术文库

高管薪酬与业绩预告精确度研究

EXECUTIVE COMPENSATION AND MANAGEMENT
FORECAST PRECISION

熊凌云 著

中国财经出版传媒集团

经济科学出版社
Economic Science Press

图书在版编目（CIP）数据

高管薪酬与业绩预告精确度研究/熊凌云著 . —北京：
经济科学出版社，2017.12

（江西财经大学会计学术文库）

ISBN 978 - 7 - 5141 - 8953 - 7

Ⅰ. ①高… Ⅱ. ①熊… Ⅲ. ①上市公司 - 管理人员 -
劳动报酬 - 研究 - 中国 Ⅳ. ①F279.246

中国版本图书馆 CIP 数据核字（2018）第 006284 号

责任编辑：庞丽佳
责任校对：徐领柱
责任印制：邱 天

高管薪酬与业绩预告精确度研究

熊凌云 著

经济科学出版社出版、发行 新华书店经销
社址：北京市海淀区阜成路甲 28 号 邮编：100142
总编部电话：010 - 88191217 发行部电话：010 - 88191522
网址：www.esp.com.cn
电子邮件：esp@ esp.com.cn
天猫网店：经济科学出版社旗舰店
网址：http://jjkxcbs.tmall.com
固安华明印业有限公司印装
710 × 1000 16 开 19.75 印张 360000 字
2017 年 12 月第 1 版 2017 年 12 月第 1 次印刷
ISBN 978 - 7 - 5141 - 8953 - 7 定价：75.00 元

前　言

　　高管薪酬和业绩预告精确度一直是国内外学术研究的两个热点问题。

　　在我国，管理层盈利预测是以业绩预告的形式做出的。早在 1993 年，国务院在《股票发行与交易管理暂行条例》中，就要求上市公司应及时向交易所与证监会提交可能会对上市公司股票价格产生重大影响的信息。但是 1998 年以前，我国很少有上市公司在盈利公告之前对盈利变动情况进行预测或警示，以致我国上市公司在财务报告公告前后，往往伴随着股市的大幅震荡，影响我国资本市场的稳定；同时，较差的信息环境也为内部交易滋生提供了空间，严重危害我国中小投资者的利益。为了提前释放上市公司业绩变动风险，保护中小投资者的利益，证监会从 1998 年起要求上市公司对未来期间可能出现的亏损进行预告，从而拉开了业绩预告制度的序幕。在此后的几年内，业绩预告制度得到不断地修改与完善，形成了以预计业绩亏损、扭亏为盈、业绩大幅上升或下降（与上年同期相比达到或超过 50%）时进行强制预告，其他情况下由上市公司自行选择是否进行预告的制度要求。

　　业绩预告作为重要盈余预测信息来源，是非常关键的信息披露机制，是具有前瞻性的上市公司未来业绩的提前预报，它集中反映了管理层对企业经营成果、现金流情况、财务状况的未来预估，可以有效帮助投资者提前了解与评估公司的财务信息状况，在对外传递公司核心信息时起到了重要的作用，由此国内外学者便对公司对外披露的业绩预告信息及其披露行为开展了大量有益地探索。

中国高管的薪酬问题不仅是某家公司的内部治理问题，而是关乎社会公平、贫富差距、社会和谐等与民生息息相关的社会热点问题，因此不仅广大投资者关注高管的薪酬，监管部门也高度关注。

在现代企业制度中，高管薪酬激励是解决代理问题较为普遍的机制，研究发现，激励有效的薪酬契约有助于缓解高管为获取私人收益而损害股东财富所引发的代理问题（Jensen and Meckling，1976；辛清泉等，2009）。然而，对于中国公司的高管薪酬激励是否发挥了治理效应，研究者目前尚未达成一致。吴育辉和吴世农（2010）研究发现，我国上市公司的高管在其薪酬制定中存在明显的自利行为，高管薪酬并未有效降低企业的代理成本，反而提高了公司的代理成本。权小锋等（2010）发现激励薪酬具有正面的价值效应，而操纵性薪酬具有负面的价值效应。

理论上，激励有效的薪酬契约应该有助于缓解高管为获取私人收益而损害股东财富所引发的代理问题，但由于中国公司的代理问题仍然较为严重，又由于高管薪酬契约通常是与企业会计业绩相挂钩，而会计业绩是在特定准则约束下遵循一定程序得出的结果，其容易受到高管机会主义操纵，盈余管理行为会显著影响用于生成业绩预告信息的内部财务报告质量，最终降低了以内部财务报告为预测基础的业绩预告精确度。本书以高管薪酬操纵动机为切入点，探讨了上市公司高管薪酬对业绩预告精确度的影响路径以及作用机理，并进一步考察了这种影响是否会受到所有权性质和机构投资者的调节影响。

本书共分为九章。第一章为绪论，主要提出了研究问题，论述了研究思路、内容、主要概念的界定以及创新点。第二章和第三章为文献综述，分别从高管薪酬和业绩预告精确度两个方面对国内外相关文献进行了梳理。第四章和第五章从委托代理理论、契约理论和信息披露理论论述了本书的理论基础，并陈述了高管薪酬和业绩预告相关的制度背景。第六章基于上市公司高管薪酬动机的视角，分析了高管为获取预期或超额薪酬而具有薪酬操纵动机，其主要通过操纵企业财务报告中的会计盈余来实现，导致损害了用于生成业绩预告信息的内部财务报告的质量，最终降低了业绩预告的精确度，并进一步检验了高管进行向上盈余管理与向下盈余管理这两种不同的薪酬操纵方式对业绩预告精确度的影响。第七章和第八章分别从所有权性质和机构投资者的视角研究了高管薪酬对业绩预告精确度的调节影响。第九章为本书的研究结论，并对研究局限和未来研究方向进行了论述。

通过理论分析和实证检验，并在控制内生性、样本选择等多方面的稳健性检验基础上，本书研究的主要结论如下：

第一，高管薪酬与业绩预告精确度成负相关关系。由于受到薪酬契约中设定好的会计业绩指标的捆绑与约束，为了获得薪酬绝对数额上的高薪或相对数额上的超额薪酬，管理层往往对企业的会计盈余指标具有强烈的操纵动机，这会显著影响用于生成业绩预告信息的内部财务报告的质量，即此时的内部财务报告中关键的财务指标被高管进行了机会主义操纵，其质量受到了严重的影响，导致降低了以内部财务报告为预测基础的业绩预告精确度。此外，相比向下盈余管理的企业，向上盈余管理的企业高管薪酬对业绩预告精确度的负向影响会变得更大。这表明高管为了保障获得预期满意的薪酬，同时需要达到薪酬契约的考核值，进行向上盈余管理的动机要明显强于向下盈余管理的动机。

第二，相比国有企业而言，非国有企业高管薪酬对业绩预告精确度的负向影响更大。这一结果表明非国有企业的高管相比国有企业的高管，为了获得高额或超额的薪酬，对企业会计业绩指标操纵的动机更大，从而影响了非国有企业中用于生成业绩预告信息的内部财务报告的质量，最终降低了非国有企业对外披露的业绩预告的精确度。此外，研究还发现限薪令对国有企业高管的薪酬管制有较大的影响，限薪令的颁布对国有企业高管的最高薪酬进行了管制，降低了国有企业高管通过操纵会计盈余指标来获取高额薪酬或超额薪酬的动机，从而降低了国有企业高管薪酬对业绩预告精确度的负向影响；但限薪令对非国有企业高管的薪酬管制几乎没有影响，并没有降低非国有企业高管薪酬随着时间的推移而对业绩预告精确度增大的负向影响。

第三，相比低机构持股比例的公司而言，高机构持股比例的公司高管薪酬对业绩预告精确度的负向影响更小。这一结果表明虽然机构投资者作为企业外部的财务投资者，不参与企业的日常生产经营，但机构投资者会通过他们的股权和资本市场的力量，积极参与和规范公司的治理，在实施对公司的监督效应时发挥积极的作用，可以对高管提出的不合理的薪酬提案施加压力，从而有力地抑制了高管攫取高额薪酬和对会计盈余进行操控的动机，同时进一步提升了高管薪酬业绩敏感性。此外，机构投资者还促进了公司自愿披露更多信息，提高了盈余信息披露的透明性和及时性，进一步完善了公司治理的结构。

本书对现有研究的贡献主要体现在以下三点：第一，本书通过研究高管薪酬与业绩预告精确度之间的关系来检验高管薪酬是否在业绩预告信息披露过程中发挥了作用，检验的重点是上市公司对外披露业绩预告信息的形式和性质，而业绩预告信息的披露形式属于企业自愿披露选择的范畴，为企业自愿披露行为、薪酬激励与信息披露行为方面的研究做出了增量贡献。第二，基于中国特殊的制度背景，高管的薪酬操纵动机在影响内部财务报告质量的同时，是否对业绩预告精确度产生预期作用，目前尚未有中国经验证据。本书的研究填补了当前研究的空白。第三，通过检验高管薪酬对业绩预告精确度的负向影响，侧面证明了当前我国高管薪酬契约是不完备的，为制定有效的高管薪酬契约提供了思路。

受研究能力所限，本书尚属于较为初级的研究成果，仍存在很多缺点与不足之处，希望能在以后进一步的研究中改进、完善。

目　　录

第一章

绪　　论

　　业绩预告作为盈余预测的重要信息来源，是非常关键的信息披露机制，是对上市公司未来业绩的前瞻性预报，它集中反映了管理层对企业经营成果、现金流情况、财务状况的未来预估。一方面，业绩预告可以有效地帮助投资者提前了解、评估公司的财务信息状况，在对外传递公司核心信息时起到了重要的作用；另一方面，有助于缓解公司内部管理者与外部投资者之间的信息不对称。因此，在公司对外披露的业绩预告信息及其披露行为研究方面，国内外学者开展了大量有益的探索（Ruland，1978；Jennings，1987；Pownall and Waymire，1989；Kim and Verrecchia，1991；Pownall et al.，1993；Gong et al.，2011；Sam et al.，2012；Anne and Ronald，2012；Goodman et al.，2014；王鹏程，1997；薛爽，2001；周晓苏和高敬忠，2009；王玉涛等，2011；李馨子和肖土盛，2015）。

　　由于业绩预告往往在盈余公告前就发布了，所以研究业绩预告在强化上市公司对盈余公告效应的关注上有很大作用。同时，为了让投资者及时了解更多的有效信息，更清楚地掌握上市公司近况，抓住潜在时机并避免潜在风险，证监会强制要求上市公司发布年度报告，并鼓励提前发布业绩预告。这对业绩预告的信息含量提出了更高要求，业绩预告的质量也日益受到众多投资者和监管部门的重视（Copeland and Marioni，1972；McDonald，1973；Ajinkya and Gift，1984；Skinner，1994；Bamber and Cheon，1998；Hirst et al.，2008；Hutton and Stocken，2009；Hui et al.，2009；Yang，2012；Gilles and Charles，2013；Hilary et al.，2014；Li and Zhang，2015；郭普，2002；蒋义宏等，2003；戴德明等，2005；张馨艺，2012；周冬华和赵玉洁，2013；刘彦来等，2015；郑建明等，2015）。

可见，研究业绩预告精确度将是一项大有可为的研究工程。本书拟综合委托代理理论、契约理论、信息披露理论等相关理论，利用文献研究、实证回归与规范分析结合的方法，从高管薪酬动机和契约有效性的新视角，研究上市公司高管薪酬对业绩预告精确度的影响及作用机理，并进一步考察这种影响是否会受到所有权性质和机构投资者的调节影响等问题。

本章旨在介绍本书的选题背景、研究思路、研究方法及内容安排。

第一节　问题提出与研究意义

一、问题提出

（一）高管薪酬影响业绩预告精确度的路径趋势

高管薪酬影响业绩预告精确度的路径，是通过高管薪酬契约与企业会计业绩相挂钩的机制实现的，而会计业绩是在特定准则约束下遵循一定程序得出的结果（Demsetz and Villalonga，2001），容易受到高管机会主义操纵

（McGuire et al.，1988；陈孝勇和惠晓峰，2015），导致以其为基础生成的内部财务报告的质量下降（Feng et al.，2009），被操纵的财务信息和低质量的内部报告最终又影响到业绩预告的精确度。激励有效的薪酬契约应该有助于缓解高管为获取私人收益而损害股东财富所引发的代理问题（Jensen and Meckling，1976；辛清泉等，2007；权小锋等，2010）。但对于中国公司的高管薪酬激励是否发挥了治理效应，目前尚未达成一致的结论。吴育辉和吴世农（2010）研究证实了我国上市公司的高管在其薪酬制定中存在明显的自利行为，高管薪酬并未有效降低企业的代理成本，反而提高了公司的代理成本。权小锋等（2010）发现激励薪酬具有正面的价值效应，而操纵性薪酬具有负面的价值效应。

因此，我国相关政府部门制定了相应的规章制度和准则，来规范与鼓励上市公司披露有关未来经营成果的业绩预告信息。比如证监会在逐渐放松一级市场盈余公告的要求的同时，加强了二级市场业绩预告的监管。2001 年以前，证监会规定一级市场首发上市（IPO）企业须在招股说明书（或上市公告书）中写明业绩预测信息；2001 年以后取消了这项强制披露规定。1998 年以前，二级市场鲜有上市 A 股公司对外公布盈利预测，也没有专业的证券机构或分析师对上市企业进行持续性的盈余预测分析。从 1998 年开始，证监会出于降低企业和投资者之间信息不对称程度，以及预防披露期间股价大幅波动的考虑，规定公司一旦发生重大亏损或连续亏损情形要及时对外披露该信息。2001 年起，盈余公告的形式更为多样，由单一的预亏公告演变为预亏、预警、预增、预盈等多种形式，而且还规定了业绩大幅波动的企业（利润总额变化幅度高于上年同期的 50%）也要对外披露盈余公告。2002 年证监会进一步规定公司累计利润亏损或大幅变动的企业要在当期季报中予以警示并说明原因。2003 年 3 月 26 日，《公开发行证券的公司信息披露编报规则第 13 号——季度报告内容与格式的特别规定》（2003 年修订）的通知发布，着重说明公司年初至下一报告期结束如果预测的净利润为负或同比变动较大，必须予以警示并解释原因。同样地，证监会于 2003 年 6 月 24 日发布的《公开发行证券的公司信息披露内容与格式准则第 3 号——半年度报告内容与格式》（2003 年修订）也强调、警示了同样的内容，还进一步规定公司管理层在公布业绩预告的时候要与招股上市相关文件、定期报告等披露的盈利预测相一致，要对比说明实际经营成果与净利润预测的差距及计划的进度。截至 2008 年，根据最新的业绩预告相关制度规定，上市公司出现亏损、扭亏、业绩出现大于或等于 50% 的上升或下降幅度等情形，需要在前一季度的季报中，或者本期定期报告之前以临时公告的形式进行盈余预告。

从总体趋势来看，反映公司未来经营成果和前景的业绩预告信息在资本市场上扮演着重要的角色，但是到目前为止对上市公司高管薪酬与业绩预告信息精确度之间关系进行专门的研究仍然较少。本书拟在此领域有所创新，以丰富契约理论和信息披露理论方面的文献，同时也为我国相关政府部门制定上市公司业绩预告信息披露准则和指引提供相应的理论参考。

（二）高管薪酬操纵的机会主义动机是否影响业绩预告精确度

相比上市公司披露的其他类型信息，上市公司披露的未来经营成果、未来财务状况的业绩预告信息具有业绩前瞻性和时间及时性的特征。对于外部投资者及时、提前了解与评估公司未来的经营成果、现金流情况、财务状况等方面具有重要的作用，通过增加这方面的信息披露可以有效提高公司公告的决策有用性，有助于缓解公司内部管理者与公司外部投资人之间的信息不对称。同时，高质量的业绩预告信息还可以降低公司的诉讼风险和公司的股权资本成本，精确度较高的业绩预告信息可以提高财务分析师的盈余预测准确度，并可以作为管理者才能的信号显示作用，为公司和管理者建立良好的声誉。这些都有助于公司缓解融资约束，吸引更多的外部投资者，从而提高股票的流动性。

然而，上市公司披露的未来经营成果的业绩预告信息的缺点在于很难被立即证实，且监管部门对其未有审计的要求，其可鉴证性较差，导致人们对业绩预告信息的质量和可靠性表示担忧（Jennings，1987；Skinner，1994；Rogers and Stocken，2005；Hutton and Stocken，2009）。尽管证监会和交易所都对业绩预告提出了各种指引文件，但是业绩预告并未达到"绝对的强制性"，业绩预告在我国属于半强制性形式，管理者在业绩预告形式的选择上具有很大的操控性，很可能通过发布虚假的、精确性不高的业绩预告来获取私人收益，从而误导投资者或分析师，表现出强烈的操纵动机和机会主义动机。尤其是在我国新兴市场转轨经济的特殊制度环境下，当前的法律制度和监管体系仍不健全，导致对违规业绩预告行为的处罚监管效果不乐观；同时，我国目前公司治理状况仍不完善，在薪酬契约设计失效的情形下，高管存在强烈的薪酬操纵动机。那么在高管薪酬操纵机会主义动机的情况下，公司对外披露的业绩预告精确度是否会受到影响呢？

（三）所有权和持股比例的"状态依存性"是否影响业绩预告精确度

由于我国处于新兴市场的特殊制度背景下，一方面，特有的体制路径和制度环境造就了上市公司国有性质和非国有性质的二元分立格局（袁振超等，2014）；另一方面，机构投资者在投资实践中，无论是长期投资还是短期投资，都会对公司的治理造成差异性影响。那么在半强制性的披露制度下，上市公司披露业绩预告信息的动机，及其对应的信息质量、精确度很可能会因为所有权性质、机构投资者持股比例等因素的差异而呈现变化，具体可能表现为跟随企业所有权性质变化、机构投资者持股比例变化而变化的"状态依存性"。那么不同的企业所有权性质和机构投资者持股比例对高管薪酬契约带来的差异影响，是否又会进一步影响到企业对外披露的业绩预告精确度呢？

对于这些问题的研究和探讨，有助于提升企业高管薪酬契约设计的有效性和企业对外披露业绩预告信息的精确性，对于保障公开透明、长期稳定、健康发展的资本市场有着积极的作用。

二、研究意义

对上市公司而言，高质量、精确性较高的业绩预告信息可以有效缓解公司内外部之间的信息不对称，提高公司的透明度，传递出公司管理者对公司未来经营效益、前瞻性决策等方面的信息，可以有效调整外部投资者对公司未来盈余的市场预期。在我国，近年来上市公司对外披露的业绩预告信息在资本市场上的市场反应和信息含量都越来越大，越来越多的证券分析师、机构投资者、普通投资者以及监管部门，加大了对上市公司对外披露业绩预告信息的关注度，其中业绩预告信息的精确度成为众多关注者所关注的重中之重。高管薪酬契约作为公司治理环节中重要的一环，对于公司业绩预告信息披露行为及其精确度具有重要的影响。此外，管理层在发布业绩预告时对业绩预告的精度、预告区间等预告形式上具有较大的裁量选择性，这对我们进一步探索哪些动机能够影响这些预告特征具有重要的意义。由此，基于高管薪酬的视角，对于认识企业对外披露业绩预告精确度方面有着重要的理论和现实意义。

（一）理论意义

在理论上，一方面，高管薪酬契约设计有效，则有助于缓解委托人与代理人之间的利益冲突，降低两者之间的代理成本，最大化地激励高管努力经营，最终实现将公司管理层利益与股东价值最大化理念有效地融合，丰富了最优有效契约理论的假说。另一方面，我国上市公司中存在着较为严重的代理问题,公司管理层往往会为了追求私人收益最大化,而损害委托人以及股东的合法权益,同时扩大公司内外部之间的信息不对称程度。当前我国上市公司业绩预告属于半强制性披露,公司在业绩预告披露的形式和方式上具有灵活多样性的选择,这种披露行为的选择直接体现为业绩预告的精确度,而高管的薪酬契约对于公司业绩预告披露的行为具有重要的影响。围绕高管薪酬与业绩预告精确度之间关系的研究,丰富了与高管薪酬契约有关的理论和信息披露理论,同时有效结合了契约理论与信息披露理论之间的互动关系。

(二)实践意义

实践中,业绩预告作为重要盈余预测信息来源,是非常关键的信息披露机制,既影响到股价,又影响了分析师预测,甚至还与个股买卖的价差有关,同时对投资者的定价抉择、交易活动、市场整体信息环境都有重要的影响,受到众多投资者和监管部门的广泛关注。因此,上市公司披露精确度较高的业绩预告信息有助于降低信息不对称、提高公司的透明度、缓解公司的融资约束和帮助公司赢得外部市场的信任,从而吸引更多新的投资者,有利于公司股票流动性的提高。高管薪酬契约是否设计的有效,作为公司董事会和薪酬委员会工作中的一项主要职责,对整个公司的长远经营和发展起着重要的作用。如果薪酬契约设计得不合理,契约对高管的监督与约束有限,这会严重损害用于生成业绩预告信息的内部财务报告的质量,从而影响业绩预告的精确度。因此,本书的研究在通过高管薪酬来影响业绩预告披露的行为上能够更好地被理解,通过辨别上市公司披露业绩预告的精确度,从而提高投资者的投资决策有效性,最终更好地保护自身合法的利益。

第二节　研究思路、方法与创新点

一、研究思路与研究框架

本书基于我国新兴市场转轨经济的特殊制度背景，研究我国上市公司高管薪酬与业绩预告精确度之间的关系。首先，本书分析企业高管薪酬对企业披露业绩预告精确度的影响路径和内在机制，检验了企业高管薪酬与业绩预告精确度之间的相关关系，并且进一步检验了企业高管不同盈余操纵动机下高管薪酬对业绩预告精确度的负向影响；其次，本书根据先前经典文献的观点，由于企业所有权性质是高管薪酬与业绩预告精确度之间关系中最重要、最根本的内部影响因素，选取了企业所有权性质这一指标作为调节变量，检验国有企业与非国有企业不同的所有权性质对企业高管薪酬与业绩预告精确度之间关系的调节作用；最后，由于机构投资者是高管薪酬与业绩预告精确度之间关系中最重要的外部影响因素和外部力量，本书还分析了机构投资者作为外部监督者是否对企业高管薪酬与业绩预告精确度之间的关系具有调节效应。

本书的研究思路是高管薪酬契约中给高管领取薪酬时设置了一定的考核值，即高管领取的薪酬与会计业绩相挂钩。如果公司当期会计业绩大幅超过薪酬契约的考核值，高管为了以后年度能拿到较高薪酬，存在隐藏当期利润的动机，做出向下盈余管理的行为；如果公司当期会计业绩低于薪酬契约的考核值，高管为了保障当期能拿到预期的薪酬，存在调高当期利润的动机，做出向上盈余管理的行为。这说明高管为了获得预期的薪酬水平，强烈地存在操纵与薪酬契约相挂钩的会计业绩的动机。盈余管理行为导致企业内部财务报告中的会计指标被操纵，降低了财务信息和内部财务报告的质量，业绩预告信息主要是依据财务信息和内部财务报告的质量来得出的，被操纵的财务信息和低质量的内部财务报告最终会显著降低业绩预告的精确度。本书研究思路如图 1 - 1 所示。

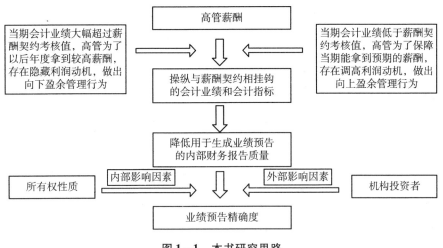

图 1 - 1　本书研究思路

基于以上研究思路，本书总共分为九个章节，每章的主要内容有：

第一章，绪论。本章首先介绍了研究问题与研究意义，接着对本书的研究思路、研究内容、研究方法、研究技术路线和主要概念的界定进行了论述，最后阐述了研究的主要创新点。

第二章，企业高管薪酬研究述评。本章分别从委托代理理论视角和契约理论视角，对高管薪酬的国内外有关文献进行了梳理。

第三章，公司业绩预告精确度研究述评。本章梳理了上市公司披露的业绩预告信息的国内外有关文献，分别从信息观和机会主义观两个视角展开评述。

第四章，高管薪酬与业绩预告精确度：概念界定与理论基础。本章首先对高管薪酬的相关概念进行界定，然后对业绩预告的几个重要概念进行辨析，最后分别从委托代理理论、契约理论和信息披露理论对高管薪酬与业绩预告精确度之间的关系进行论述。

第五章，高管薪酬与业绩预告精确度：制度背景。本章主要梳理了与研究主题相关的制度背景，分别陈述了高管薪酬相关制度和业绩预告相关制度。

第六章，高管薪酬与业绩预告精确度关系的基本分析。本章首先基于上市公司高管薪酬动机的理论视角，分析了高管具有追求预期或超额薪酬而进行薪酬操纵的动机，薪酬操纵主要是通过操纵企业财务报告中的财务信息来实现的，导致损害了用于生成业绩预告信息的内部财务报告的质量，最终会影响业绩预告的精确度；其次进一步探讨了高管不同薪酬操纵方式对业绩预告精确度的影响，即高管进行向上盈余管理与向下盈余管理这两种不同的薪酬操纵动机对业绩预告精确度的影响，由此分别提出了对应的研究假设；最后，采用普通最小二乘法回归模型进行实证分析，实证检验了高管薪酬对业绩预告精确度影响的路径和内在机制，并对内生性、样本选择、自变量度量、控制变量等进行了多方面的稳健性检验。

第七章，高管薪酬、企业所有权性质与业绩预告精确度。本章首先基于企业所有权的性质，将研究样本分为国有企业和非国有企业两类；然后分析了这两类差异的企业所有权性质对高管薪酬与业绩预告精确度之间关系的调节作用和影响路径，由此提出了对应的研究假设；最后，通过普通最小二乘法回归模型实证检验了企业所有权性质对高管薪酬与业绩预告精确度之间关系的调节效用。

第八章，高管薪酬、机构投资者与业绩预告精确度。本章首先论述机构投资者对高管薪酬与业绩预告精确度之间关系带来的变化与影响，由此提出了对应的研究假设；然后实证检验了机构持股比例高低不同时，高管薪酬与业绩预告精确度之间的关系所发生的差异变化。

第九章，研究结论、政策建议与未来研究展望。本章首先综合了前文的理论分析和实证分析，精炼出本书的主要研究结论，同时提出了对应的政策建议；然后指出了本书研究的局限性及未来研究的展望。

本书的研究框架如图 1 - 2 所示。

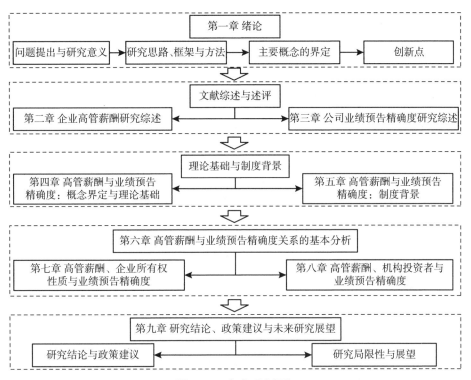

图 1 - 2　本书研究框架

二、研究方法

本书所采用的研究方法包括文献研究法、实证回归与规范分析相结合等基本方法。

(一) 文献研究法

所谓文献研究法就是从所要研究课题的历史出发，搜集与该课题有关的文献资料，从中抽取出有规律性的东西为我所用，并在此基础上，进一步调查或者比较分析，展开深层次的研究。文献研究法贯穿于课题研究的始终，为研究提供了科学依据，避免了重复性的无效劳动，有利于提高研究能力和研究效率。

为科学全面地研究上市公司高管薪酬对所披露的业绩预告精确度的影响，笔者进行了大量文献的查阅、分析和综合梳理，对目前国内外该主题的基本研究情况有了整体上的认识，充足的文献资料为本书数据选取、变量选择、模型构建、结果分析以及稳健性检验给予了充分的理论支持。同时，笔者还结合多种相关的理论，如委托代理理论、信息不对称理论、信息披露理论、契约理论等，在扎实的理论指导下，从企业所有权性质和机构投资者两个视角研究高管薪酬对业绩预告精确度的调节影响。

(二) 实证回归与规范分析结合

规范分析以一定的价值判断为出发点，提出某些分析处理问题的标准，并研究如何才能符合这些标准，它回答的是"应该是什么"的问题。而实证分析与规范分析相对立，它排斥一切价值判断，只研究经验事物和客观存在的规律，回答"是什么"的问题；其基本特征是从客观现象的分析、归纳中，概括出一些基本的理论前提假设作为逻辑分析的起点,然后在此基础上进行逻辑演绎,推导出一系列结论,并逐步放松一些假设,使理论结论更加接近具体事实。本书在研究过程中,试图综合两种研究方法,既通过对现状的具体研究,回答"是什么",又通过理论研究探讨"应该是什么"。

实证回归与规范分析是两种重要的相辅相成的研究方法,将实证回归与规范分析结合有利于系统、全面地研究高管薪酬与业绩预告精确度的关系问题。本书运用规范分析,通过委托代理理论、契约理论及信息披露理论等相关理论,构建研究的基本框架和研究思路,为研究企业高管薪酬与业绩预告精确度作提纲挈领的指导。根据规范分析的逻辑提出研究假设,再运用实证方法建立数学模型,检验规范研究的结果,并对模型的内生性、样本选择、自变量度量、控制变量等多方面进行稳健性检验。然后进一步分别检验企业所有权性质与机构投资者是否会对高管薪酬与业绩预告精确度之间的关系产生调节效应,最后运用实证模型来验证假设是否成立。

三、创 新 点

本书的创新点体现在四个方面,具体如下所示:

第一,本书的研究丰富了业绩预告精确度研究的理论框架。先前文献主要从代理成本、诉讼风险、管理层持股、内部人股票交易、分析师跟踪人数、机构投资者类型、审计委员会、法律环境等视角试图探索公司披露业绩预告精确度的影响因素(Bamber and Cheon, 1998;Hirst et al., 1999;Baginski et al., 2002;Hughes and Pae, 2004;Libby et al., 2006;Baginski et al., 2007;Rogers and Buskirk, 2009;Cheng et al., 2013;Feng and Li, 2014;张翼和林小驰,2005;张然和张鹏,2011;高敬忠和周晓苏,2011;罗玫和宋云玲,2012;袁振超等,2014),但尚未发现以高管薪酬动机和契约有效性的视角，分析和检验上市公司披露的业绩预告形式方面的研究。本书主要研究高管薪酬对业绩预告精确度的影响机制，进一步丰富了业绩预告精确度的研究体系。

第二，与先前研究关注点不同的地方是，本书从上市公司高管薪酬的视角研究了其是否会影响企业对外披露业绩预告的精确度，通过研究高管薪酬与业绩预告精确度之间的关系来检验高管薪酬是否在业绩预告信息披露过程中发挥了作用。与先前研究企业高管薪酬所不同的是，本书从高管薪酬的绝对数额和相对数额来度量，重点检验高管的薪酬操纵动机，并进一步分析了高管进行向上盈余管理和向下盈余管理这两种不同的薪酬操纵动机对业绩预告精确度的差异影响。与先前研究业绩预告精确度所不同的是，本书检验的重点是上市公司对外披露业绩预告信息的形式和性质，业绩预告信息的披露形式属于企业自愿披露选择的范畴，从而有助于研究影响企业自愿披露行为的影响因素。此外，基于中国新兴市场转轨经济过程中的特殊制度背景，深入检验了高管薪酬影响业绩预告精确度可能的路径与内在机制，为薪酬激励与信息披露行为方面的研究做出了增量贡献。

第三，我国政府及监管部门自1998年开始正式提出上市公司在符合预亏公告的条件下，应进行披露预亏公告，随后业绩预告被证实存在显著的市场反应和具有信息含量，越来越多地被监管部门和投资者所关注。同时，除了强制要求披露业绩预告的上市公司外，越来越多的上市公司自愿披露了业绩预告信息。但是我国属于新兴市场的特殊制度环境，当前对上市公司监管的外部法律制度和监管体系都不健全，对上市公司内部的治理制度建设也不完善，基于上述制度背景和市场环境下高管存在的薪酬操纵动机所影响的内部财务报告质量是否还能起到影响业绩预告精确度的预期作用尚未有直接的中国经验证据，本书通过大样本的面板数据、严谨的实证方法和对内生性的有效控制，弥补了先前文献的不足之处。

　　第四，本书研究还发现限薪令对国有企业高管的薪酬管制有较大的影响，降低了国有企业高管通过操纵会计盈余指标来获取高额薪酬或超额薪酬的动机，从而降低了国有企业高管薪酬对业绩预告精确度的负向影响。但限薪令对非国有企业高管的薪酬管制影响较小，并没有降低非国有企业高管薪酬随着时间的推移而对业绩预告精确度增大的负向影响。本书研究为合理评估政府薪酬管制等政策引发的微观治理效果提供了新的视角。

第二章

企业高管薪酬研究述评

第一节　国外文献述评

经典的契约理论认为，企业高管薪酬契约是市场化的结果，高管薪酬契约设计的科学合理，可以将高管所获得的个人报酬与公司业绩、股东财富这两者有效地结合在一起，即将高管的利益与股东的利益有效地捆绑在一起，从而缓解两者之间的利益冲突，降低两者之间信息不对称的程度，最大化激发高管努力经营水平与管理能力，保障企业长远、稳定地发展。根据有效契约理论，高管薪酬超出市场平均的部分是高管个人能力的表现（Fama，1980）。但是，最优契约往往受到委托代理行为的干扰，导致公司高管为谋取个人私利，随意利用会计选择来操纵会计业绩和盈余情况，破坏了薪酬契约的有效性（Schipper，1989；Gul et al.，2003；Francis et al.，2005）。20世纪70年代开始，契约理论和委托代理理论逐渐成熟并受到学者们的积极关注，其中契约理论和委托代理理论紧密地联系在一起，直接或间接地影响企业高管薪酬的有效性。本书将分别基于委托代理理论和有效契约理论的视角，结合高管薪酬的相关研究成果进行述评。

一、委托代理理论视角的文献述评

詹森和麦克林（Jensen and Meckling，1976）提出并论证了经典的委托代理理论，他们认为，公司的所有权与控制权是相分离的，公司的内部管理者和外部投资人之间的利益往往也是不一致的，甚至是冲突的；经理人是非理性的且存在强烈的个人利益最大化倾向，导致公司的投资决策行为都是为自身利益所服务；同时，经理人在获取自身收益最大化的时候往往以牺牲外部投资者的利益为代价。德姆塞茨和维拉隆加（Demsetz and Villalonga，2001）基于委托代理理论的视角，从事后道德风险来分析公司出现无效的高管薪酬契约的原因。文章基本的理论逻辑路径是，高管薪酬契约往往与企业的会计业绩相挂钩，会计业绩因受到会计准则制约，侧重反映短期业绩，是特定约束和程序下得到的结果；而且，由于高管对会计准则如何影响会计业绩是一清二楚的，因此会计业绩非常容易受到管理层操纵（McGuire et al.，1988）。

从委托代理理论视角研究分析高管薪酬的问题，国外学者主要从以下六个方面展开：

（一）关于盈余管理与高管薪酬的研究

大量的实证文献已经证实了高管薪酬与会计盈余之间存在较强的相关关系（Lambert and Larcker，1987；Jensen and Murphy，1990；Baber et al.，1996；Baber et al.，1998）。以会计盈余为基础的业绩指标要受到会计原则（如可验证、稳健、配比等）的约束，然而，会计系统并不能全面反映和评价所有的信息，导致对经理人员的业绩评价标准存在不够准确的情形，且存在时滞（Amir and Lev，1996）；薪酬体系以会计业绩为基础，就会引发高管非理性地操纵会计业绩，从而攫取经济租金（Murphy，1999；Devers et al.，2007）。瓦茨和齐默尔曼（Watts and Zimmerman，1986）研究表明，高管有强烈的操控会计结果的动机，因为高管的福利与这些数据紧密相连。希利和瓦伦（Healy and Wahlen，1999）通过文献研究发现，会计选择权会导致盈余管理的发生，也就是说会计信息的可靠性（Reliability）和相关性（Relevance）是相互矛盾的，为了两者的平衡，会计准则就允许公司管理人员进行会计判断和会计政策选择，而这种选择会导致盈余管理的发生。

　　也有研究表明，会计业绩并不能作为高管薪酬高低的标准，尤其对公司治理机制弱的企业来说，超额薪酬只会对公司未来的业绩和股价形成负面影响。别布丘克和弗里德（Bebchuk and Fried，2010）认为，当前薪酬契约主要注重短期业绩水平，这一方面应该被修改。过于追求短期的超额薪酬会导致高管的短期机会主义行为，可能导致高管为追求私人收益而进行短视管理。基尼和威廉（Kini and William，2012）研究指出，扩大高管之间的薪酬差距基本不能起到降低盈余管理的效果，相反会让薪酬较低的管理者通过合谋来管理盈余。布瑞恩等（Brian et al.，2014）研究也发现，尽管内部薪酬差距能在短期内激励代理人提高业绩，但这种激励的效果非常短暂，反而会引发更多的盈余管理，给随后的经营带来不利因素。

　　希利（Healy，1985）研究发现，管理层更容易对会计盈余进行操控，尤其是在考核绩效与薪酬挂钩时，如果只考虑会计指标，管理层就会利用盈余管理等手段来虚增公司的利润（也称白条利润），也就是说仅提高账面的会计利润，不能增加甚至降低股东财富，但高管却能获取较高现金报酬。巴伯尔等（Baber et al.，1998）研究发现，薪酬对盈余变化的敏感性直接与盈余的持续性相关；同时，薪酬对盈余的敏感性在高管将要退休时会变得最大；因此，采用基于会计盈余的薪酬契约可能会导致高管面临短期经营决策的不良后果。

（二）基于奖金分红的盈余管理动机研究

瓦茨和齐默尔曼（Watts and Zimmerman，1978）认为基于盈余的薪酬协议使得高管有动机去管理会计结果，以达到获取最大化的奖金价值的目的。希利（1985）提出由于高管短期奖金分红主要基于会计盈余来考核，高管具有强烈的动机通过选择操控性应计利润来最大化其短期奖金分红数额。希利（1985）指出许多企业都有奖金分红计划，并且会根据目标业绩所实现的实际业绩设立一个奖金池来分配奖金，当实际业绩低于目标业绩的最低阈值时，奖金池不会发放任何奖金。

这就引发笔者的一个思考，奖金参数设置是否固定呢？希利（1985）在研究中假设奖金分红计划带有固定的参数和两时期的范围，但莱昂内等（Leone et al.，1998）提供的证据却显示一些企业的奖金参数并不是固定的。莱昂内（1998）研究发现，目标业绩变化显示出棘轮效应，即目标业绩从当年到下一年的变化是实际业绩变化的函数关系。具体说来，相对不理想的业绩方差而言，理想业绩方差在随后第二年的绝对值变化更大；这会导致高管在面对固定奖金参数和棘轮效应时采取的盈余管理程度具有差异。正如莱昂内（1998）所说的，假设固定奖金参数可能会导致我们的预测结果有偏差。

霍尔特豪森等（Holthausen et al.，1995）提供了证据支持了希利（1985）的观点，表明高管会通过操控会计盈余来最大化其薪酬。特别地，霍尔特豪森（1995）发现，与盈余在奖金奖励阈值的上下限之间相比，当高管实现的盈余高于阈值时，高管会负向性地操控应计利润。但是，当高管实现的盈余低于阈值时，霍尔特豪森（1995）并没有找到高管会负向性操控应计利润的证据，这一结论与希利（1985）的观点有所不同。

同时，吉德里等（Guidry et al.，1999）检验了希利（1985）的奖金分红最大化假设，即高管会通过操控应计利润决策来最大化其短期奖金分红数额，通过使用高管薪酬数据库和财务报告数据库，以两种方式来扩展先前的研究。首先，使用业务单元数据进行分析，可以减少使用企业级数据所产生的聚合问题；其次，高管获得的奖金将完全基于业务单元的业绩水平。此外，海（Hay，1991）做了一个管理层咨询的调查报告，该报告显示在他们调查的数据库中，有将近91%的公司为高管设立了奖金分红计划。同时，海（1991）表明，调查样本企业分红的奖金平均大约占高管薪酬总额的20%。尽管这些奖金分红没有占高管薪酬的绝大部分，但是也已经成为高管进行盈余操纵的一个依据了，这主要是源于在大部分公司中奖金与会计盈余指标紧密相连。

奥克斯纳和格罗斯（Ochsner and Gross，1991）提供了奖金分红计划的演化回顾，在奖金计划的早期（1950年之前），公司的奖金计划主要是基于自由裁定或较大主观性的评估方法。在世界大战之后，这些纯粹地自由裁定奖金计划开始被基于公式的薪酬协议所替代，支付给高管的奖金分红由薪酬协议中的相关公式计算所得。

（三）关于操控性应计利润与高管货币薪酬的研究

鲍尔萨姆（Balsam，1998）研究表明操控性应计利润与高管货币性薪酬显著相关，这一结果是控制了非操控性的应计利润和增加的股东财富。鲍尔萨姆（1998）还得出操控性应计利润与高管货币性薪酬之间的关系会随着企业环境的变化而发生变化，特别是当正向地操控应计利润能使企业减少或避免亏损，操控性应计利润和高管货币性薪酬之间的相关性将会增大。

科尔斯等（Coles et al.，2006）检验了管理层操纵盈余的市场行为动机，研究发现，在取消高管股权激励到重新开启高管股权激励这段时间，企业的操控性应计水平是比较低的。在这段时期内，操控性应计利润对股价的解释力度较低。此外，操控性应计利润并没有解释分析师预测偏差的原因，也就是说在这段时期内，分析师和投资者对企业盈余管理反应不足。

希利（1985）在研究时假设，每一个高管在操控应计利润之前熟知企业的营业收入，这样高管就可以根据他的动机来增加收入或降低操控性应计利润。这一假设所产生的影响是：一方面，如果在操控应计利润之前收入显著低于薪酬契约的下限阈值，或者高于薪酬契约的上限阈值，高管将会通过操控应计利润来降低收入，这样就增加了高管在未来获得超出阈值红利收益的可能性；另一方面，如果在操控应计利润之前收入水平位于薪酬契约的上下限阈值之间，或者略低于薪酬契约下限的阈值时，高管将会通过操控应计利润来提高收入，从而保障高管在当期可以拿到较高的奖金分红，从而提高货币薪酬。

希利（1985）还指出，相比于达到薪酬契约上限阈值进行向下调整应计利润而言，高管为达到薪酬契约下限阈值而进行盈余管理的动机更强，也就是高管具有经济上的动机去操控盈余以增加自身的货币性薪酬。

（四）关于会计业绩信息噪声与薪酬契约的研究

会计业绩信息易受各种信息的干扰，并影响到薪酬契约作用的发挥，导致企业内部形成不同的治理结构。希尔和斯内尔（Hill and Snell，1988）研究指出，业绩信息中存在许多噪声，这些噪声会超出经理人控制，并给其带来风险，经理人为规避噪声风险常常会采用不相关的多元化策略，给企业带来损失；另一方面，业绩被歪曲后，错误的业绩指标被使用将会背离公司目标，对公司经营构成威胁和挑战。

会计业绩信息噪声又会通过公司治理结构的差异影响到管理层薪酬。科尔等（Core et al.，1999）、布里克等（Brick et al.，2006）研究发现，在治理结构差的公司，超额薪酬与公司未来的会计业绩负相关。财务报表披露出来的管理层努力情况，只有一部分在当期会计业绩中反映，还有一部分并不能体现为当期业绩，甚至是当期业绩的减项。

此外，大量文献表明企业业绩的表现是多样性的，有的业绩是历史状况的反映，有的业绩则是企业未来发展能力的代表，因此，薪酬契约的制定者要针对不同维度的业绩设置不同权重。吉布斯等（Gibbs et al.，2003）研究指出，高质量的业绩指标有助于评价和监督经理人；反之，低质量的业绩指标会对经理人薪酬的影响形成干扰。这是因为低质量的业绩指标本身就不准确。霍姆斯特姆（Holmstrom，1979）指出，业绩衡量标准与薪酬之间的紧密程度，关键要看衡量标准对代理人行为真实反应的准确性。业绩特征在不同因素的影响下，会形成不同的信息特征并对经理人行为的衡量效果造成干扰，所以在研究过程中要重点考虑业绩信息特性对业绩和薪酬二者关系的影响机理。

（五）关于管理层权力与薪酬高低的研究

先前大量文献表明，管理层的权力大小是决定其薪酬高低的重要因素，权力越大的管理层对其薪酬政策制度的作用越强，从而使薪酬激励成为寻租的重要方式（Bebchuk et al.，2002）。根据管理层权力理论的观点，管理层会利用自己的权力寻租，操控董事会安排的薪酬体系，权力越大就越能将薪酬安排为有利于自身的方向（Bebchuk and Fried，2002）。

别布丘克和弗里德（Bebchuk and Fried，2003）指出，股权分散的公司中，薪酬激励不但不能解决股东与执行总裁的代理问题，反而会加大代理成本。受管理层权力影响，董事会倾向于制定讨好管理层的薪酬激励政策，原因有两点：一是管理层决定了薪酬委员会成员的选拔，薪酬委员会成员（董事）为了保住位置必然不会与管理层为敌；二是如果董事在制定薪酬时与管理层作对而被排除出薪酬委员会，那么就会在市场上形成负面信息，其他公司高管也不愿意聘用他为董事。基于这些原因，董事会仅是名义上约束高管，实则可能与高管联合共同损害公司利益。

执行总裁会借助其对公司的控制权来主导高管薪酬的制定，从而设计出利于管理层的薪酬制度（Bebchuk et al.，2002；Bebchuk and Fried，2003）。墨菲（Murphy，2001）研究发现，高管薪酬制度的设计过程一般是：人事处提出提案后交由公司管理层审核、修改，然后再送往薪酬委员会考核并表决，这样的流程为高管干涉自己的薪酬设计提供了便利。业绩测量和薪酬系统往往会允许管理层来自由地调整客观的、基于会计指标的薪酬协议（Ederhof，2010）。这些调整可以被用来改变与当期高管努力程度相匹配的薪酬水平，或者被用来激励特定下属来实现未来预期的业绩目标，调整的这双重性质可以最终影响高管的薪酬水平和预期的会计业绩（Bol et al.，2015）。

此外，股东可以通过激励、惩罚、监督、解聘、声誉等方式约束管理层的权力，管理层也可以借助信息不对称、分散股权、隧道效应等形式来维护自己的权力（Bebchuk et al.，2002）。科尔等（Core et al.，1999）研究发现，执行总裁攫取公司薪酬的程度与公司治理的水平相关，公司治理较差，越利于执行总裁攫取更多薪酬。乔克哈里亚和格林斯坦（Chhaochharia and Grinstein，2009）研究发现美国在2002年对上市公司公布了新的董事会条例，以加强董事会的监督力度，而执行总裁的薪酬也受此影响，在条例公布后出现了显著的下降，尤其是那些受董事会条例直接影响的公司，这说明董事会结构的变化会影响高管薪酬的决策。格思里等（Guthrie et al.，2012）的研究结论与乔克哈里亚和格林斯坦（2009）的结论截然相反，格思里（2012）研究得出董事会的监督力度加强后，执行总裁的薪酬不仅没有下降，反而获得了提升，从侧面证实了管理层权力假说，即执行总裁的管理权力可以超越董事会的监督权而自行设定薪酬结构。

然而，高管操纵薪酬的行为也会受到舆论的约束。一旦媒体报道了高管的"天价薪酬"，那么会招来大众的不满。米尔格龙和罗伯茨（Milgrom and

Roberts，1982）、米凯利斯等（Michalisin et al.，2000）以及罗伯茨和道林（Roberts and Dowling，2002）的研究表明，媒体的负面报道会损害公司及执行总裁的声誉。科尔等（Core et al.，2008）在研究媒体监督薪酬制定时发现，负面报道关注更多的是超额薪酬并非薪酬总额。

（六）关于公司特征与管理层薪酬的研究

从公司特征角度分析管理层薪酬问题，有很多学者进行了研究，主要从两方面入手。一方面，公司的资本结构会影响高管薪酬。詹森（Jensen，1986）研究发现，公司负债对降低股东和管理者的代理成本有一定效果，负债率高的公司高管获得超额薪酬较为困难。哈维等（Harvey et al.，2001）也证明了这一观点，他们实证发现企业的财务杠杆比率负相关于高管的薪酬，负债较多的企业不会给总裁较多报酬。

另一方面，董事会特征也能影响高管薪酬。博伊德（Boyd，1994）研究表明，管理层薪酬与外部董事的比例正相关。康勇和佩克（Conyon and Peck，1998）通过研究欧洲的公司发现，管理层薪酬与公司业绩正相关，其正相关性在外部董事多、专业委员会多的公司中更大。赖安和威金斯（Ryan and Wiggins，2004）研究发现，独立董事一般会给董事更高的薪酬激励，董事会的独立程度是影响董事薪酬高低的重要因素之一，当独立董事比总裁更有议价优势时，薪酬政策更符合股东的预期；当总裁的权力比董事会高时，薪酬政策更容易受总裁决定，激励效应会明显弱化。

二、有效契约理论视角的文献述评

最优契约理论的核心观点是，有效的契约能够激励管理者实现股东价值的最大化（Jensen and Meckling，1976）。最优契约理论的代表主要有詹森和麦克林（1976）、施莱费尔和维希尼（Shleifer and Vishny，1997）、墨菲（Murphy，1999）、科尔和钱（Core and Qian，2001）等，他们认为所有权和控制权的分离让管理层和股东一直存在代理问题，管理层常常会牺牲股东利益获取私利；股东要降低代理成本、实现自己利益最大化，就要设计出一个最优薪酬契约来约束管理层让其更好地为自己工作。

（一）薪酬契约有效性与公司业绩

现有文献印证了高管薪酬和公司业绩两者存在正相关（Jensen and Murphy，1985；Leone，Wu and Zimmerman，2006；Jackson，Lopez and Reitenga，2008），希奥尔希奥和阿尔曼（Giorgio and Arman，2008）的研究也证明了管理层薪酬与企业业绩之间的正相关关系。高管薪酬和市场业绩的敏感性越高，就越能激励管理层通过长期投资来增加企业价值，减少仅为增加当期会计利润的短视行为，这样能有效缓解管理人和股东的代理冲突，也更好地体现了股东的利益。詹森和麦克林（1990）进一步研究发现，衡量薪酬契约的有效性主要看管理者薪酬与公司业绩的敏感程度，薪酬与业绩的敏感性越高，说明薪酬契约的有效性越强，起到的激励、约束作用也越强。

市场的业绩是管理层才能的滞后反映，高管薪酬与业绩挂钩会让高管将公司业绩放在决策活动中的重要位置（Boschen et al.，2003）。霍姆斯特姆等（Holmstrom et al.，1979）认为，与公司业绩挂钩的高管薪酬契约有效揭示了高管的薪酬契约，因此能实现激励相容。但业绩型薪酬契约不一定对所有的公司适合（Holmstrom et al.，1979），对于业绩指标含量较高，且业绩能较好反映公司基本情况以及管理者的努力程度的公司来说，业绩型薪酬契约非常适用，公司应该提高业绩在薪酬中所占的比重。以会计盈余为基础的薪酬契约，对增强管理者承担在位资产的管理责任有重要作用，在位资产的经营效率也会随之提高（Natarajan，1996）。

詹森和麦克林（1976）、詹森（1986）通过理论研究，证明了所有者将高管报酬和公司业绩关联的主要原因是，减少与经营者之间的代理成本，降低经营者的机会主义。设计出合理的薪酬契约能够起到激励经营者努力工作、监督经营者实现股东利益的作用。亨利等（Henry et al.，2011）认为相对较高的薪酬可以激励管理层和股东的价值取向相融合，从而增强 CEO 努力提高公司业绩、放弃以权谋私的动机。

大量的研究表明，业绩型的薪酬契约能同时实现管理层个人报酬、公司业绩、股东财富三者的最大化。施莱费尔和维希尼（1997）指出，业绩型的薪酬契约对于减少管理层寻租行为、规范合理投资、降低代理成本、提高公司业绩、加强公司治理等方面非常有效，但在信息不对称的市场上，由于所有者不能准确看到总裁的努力与才能，业绩型薪酬契约的效果发挥就要打折扣了。斯隆（Sloan，1993）研究发现，企业采用会计业绩作为考核高管的主要指标之一，是为了减少市场等不可控因素。埃德蒙斯等（Edmans et al.，2012）认为最优的静态薪酬契约在动态的世界中是无效的。在完整的薪酬契约模型中，必须将高管的私人收益、努力程度和短期行为这三者实现有效的激励相容机制。

（二）薪酬信息强制披露与薪酬契约有效性

先前文献研究了高管薪酬信息需要进行强制披露的情形。泽克豪泽和庞德（Zeckhauser and Pound，1990）支持监管部门所提倡的要求企业对高管薪酬信息进行强制披露的观点，这有助于提供一种机制使股东向董事会施压。克雷黑德等（Craighead et al.，2004）指出监管部门提倡企业强制披露高管薪酬方面的信息，这样有助于提高公司治理水平，可以通过允许股东禁止董事会向高管发放奖金的形式来增加股东的价值（Brickley and Smith，1994）。克雷黑德（2004）研究发现，在没有对高管薪酬信息进行强制披露时，企业业绩水平较差时执行总裁依旧可以拿到同样的薪酬。

　　此外，大量学者通过设置与开发契约合同和测量模型来检验高管薪酬契约是否是最优的。迪特曼等（Dittmann et al.，2010）发现当高管厌恶风险时，高管薪酬契约是最优的，通过构建一个程序化的委托代理模型来检验595位执行总裁的薪酬契约，发现当高管是风险厌恶时，高管的股权持有和货币性薪酬水平是在一个较优的水平。埃德蒙斯等（Edmans et al.，2012）通过设置一个简单的封闭契约合同，随着时间的移动来明确预期的收益率水平和业绩的敏感性水平，该契约可以通过动态激励账户来实现对执行总裁货币性和股权激励的监控。曹和王（Cao and Wang，2013）将搜索理论融入代理理论中来研究高管薪酬在市场均衡中的问题。研究表明，当最优的业绩薪酬敏感性小于1，此时的执行总裁是风险中性的。业绩与薪酬敏感性的市场平衡取决于公司积极地应对特殊的市场风险和负面的系统性风险。高普兰等（Gopalan et al.，2014）开发了一种用来反映高管薪酬持续领取情况的测量模型，通过在不同行业以及公司相关的特征来计算契约的支付时间，研究发现薪酬契约支付期限较长时，公司有更多的成长机会、更长期的资产、更高的研发效度、更低的风险和更好的近期股价表现，此外还发现，更长的执行总裁薪酬支付期限与公司的操控性应计负相关。

第二节　国内文献述评

　　对比西方较为成熟的资本市场，中国公司面临高管薪酬问题是建立在我国新兴市场的特殊制度环境背景下的，这与国外公司面对的高管薪酬问题具有一定的差异性。一方面，上市公司存在突出的代理问题，当前上市公司普遍存在严重的内部控制人问题，即内部控制人通过隐蔽的方式剥夺或侵占公司其他股东的合法权益，高管为了获得超额薪酬或追求私人收益最大化，会通过操纵会计业绩或会计盈余的方式来获取预期的薪酬。另一方面，高管通过管理者权力，利用职权操纵薪酬，从而提高个人工资所得、提高个人在职消费水平、谋取私有收益，最终损害薪酬契约的有效性。国内学者基于中国转轨经济的特殊制度背景，从高管薪酬的影响因素以及薪酬操纵的后果展开了检验与探索，取得了丰硕的成果。

一、委托代理理论视角的文献述评

（一）盈余管理与代理问题

根据委托代理理论的观点，高管获取最大化的个人私利主要通过机会主义盈余管理的方式控制股价或者操纵会计盈余，这样必然会对公司长远的利益和股东财富造成不利影响。诸多学者（王克敏和王志超，2007；吕长江和赵宇恒，2008；陈胜蓝和卢锐，2012）实证研究发现，给予高管股权激励、期权激励，或相应的货币薪酬设计，均会提高公司整体的盈余管理程度。这些研究证实了高管报酬契约的不完备性，突出了盈余管理存在的道德风险，对传统的有效激励理论提出了质疑和挑战。

以业绩为基准的薪酬契约，在可以激励管理层努力经营的同时，也增强了管理层盈余管理的动机。杜兴强和王丽华（2007）研究发现，我国的董事会（或薪酬委员会）在订立管理层薪酬时，存在只注重会计盈余指标、不太关心股东财富变动的误区，这造成高管薪酬体系订立缺乏科学化和精确化，也易造成高层人员管理的短期化。我国目前的薪酬激励计划还难以让股东和管理者的利益函数趋向一致，因此股东也难以通过薪酬制度来约束管理层损害其利益谋取私利的行为，也就是说代理问题在我国表现非常突出。吴育辉和吴世农（2010）研究发现，在中国上市公司的管理层的自利行为在参与制定股权激励政策时表现较为突出，他们会设计出较为宽松的绩效考核指标，以此来获得行使股票期权的权力。

先前大量文献把管理者操控薪酬合约谋取私利的行为归结为公司治理失败，或者称为高管滥用职权，这种行为提高了薪酬水平，却没有降低代理冲突，反而成为代理成本的一种表现方式。可能薪酬契约并不是解决代理问题的良好方法，薪酬本身就是代理问题存在的一种表现（权小锋等，2010）。在业绩型的报酬系统下，高管的机会主义行为凸显，主要体现为通过操纵会计业绩、增减业务等盈余管理手段来实现企业会计业绩利润的提高，从而实现薪酬的提高（吕长江和赵宇恒，2008；权小锋等，2010）。李延喜等（2007）研究发现，管理层的薪酬水平和调高的应计利润之间显著正相关，也就是说中国上市公司盈余管理的一大动因是薪酬激励。盈余管理为管理者调整和控制业绩报告进而影响薪酬契约提供了操作空间。

（二）超额薪酬与盈余管理

先前大量文献表明当超额薪酬成为管理层获得个人隐性收益的新形式时，管理层造假、运用会计手段操纵账目业绩等盈余管理的手段也更加复杂多样，这对公司的内部治理和外部监督来说都是不小的新挑战（郑志刚，2012）。罗宏等（2014）研究发现，经理人主要通过两种手段获取私有利益，一种是利用政府补贴获取超额收益；另一种是采取提高薪酬业绩敏感度，让其获得的超额薪酬有"正当"来源，以此掩饰其以权谋私的自利行为。罗昆（2015）研究也发现，经理人运用提高薪酬业绩敏感性的手段，来证实超额薪酬的"正当合理性"，高管薪酬契约制定时的同业参照为寻租提供了辩护动机，因此同业参照效应也成为经理人获取超额薪酬的一项手段。

大量文献都表明管理层获取超额薪酬会蚕食公司未来的业绩，也会损害股东财富，还会造成社会不公、贫富差距变大等不良影响。郑志刚等（2012）研究发现，任人唯亲的董事会文化为管理层获得超额薪酬提供了文化背景，通过股东或控股公司给董事（长）发放薪酬有利于打破这种任人唯亲的董事会文化，减少管理层的超额薪酬。

（三）内部薪酬差距与盈余管理

根据锦标赛理论学派的观点，扩大内部薪酬差距可以通过阻止高管之间合谋来抑制盈余管理，但是最新的研究却对该观点提出了质疑。杨志强和王华（2014）研究发现管理层实施盈余管理基本不需要合谋。黄寿昌等（2011）通过研究发现，一旦高管与董事两者"串谋"，那么制定出的管理层薪酬一定会以牺牲股东价值的方式来满足高管和董事的个人偏好，高管和董事可以共同分享"企业租金"以获得超额报酬，在这种情况下，管理层的薪酬契约远远达不到最优契约的标准。

杨志强和王华（2014）主要研究在股权集中制的公司背景下，内部薪酬差距如何影响盈余管理行为。结果发现，内部薪酬差距与盈余管理的正相关性很强，也就是说内部薪酬差异越大，股权集中的公司盈余管理要强于股权分散或股权制衡的公司。进一步研究发现，内部薪酬差距和盈余管理之间的正相关是股东和高管两者动机的集中体现，管理层的权力又加剧了公司的盈余管理。即使高管所在公司给予的薪酬远高于同行业平均水平，如果内部薪酬差距较大，这种盈余管理的动机仍不会减弱。

（四）管理者权力对薪酬契约的影响

国内有一系列研究证明高管权力为其薪酬自利行为提供了通道，研究发现，管理层利用职权操纵薪酬（权小峰等，2010）、能有效提高个人工资所得（王克敏和王志超，2007）、提高在职消费水平（卢锐等，2008）、谋取私有收益（周建波和孙菊生，2003；吕长江和赵宇恒，2008）。

管理者权力指的是管理者实现自己意愿的能力，有浓厚的个人色彩（权小锋和吴世农，2010），股东和管理层之间的关系并不局限于自上而下的合同关系，还存在权力相互制衡的关系，权力能否制衡直接关系到契约制定和执行的实际效果。但是管理层权力过大也会让薪酬契约成为一纸空文（王新等，2015）。

管理层权力的一大显性体现是可以直接操纵会计指标。权小锋（2010）研究表明，薪酬业绩敏感性反映出来管理层的权力对薪酬和业绩的操纵影响，也就是说权力越大，管理层越会利用盈余管理的手段操纵以绩效为基础的薪酬；通过分解实际薪酬的构成发现，激励性的薪酬包含正面的价值信息，而操纵性的薪酬则体现出负面效应。吴育辉和吴世农（2010）研究发现高管的薪酬与 ROA（净资产/总资产）正相关，但与资产获现率（经营净现金/总资产）、股票收益率的正相关性不显著；高管对公司的控制权越大，其影响薪酬水平的力度越大；非国有企业高管通过权力提高自己薪酬的自利行为较国有企业明显得多；给高管较高薪酬并不能降低或减轻代理成本，反而适得其反。

此外，根据管理层权力理论的观点，提高了薪酬业绩敏感性并不代表代理成本的下降，因为企业的业绩信息中有很多"噪音"，这些"噪音"有的来自宏观经济、行业因素等客观因素，有的来自管理层盈余管理等主观因素。如果简单地将薪酬契约与业绩相挂钩，那么在业绩噪音的影响下，契约对经理人努力的激励效应就会降低。

（五）政府干预对高管薪酬的影响

有关文献从政府干预的视角研究高管薪酬与企业经营业绩之间的关系。刘凤委等（2007）表明，政府过多干预企业，或者公司面对的市场竞争较小，都会降低会计业绩的度量效果，也会降低会计业绩与经营者薪酬之间的关联。

根据新制度经济学，契约内生于交易成本，制度环境又影响交易成本。也就是说，制度环境不同对应的契约结构也应该不同。

刘凤委等（2007）从新制度经济学分析，发现政府干预企业会产生两方面影响：一是降低了企业业绩与高管努力程度二者的关联；二是提高了观测管理层努力对公司综合业绩影响的难度。这两方面都提高了业绩型薪酬契约的交易成本，降低了公司经营业绩在薪酬契约中发挥的作用。但是充分竞争的产品市场能够改变现有的制度环境，从而提高会计业绩的可比性，降低管理层努力程度的观测成本，即充分竞争的制度环境可以增强会计业绩与管理层努力之间的相关性。

国有企业经理人的薪酬管制是由国有资产管理体制和政府干预行为内生来的。国有资产管理人（政府）在面对众多国企时处于信息劣势，准确掌握各国有企业经营业绩的成本较高，这意味着政府不可能事前跟每一家国企签订有效的激励合同，也很难进行事后有效的监督。行政干预的存在让企业在承担政策负担的同时获得政策收益，企业经营的目标也转变为多元化目标，这进一步加剧了政府与国企管理者之间的信息不对称程度（陈冬华等，2005），成为薪酬制度有效性下降的主导因素。

基于企业经营业绩的不可观测和所有者的不可退出性，政府制定统一的薪酬制度来约束所有国企成为唯一解。这样的安排实际上剥夺了国有企业经理人薪酬谈判的权利，使得薪酬安排成为选聘经理人的事先约束条件。再加上我国国企的高管是由政府任命，高管既是企业家又是官员，而金字塔式的管理结构又阻碍了政府对国有企业管理层进行有效监督。因此，在管理者职位和权力不可分割的情况下，管理者以权谋私就相对便利。而且薪酬管制的制度可能进一步隐藏了职权获取私利的路径，薪酬制度的有效性将进一步降低（权小锋等，2010）。

此外，有关学者通过对高管薪酬影响因素的研究，发现业绩因素仍然起着重要的作用。方芳和李实（2015）研究了高管薪酬决定因素的机理。理论上，影响高管薪酬水平的因素非常之多，既有来自企业特征（如行业、产权属性、规模、财务特征等）方面的因素，也有来自企业内部治理模式的制约，还有来自政府管制（如薪酬管制）及外部宏观经济环境的约束。在这些众多的因素中，业绩因素往往是最为重要的，近年来的研究也更加凸显出企业业绩与高管薪酬之间的相关关系。

（六）媒体关注、信息披露对高管薪酬的影响

先前有关文献还从媒体关注和薪酬信息披露等视角来研究高管的薪酬问题。杨德明和赵璨（2012）实证表明，媒体监督对制定高级管理人员的薪酬政策有一定的作用。基于负面报道对高管能够产生较强的约束，为了降低负面报道的影响，高管可能会通过一些手段来掩盖自己获取超额回报的动机。

黄再胜（2013）从代理成本理论出发分析经理人自愿披露其薪酬的动机及策略，研究发现，在国有企业经理层攫取了私有的货币性收益之后，其自愿性披露出来的薪酬信息会被明显地操纵。具体表现为：（1）企业经理人私自攫取的货币性薪酬越多，经理人会自愿地披露较多薪酬信息，但这些信息与货币性薪酬相关度不高；（2）企业经理人私自攫取的货币性薪酬越多，经理人就越不愿意披露其在职消费的信息；（3）国有控股企业的经理人私自攫取货币性薪酬的行为与其自愿性披露薪酬信息之间的显著相关性比非国有企业明显得多。

二、有效契约理论视角的文献述评

（一）有效契约理论与高管薪酬

企业表现为契约关系的集合，或者说是人力资本和财务资本之间共同缔

结的合约（周其仁，1996）。因为代理方、委托方二者的利益目标不尽相同，代理方（管理层）牺牲委托方（股东）利益获取自身利益的现象较为普遍。在这样的背景之下，现代企业设计了一些激励机制，旨在达到企业内部剩余索取权和控制权相匹配，使企业管理者和股东二者的利益函数尽可能趋同，从而达到财务资本和人力资本的最佳合作。其中典型的代表机制是，赋予管理层一定的剩余索取权，从而将公司业绩与管理者的薪酬绑定起来（杜兴强和王丽华，2007）。

从委托代理理论看，股东与管理层签订薪酬绩效契约的主要目的是减少管理者的道德风险和逆向选择，降低两者之间的信息不对称。在薪酬绩效契约的影响下，管理层的薪酬正相关于公司的业绩，对管理者而言，提高企业的经营绩效是获取较高货币薪酬的重要方式（周仁俊等，2010）。由于所有者与控制者之间存在代理成本，公司业绩作为能够对管理层努力程度进行判断的一种信号，在一定程度上能够起到降低信息不对称和提高经济效率等效果。要保证信息传递的真实性和准确性，业绩信息就要满足准确反映管理层经营水平、"噪音"影响小、信息成本低等特点。而会计信息正好具备这三个特点，会计信息基本不受市场"噪音"影响，也能一定程度衡量经理人业绩，又有悠久的历史，这些特点决定了会计信息在制定高管薪酬过程中的重要地位（蒋涛等，2014）。

依据最优契约理论，把管理层的薪酬和业绩挂钩对降低代理成本非常有效，所以安排薪酬契约时要依赖薪酬业绩敏感性指标。吴育辉和吴世农（2010）研究表明，薪酬制度的设计非常关键，若设计得当，可以通过降低经理人和股东的代理成本、激发经理人工作热情，来达到增加公司业绩和股东财富的目的；但是若设计不当，则对经理人的激励很有可能失效，甚至会让经理人产生牺牲股东利益来追求自己利益的行为，从而进一步加大经理人和股东两者的矛盾。

（二）中国高管薪酬激励机制的演变

不同于英美国家，中国现代化的高管薪酬激励机制建立时间较晚。中国证券监督管理委员会制定了《上市公司治理准则》，该准则从 2002 年 1 月开始执行，旨在完善现代公司治理体系，并推动中国证券市场的发展。《上市公司治理准则》是上市企业评价管理人员绩效的机制，将公司的利润与管理者个人的薪资联系在一起，要求上市企业要将高管人员的绩效评价纳入到其薪资发放及激励政策体系。在准则实施后，越来越多的上市公司形成了与业绩相关联的薪酬激励体系。到目前为止，绝大多数的上市公司都建立起了绩效的评价准则，以及与业绩挂钩的薪酬政策，这些标准和政策尽管形式不一，却都普遍把会计盈余作为关键的业绩指标。

在二十多年的渐进性改革中，中国企业高管的薪酬设计逐步市场化并开始体现出业绩型薪酬的特征（辛清泉等，2007）。比如，中国各级的国资委针对国有企业颁布了《薪酬管理暂行办法》和《业绩考核暂行办法》，明确规定国企管理层的薪酬体系由基础薪酬、绩效薪酬、中长期激励三部分组成，除了基础薪酬固定外，绩效薪酬和中长期激励均与企业年度经营的业绩成果挂钩，按照业绩确定考核等级和考核分数。

相关研究也证明，2001 年以后，中国国有控股上市企业高管薪酬与业绩相关性越来越强（李维安和张国萍，2005；方军雄，2009），随着市场化进程加深，高管薪酬业绩敏感性也呈明显的上升趋势（辛清泉和谭伟强，2009；方军雄，2012）。大量实证文献表明，中国上市企业的高管薪酬自 2001 年来与经营业绩的相关度越来越高（李维安和张国萍，2005；方军雄，2009），同时，在市场化进程的推动下，高管的薪酬业绩敏感性也逐渐增强（辛清泉和谭伟强，2009）。方军雄（2012）为了检验高管薪酬契约的有效性，考察了超额薪酬是否影响到公司解聘高管或者调整薪酬的策略，研究发现，上期的高管薪酬水平对下期董事会解聘高管或调整薪酬有很大影响，即如果公司上期支付了超额薪酬，那么下期高管解聘与业绩的敏感性越高，薪酬变动与业绩的敏感性也越高，这表明对我国上市公司来说，高管现行的薪酬契约依然具有一定的适用性和有效性。

此外，也有文献发现中国管理层货币薪酬与企业业绩的相关性并不显著，是由于管理层的货币报酬较低，不能实现激励的效果（魏刚，2000；谌新民和刘善敏，2003）。这与张俊瑞等（2003）、杜兴强和王丽华（2007）的研究结论正好相反，他们研究发现中国管理层的货币收入正相关于企业的经营绩效。

（三）薪酬管制与零薪酬的实施效果

有关文献针对薪酬管制的实施效果进行了检验，结果表明，如果我们只为了顺应民意对高管薪酬进行"一刀切"式的限制，而不考虑薪酬契约的实际有效性，这样的薪酬政策只会降低高管的工作积极性，还会加剧他们的在职消费、腐败等寻租行为（文炳洲和虞青松，2006），总体来看，不仅不利于整体薪酬的降低，还会造成损毁公司财富的不良后果（方军雄，2012）。这说明高管薪酬契约设计与安排需要与企业的实际经营情况相结合。

曹廷求和李晋（2014）研究表明公司 CEO 领取零薪酬的原因并非是要掩饰自己谋取个人利益的动机，也非用来表达自己要与公司共渡难关，仅仅是自己理性安排薪酬计划的一种方式。同时领取零薪酬的高级管理人员一般拥有较大的权力且个人盲目自信，其所在的公司一般具备高负债率、专业委员会数量少的特点，领取零薪酬短期内向市场传递出的信息对公司来说反而是负面的。因此零薪酬计划仅仅是高管站在自己角度下的一个最优选择，对公司业绩来说却是不好的选择。

第三章

公司业绩预告精确度研究述评

第一节　国外文献述评

管理层业绩预告信息披露一直是学术研究领域中的热点主题。先前国外的理论文献围绕以下几个方面展开了大量有益的探索：管理层业绩预告的准确性（Copeland and Marioni，1972；McDonald，1973；Ruland，1978）、业绩预告的信息内容（Foster，1973；Patell，1976；Waymire，1984；Pownall and Waymire，1989；Elizabeth et al.，2013）、预告信息披露的类型（Penman，1980；Ajinkya and Gift，1984；Lev and Penman，1990；Skinner，1994）、管理层业绩预告的精确度（Pownall et al.，1993；Bamber and Cheon，1998）等。

业绩预告作为重要的自愿披露形式，它反映了管理层对企业经营成果、现金流情况、财务状况的未来预估，高质量的业绩预告可以缓解信息不对称、提高公司透明度，可称为"信息观"（Patell et al.，1976；Penman，1980；Trueman，1986；Waymire，1986；King et al.，1990；Maribeth and Lombardi，

1997；Eccles and Wilson，1999；Cullinan and Weddigen，2004；Rogers and Stocken，2005；Hirst et al.，2008；Hutton and Stocken，2009；Hui et al.，2009；Gong et al.，2011；Yang，2012；Gilles and Charles，2013；Goodman et al.，2014；Hilary et al.，2014）。

　　然而，管理者存在获取私人收益的动机，很可能通过对外发布虚假、具有偏差的业绩预告来误导投资者，可称为"机会主义观"（Trueman，1986；Lev and Penman，1990；Baginski et al.，1993；Skinner，1994；Skinner，1997；Aboody and Kasznik，2000；Baginski et al.，2002；Bartov and Mohanram，2004；Choi et al.，2010；Hribar and Yang，2010；Gong et al.，2011；Sam et al.，2012；Anne and Ronald，2012；Cheng et al.，2013；Jensen et al.，2013；Cassell et al.，2013；Li and Zhang，2015）。

　　本节主要从"信息观"和"机会主义观"的视角，对公司业绩预告精确度的相关研究做一个综合评述。

一、信息观视角的文献述评

　　业绩预告作为重要盈余预测信息来源，是非常关键的信息披露机制，是具有前瞻性的上市公司未来业绩的提前预报，它集中反映了管理层对企业经营成果、现金流情况、财务状况的未来预估，通过管理者对外传递公司经营前景来影响市场的盈余预期（Hirst et al.，2008；Gong et al.，2011）以及上市公司的证券价格（Patell et al.，1976；Penman，1980；Waymire，1986），往往能引起投资者广泛的重视。国内外诸多文献（Ajinkya and Bhojraj，2005；Irene and Nikos，2005）表明，监管机构也非常关注管理层的业绩预告，主要原因在于业绩预告对投资者的定价抉择、交易活动、市场整体信息背景都有重要的影响，而且从业绩预告方面看，预告的频度、精准性偏差都或多或少受治理结构影响。

(一) 关于业绩预告对资本市场的影响研究

业绩预告既影响到股价 (Pownall et al., 1993),又影响了分析师预测 (Baginski and Hassell,1990),甚至还与个股买卖的价差有关 (Coller and Yohn,1997),但就像赫斯特等 (Hirst et al., 2008) 在综述中表述的那样,国内外学者在业绩预告的研究上不管是理论研究还是实证分析都较为粗浅。尽管证监会和交易所都对业绩预告提出了各种指引文件,但是与强制披露的盈余公告并不相同,业绩预告并未达到"绝对的强制性"。

业绩预告往往在盈余公告前就发布了,所以研究业绩预告对深化上市公司关注盈余公告效应有很大作用。为了让投资者及时了解更多有效信息,证监会强制要求上市公司发布年度报告,并鼓励提前发布业绩预告 (或业绩快报),便于投资者清楚掌握上市公司近况,抓住潜在时机并避免潜在风险,这进一步对业绩预告的信息含量提出了更高要求。麦克白和泰里 (Maribeth and Teri,1997) 在研究美国从 1988～1992 年的 278 个盈余预告样本中发现,上市公司的信息不对称问题非常普遍而严重,盈余预告能起到降低信息不对称水平的重要作用。惠等 (Hui et al., 2009) 研究发现上市公司发布业绩预告对减少公司与投资者的信息不对称有相当明显的作用。

之前大量关于管理层业绩预告的研究主要检验的是管理层业绩预告的影响因素和对资本市场的经济后果 (Hirst et al., 2008)。高质量管理层业绩预告政策的价值主要体现在降低信息不对称上 (King et al., 1990)。高质量的管理层业绩预告政策可以通过提高平均信息的精确度来影响资本的成本 (Botosan,2006;Lambert et al., 2007)。巴金斯基等 (Baginski et al., 1993) 证明了管理层业绩预告相对于财务分析师预测来说更准确,当管理层业绩预告公开发布时,可以有效降低分析师预测的范围。赫斯特等 (Hirst et al.,

1999）和莉比等（Libby et al. , 2006）发现当管理层业绩预告更准确时，分析师进行盈余预测会更自信。如果当前盈余包含了企业投资机会的变化，这一变化很少或者几乎不对未来异常盈余的增长产生影响，季度盈余信息披露能显著地降低估计风险。相比有偏差的盈余预测来说，假设管理层盈余预测是实现盈余没有随机错误转换成预测的形式，是具有更多信息含量的（Hilary et al. , 2014）。符合直觉的是，研究发现，管理者做一致的预测错误会对投资者的市场反应和分析师的预期造成很大程度的影响，即使控制了预测准确性，这一影响也是具有经济显著性和统计稳健性的。经验丰富的投资者和分析师对管理层预测一致性的优点有更好的认识，因为管理层发布业绩预告是一种被视为透明和有准备的报告形式。

（二）关于业绩预告信息可靠性的研究

管理者通常通过发布业绩预告来调整市场参与者与管理者两者之间的信念（Ajinkya and Gift, 1984）。通过业绩预告信息披露来调整两者信念能否成功关键在于市场参与者对预测信息的信任程度（Mercer, 2004）。管理层业绩预告信息一般包含对销售收入、毛利等财务指标的预测，由于管理者存在动机发布具有偏差的业绩预告信息为自身利益服务，市场参与者有理由去怀疑企业发布业绩预告信息的可信度（Rogers and Stocken, 2005）。因此，管理者面临的一个核心的问题就是如何提高他们披露的业绩预告信息的可信度。

先前文献围绕着管理层业绩预告的自愿披露和无审计的特征，导致人们对业绩预告信息的可靠性表示担忧（Jennings, 1987；Skinner, 1994；Hutton et al. , 2003；Rogers and Stocken, 2005；Hutton and Stocken, 2009）。詹宁斯（Jennings, 1987）和威廉姆斯（Williams, 1996）归纳了西方现有的两种主要的衡量业绩预告可信度的方式，其一是用实际的年度报告和之前发布的业绩预测对比，通过滞后检验业绩预告的可信度和准确度；其二是从市场（股市或分析师）对业绩预告的真实反应来判定业绩预告的可信度。缅因和麦克丹尼尔（Maines and McDaniel，2000）指出，三类预测方式的精确度是依次递减的，闭区间预测的精确度低于开区间，精度不同对投资者的决策也有不同的影响。所以很多的文献都集中关注不同预测形式的精确度，来切入到公司的自愿性信息披露。

还有文献表明业绩预告为坏消息时比预测为好消息时的可靠性更高（Rogers and Stocken，2005；Hutton et al.，2003）。当企业面临更高的法律诉讼风险和专有成本（如更强的产品竞争和更高的研发支出），企业发布的业绩预告的可靠性会更高（Gigler，1994；Frankel et al.，1995；Rogers and Stocken，2005；Wang，2007）。冯和麦克维（Feng and McVay，2009）发现，如果企业的财务报告中披露了内部控制存在重大缺陷，那么该企业对外发布的业绩预告的准确性较低。

塞缪尔等（Samuel et al.，2013）把定量的管理层业绩预告分解为宏观经济层面和企业层面，探究管理层提供的自愿披露的业绩预告内容是否及时传递了宏观经济信息的内容。研究发现，行业中领军企业的预测能够解释宏观经济新闻的大部分预期，并且能及时向市场提供关于经济的信息；研究还发现，宏观经济新闻在个人预测中主要体现为坏消息和点预测的形式。

肯尼思等（Kenneth et al.，2013）为特定类型的补充性信息能够影响管理层业绩预告的可信性提供了证据。他认为，经理通常会提供特定损益表项目的详细预测信息，来提示他们如何计划达到盈余目标的底线。在对900多个手工收集的管理层业绩预告数据进行实证，发现预测解集提高了分析师对管理层业绩预告消息的敏感性，表明业绩预告的可靠性较高。杰弗里等（Jeffrey et al.，2013）检验了投资者对管理层业绩预告信息的反应程度。假设业绩预告的可靠性会影响投资者过度反应的程度，在管理层业绩预告短窗口时间内，预测的可靠性越高，其市场反应越大，预测后回报漂移程度越小。

（三）关于业绩预告信息准确性的研究

关于业绩预告的准确性研究主要是从业绩预告对管理者声誉的影响展开的。当业绩预告被证明有着较高的准确性，且较为透明时，管理者可以通过发布较高可靠性的业绩预告来建立良好的声誉（Williams，1996；Hirst et al.，1999）。大量研究已经表明管理层业绩预告的特征不仅影响公司的股价，还会影响管理者的生涯发展。一些研究使用业绩预告的准确性来评估预测的质量或者是管理者的能力，包括更准确的业绩预告，管理者或企业对公司股价或分析师的意见施加的影响更大（Williams，1996；Yang，2012），以及 CEO 变更的概率也更低（Lee et al.，2012）。

管理层的声誉是建立在业绩预告的准确性上，以前业绩预告的准确性被视为当前管理层业绩预告可信度的指示器。业绩预告准确性指的是预测误差的绝对值，不考虑过去预测误差波动性所引起的不确定性。吉勒斯和查尔斯（Gilles and Charles，2013）研究认为分析师共识预测偏差会显著影响股价的波动，尤其是当分析师共识预测偏差的准确性较低时。

（四）业绩预告质量与管理者能力的研究

管理者的预测能力通常是指对内部项目回报收益率的预测，这种预测能力也可以转化到其他管理项目上，比如提供外部管理层业绩预告信息。具体体现为两方面：（1）收集高质量的内部经营信息（如运营成本、经营收益等）和外部环境信息（如竞争、行业趋势、产品需求等）；（2）加工和合成这些信息，形成经验和才能的一个函数，最终能准确地度量预测的能力。

例如，当要执行一个并购项目，管理者通常首先需要做盈余预测来评估潜在标的的内部价值是多少（Eccles et al.，1999；Cullinan et al.，2004）。相似地，当管理者在潜在的资本支出项目选择时，必须预测项目未来的收益率

（Graham and Harvey，2001）。这些预测需要管理者清楚地认识当前的经济环境以及自身在竞争环境中所处的位置。因此，管理层业绩预告的质量可以视为他们整体预测能力的可靠信号。这些自愿披露的业绩预告信息对外部股东的价值不仅在于它能提供关于下一期盈余的管理层预期，并且它能揭示出管理者对企业经济环境的认知以及管理者对未来经营的预期，这些都在投资决策过程中起着重要的作用（Trueman，1986；Goodman et al.，2014）。

一些学者的研究表明高质量的业绩预告可以作为管理者才能的信号显示作用。特鲁曼（Trueman，1986）研究发现管理者参与和应对未来事件的能力在资本市场中能体现出价值，而管理者通过发布业绩预告能作为信号显示这种能力。扎莫拉（Zamora，2009）提供证据表明预测能力与财务总监的劳动市场价值相关。萨姆等（Sam et al.，2012）认为能较为准确进行业绩预告的能力与在环境不确定性中有效管理企业的能力密切相关。古德曼等（Goodman et al.，2014）通过检验管理层对外发布的业绩预告的质量来推断企业投资决策的质量。根据直觉可知，管理者在做投资决策中所运用的外部盈余预测和内部回报收益率预测的技能较为相似，从而可以预见到管理者发布高质量的外部业绩预告意味着管理者可以做更好的投资决策；研究发现业绩预告质量与企业并购和资本支出决策成正相关关系。

管理层发布更准确的业绩预告，表明管理层能清晰理解如何改变企业经营条件，来影响企业的产品需求和成本结构，以及如何更有效地应对未来经济环境的变化。因此，管理层能发布更准确的业绩预告意味着管理层有更强的能力去处理未来不确定性的事件。萨姆等（Sam et al.，2012）通过检验管理层业绩预告的准确度是否为执行总裁的能力提供了信号显示作用，同时检验了管理层业绩预告的偏差与执行总裁变更之间的关系。研究发现，执行总裁变更与业绩预告绝对偏差的程度成正相关，这种正相关关系无论业绩预告偏差是太过乐观还是过于保守都保持不变。另外，研究还发现，存在这种正相关关系的样本集中于执行总裁变换不太频繁的公司中。也就是说，管理层发布准确度不高的业绩预告时，也承担着潜在的变更成本。古德曼等（Goodman et al.，2014）的研究认为，企业投资决策需要管理者从潜在的投资中去预测未来预期的现金流。尽管这些预测是投资取得成功的关键因素，但是外部投资者并不能直接观察到。

二、机会主义观视角的文献述评

管理层的业绩预告直接反映了上市公司将来的业绩情况，是投资者未来投资预期和投资项目的重要参考。大量研究发现管理层会通过操控业绩预告来调整市场预期。埃辛卡亚和吉夫特（Ajinkya and Gift，1984）发现自1973 年 SEC 在法律中纳入了前瞻性信息（Forwarding-looking Information）后，管理层常常借助对外公布业绩预告方式实现信息传递和调控市场预期。斯金纳（Skinner，1997）也证明了管理层会利用业绩预告降低披露和诉讼成本。

安妮和罗纳德（Anne and Ronald，2012）认为管理层可以分为两种类型，一种是对外披露关于业绩预告的所有信息，称为自然管理者；另一种是当满足管理者自身利益时才选择是否披露业绩预告信息，称为战略管理者。战略管理者选择是否披露业绩预告，主要是基于业绩预告披露会影响公司的股价和管理者在投资者中的声誉。研究发现战略管理者会通过发布不利的业绩预告来建立声誉，甚至会披露消极的预测来达到建立声誉的动机；管理者在将来进行战略性行为的可能性越大，在当前发布的预测越多。

从机会主义观来看，关于管理层发布的业绩预告精确度的研究主要聚焦在以下几个方面：

（一）关于业绩预告方式选择的研究

管理者可以采用点预测、区间预测以及定性预测的形式，还可以选择预测区间的大小。经典文献表明业绩预告的精确性会影响盈余预期的市场反应。斯金纳（Skinner，1994）研究发现，管理层在披露"好消息"的业绩预告时，更喜欢点值或区间值的估计方式，而"坏消息"则偏好用定性陈述来预测。

管理层业绩预告的精确性对市场反应具有显著的影响。金姆和韦雷基亚（Kim and Verrecchia，1991）研究发现，公司股价对更加精确的信息反应更为强烈。沙布拉曼亚姆（Subramanyam，1996）研究也表明，更加精确的业绩预告信息会引起更大的市场反应。与理论预期相一致的是，巴金斯基等（Baginski et al.，1993）发现业绩预告的点预测形式的市场反应比区间预测更大；相比其他精确度较低的预测类型，业绩预告为点预测会引起更强烈的市场反应。如果更精确的业绩预告能引起更强的市场反应，那么管理者可以战略性选择预测的精确性来影响市场反应为其自身利益服务。

程等（Cheng et al.，2013）集中分析管理层的激励是否与业绩预告精确度相关，得到结论为：管理层会有选择性（或战略性）地采用能够服务于自身某些需要的业绩预告方式。相对于模糊的预测信息，市场对精准的预测信息反应更强烈。也就是说，如果公司面临内部股权销售时，好的业绩预告精确度高，差的业绩预告精确度也差；反之，当管理层内部需要购买股权时，业绩预告中会发布比较模糊的好消息，并准确地预告坏消息。这些主要源于在内部人减持股票之前，战略性管理者选择盈余预测的准确性来提高公司股价，而在内部人购买股票之前，战略性管理者选择盈余预测的模糊性来降低公司的股价。进一步研究证明，当披露风险大或者机构持股比例较多时，管理层会试图掩盖管理层激励和业绩预告精确度两者之间的关联；而如果投资者对管理层发布信息的准确性难以把握时，管理层会倾向用迎合内部交易活动的预告方式披露业绩预告。

（二）关于管理层激励与管理者操控业绩预告的研究

投资者对预测信息的反应可以被视为是关于未来现金流预期和预测可靠性的综合函数（Jennings，1987），其中可靠性指的是投资者感知业绩预告可信的程度。而业绩预告可靠性所引起的担忧，主要源于预测信息是管理层自愿披露且未经独立审计师审计的，其结果容易受到管理者机会主义动机的操纵。管理者对于业绩预告的特征具有一定程度的操控性，这些特征包括预测的准确性、预测期间、补充性披露等（Hutton et al.，2003；Hirst et al.，2008）。程等（2013）指出发布业绩预告是管理层向投资者以及资本市场传递信息的一种重要机制（Baginski and Hassell，1990；Pownall et al.，1993；Coller and Yohn，1997；Rogers and Stocken，2005；Rogers，2008）。与年报等强制性信息披露的形式不一致，管理层业绩预告是自愿披露的，管理层在对于是否披露以及如何披露业绩预告方面具有相当强的操控性。

奥德赛和克什米尔（Ody and Kasznik，2000）研究发现，与盈余宣告前接受期权的 CEO 相比，盈余宣告后接受期权的 CEO 更倾向发布"好消息"预告，更不愿发布"坏消息"；这一发现证明了在期权奖励时段管理层会机会主义地选择自愿披露时间。管理层在打算买股票时很可能通过公告"坏消息"降低股价等行为操纵公开股票市场的预告披露。也就是说股权激励会让管理者从自利的角度机会性地选择披露。休斯和帕西瑞（Hughes and Pae，2004）发现具有减持股票计划的企业会通过选择较为准确的"好消息"对外披露来提高股价，另外通过选择较为模糊的"坏消息"来减轻股价下跌的影响。巴托夫和穆哈兰（Bartov and Mohanram，2004）研究认为，CEO 和股东之间存在着的代理冲突会增加 CEO 隐瞒或故意操纵信息的动机，通过掩盖不利的经营情况来损害股东利益、攫取丰厚的货币收入。

卡斯尔等（Cassell et al.，2013）检验退休的 CEO 是否会在晚期机会主义地参与公司的业绩预告行为，以及这种行为是否显著受到环境的影响。研究发现，即将退休的 CEO 发布未来业绩预告的可能性更大，并且相对于任期的前期，他们在任期的晚期发布的业绩预告更频繁。此外，即将退休的 CEO 晚期内发布的业绩预告包含更多的好消息，并且相对任期的前期，发布的业绩预告更加地乐观。当存在强的监督机制（如机构持股较高）时，即将退休 CEO 发布乐观预测的倾向较低，而当 CEO 有更多股权动机时，尤其是可支配的支出被大幅削减，即将退休 CEO 发布乐观预测的倾向较高。

而程等（2013）认为管理者在决定业绩预告特征时具有很大的操控性，但是现有文献很少涉及管理者动机如何影响这些预告特征。

（三）关于管理者业绩预告精确度的研究

管理层业绩预告信息与盈利预测的精确性之间存在正相关，相比"坏消息"来说，业绩预告如果是"好消息"的话，其精确性更高（Skinner，1994；Choi et al.，2010）。蔡等（Choi et al.，2010）发现，当业绩为"坏消息"时管理层多采用精确度低的预告形式。詹森等（2013）对比分析了美国 2001～2011 年共 10 年间上市公司的管理层业绩预告情况，发现如果实际盈余为"好消息"，管理层预告的业绩区间比分析师预告的业绩区间小；而实际的业绩传递"坏消息"时，管理层预告的业绩区间和分析师相比要大得多。

李和张（Li and Zhang，2015）通过使用一个自然事件（证券卖空规则），表明短期卖空压力和随后股价行为对管理层自愿披露的选择具有因果关系。研究发现，管理者会积极应对短期卖空压力的外生冲击，通过降低业绩预告为"坏消息"的精确度来减少"坏消息"对股价敏感性的影响。这表明管理层业绩预告可以替代公司其他的披露方式。预告精度是用理想的工具来测试管理者战略性披露选择。特别是，为了应对增加的短期卖空压力，管理者会降低"坏消息"年度报告的可读性（或者是增加复杂性）。研究还发现，短期卖空压力对"坏消息"的业绩预告精确性的影响在规模小的企业、在 CFO 薪酬对股价敏感性更高的公司、更少分析师跟踪的公司以及在证券卖空规则实施后公司股价对盈余信息敏感性增加的公司中更明显。

由于管理层的偏见或预测的困难度，导致不是所有管理层业绩预告都是准确地接近真实盈余（Lev and Penman，1990；Rogers and Stocken，2005）。分析师对于有着高固定成本、异常存货增长和不透明披露的复杂企业进行盈余预测的难度较大（Kesavan and Mani，2010；Weiss，2010；Lehavy et al.，2011）。

有关文献表明，管理者使用机会主义业绩预告来操纵分析师的预期（Cotter et al.，2006）。龚等（Gong et al.，2011）检验了管理层业绩预告偏差（Management Forecast Errors，MFEs）是否存在严重的相关性，以及分析师如何理解管理层业绩预告偏差相关性的性质。在预测偏差前，如果管理层有效率地处理信息，并且通过管理层业绩预告真实地传递了他们对盈余的预期，那么管理层业绩预告就不存在严重的偏差性。但是，对于年度业绩预告这种长期间来说，我们发现在 MFEs 中存在显著的正相关性。进一步，分析师认为，管理者无意识地且偏见处理信息会直接导致这种正相关性。

管理层业绩预告偏差可以反映出，管理层的披露战略和管理层加工信息的偏见。赫顿等（Hutton et al.，2012）检验比较管理层与分析师对年度业绩预告的准确性。研究发现分析师的信息优势存在于宏观经济层面。相比于管理层，当企业的财富随着宏观经济因素（如国民生产总值或能源成本）变动时，分析师提供的盈余预测的准确性较高。相反的是，管理层的信息优势存在于微观企业层面。相比于分析师，当管理层的行为能影响报道的盈余时，且这种行为很难被外部人参与进去，以及管理层对企业的经营战略和日常交易了解详细，例如，当企业的存货异常高或企业产能过剩或企业存在亏损等，此时管理层的盈余预测的准确性较高。尽管分析师通常被视为行业专家，但是研究发现管理层比财务分析师拥有更多的信息优势在企业层面。

张（Zhang，2012）检验了下个季度管理层业绩预告与当前季度盈余公告捆绑在一起，事前管理层业绩预告的准确度对事后盈余公告漂移的影响。在考虑了预测能力、预测复杂度和预测环境因素下，建立了综合度量事前管理层业绩预告准确度的指标。研究发现捆绑准确度更高的事前业绩预告能减轻投资者对当前盈余的过激反应，同时减少事后盈余公告的漂移程度。捆绑管理层业绩预告已经变成了主要的形式，有数据显示，1996～2007年从大概只有10.7%的比例增加到约80%的比例（Rogers and Buskirk，2011）。

克什米尔等（Kasznik et al.，1995）得到结论：公司规模和收益波动性与管理层的业绩预告精确度是负相关的。金姆和韦雷基亚（Kim and Verrecchia，1991）、沙布拉曼亚姆（Subramanyam，1996）得出市场反应对管理层业绩预告的程度与其精确度成正相关。大量实证研究都为管理层业绩预告的精确性对股票回报和分析师预测修正的影响提供了支持（Baginski et al.，1993；Baginski et al.，2007）。特隆和邓斯坦（Truong and Dunstan，2011）分析表明，法律对投资者权益保护较低的地区，公司治理状况会显著影响业绩预告的质量。

公司发布的业绩预告信息会影响公司的股权成本。弗朗西斯等（Francis et al.，2008）检验出在2001年管理层业绩预告信息披露在控制了盈余质量的前提下，与股权资本成本正相关。斯蒂芬等（Stephen et al.，2012）检验了管理层业绩预告披露政策与股权资本成本在公平信息披露规则实施之后四年内两者之间的关系，发现当企业的信息披露成本较高以及企业发布更多相关的季度管理层业绩预告时，会显著加强两者间的负相关关系。

（四）业绩预告偏差与法律诉讼的研究

罗杰斯和斯托肯（Rogers and Stocken，2005）指出当企业的盈余很难预测，那么在评估管理层业绩预告信息是否是无偏的，还是其中存在难以觉察的管理层私人信息将会是困难的。如果管理者被认为存在隐藏信息或发布具有偏差的业绩预告信息，投资者可能会通过法律诉讼的形式控告管理层，管理层的声誉也会受损（Skinner，1994、1997）。

尽管诉讼风险会减少管理层业绩预告的偏差，但是，罗杰斯和斯托肯（2005）发现当投资者难以发现管理层业绩预告的偏差时，管理者有动机提供具有偏差的业绩预告。当市场难以发现管理者错报时，管理者在内部人减持时更可能发布乐观的业绩预告信息。尽管相比于隐藏信息或提供具有偏差的业绩预告信息，战略性选择披露业绩预告准确性的风险较小，但是这并不意味着没有风险，只是风险的程度不一样。其风险来源于披露的业绩预告信息大多属于前瞻性的信息，这类信息随后可能都被证明是错误的（Cheng and Lo，2006）。有可能越是准确的预测信息，随后越可能被证明是错误的（如实际盈余可能在预测值之外），那么其披露的风险也越高（Choi et al.，2010），导致业绩预告受到法律诉讼的影响也越大。

赫斯特等（Hirst et al.，2008）研究发现，管理层业绩预告在西方资本市场上扮演着不可替代的角色，对股价和分析师的预测有重要导向作用。管理层可以通过业绩预告的形式来改变市场对上市企业盈余的预期、提前避免法律诉讼风险，以及公布精准的信息塑造声誉。如果企业通过发布业绩预告信息来对外传递未来的预期，那么企业所面临的诉讼风险可能会更高，因为现有的法律体系难以有效区分预测偏差中管理层的诚实行为以及故意虚假扭曲行为（Healy and Palepu，2001）。

与预期结论相一致的是，弗朗西斯等（Francis et al.，1994）发现发布业绩预告的企业遭遇的诉讼风险更高。罗杰斯和巴斯柯克（Rogers and Buskirk，2009）也发现企业在遭遇诉讼后会减少业绩预告的发布。爱德华（Edward，2013）认为，现有文献关于未来预期信息自愿披露主要围绕两种前瞻性信息披露机制：一种是管理层业绩预告，另一种是电话会议（Leuz and Wysocki，2008；Beyer et al.，2010）。当前瞻性信息披露可能缺乏可信性或可能引起法律诉讼时，企业更会加速合同的签订。但是，考虑专有成本的因素，当企业面临较高的产品市场竞争时，企业会延迟合同的签订。

（五）业绩预告披露的影响因素研究

自愿信息披露的指标并不是同质的，长远来说被划分成业绩预告和其他自愿披露的形式（包含现金流预期、未来股利预测、销售预期、经营战略变化以及经营成本的增加等）。与股利支付相关的披露项目越精确，例如，管理层业绩预告的信息披露等，那么越能降低股利预测披露项目相关的信息风险。要求投资者在更高的预测偏差的信息披露结果中去分析与理解，投资者通过加强信息的处理能力才能间接地获得信息优势（Kim and Verrecchia，1994）。

然而，一方面由于监管部门有披露前瞻性财务信息的强制要求，另一方面部分企业也渐渐意识到刊登预测信息能够带来的诸多好处，比如加深与投资者的友好关系、减少二级市场波动、提升公司形象等，所以越来越多的公司除了履行强制披露义务外，还会自愿地披露业绩预告信息。出于管理层业绩预告的有用性，先前大量文献都深入探究了影响管理层业绩预告披露的因素有哪些（Skinner，1994、1997；Lang and Lundholm，2000；Cheng and Lo，2006）。

研究学者研究业绩预告的影响因素，主要涉及机构持股比例、分析师跟踪人数、独立董事比例、审计委员会、披露要求等方面。班贝尔和金（Bamber and Cheon，1998）发现如果公司有大量的投资者，那么公司发布的业绩预告信息会更加精确。发布业绩预告信息的企业，通常都是规模相对较大的企业以及被众多分析师或机构关注的企业（Kasznik and Lev，1995；Frankel et al.，1999；Ajinkya et al.，2005；Graham et al.，2005），这类企业有关盈余的信息更多，并且面临的投资机会较少（Lennox and Park，2006）。诺兰德（Ruland，1990）等发现相比较而言，外部的持股比例高的企业更易于发布业绩预告。埃辛卡亚等（Ajinkya et al.，2005）发现公司的机构持股比例越高，公司发布业绩预告的精确性越高。机构持股比例较高和独立董事比例较高的公司更可能发布业绩预告以及业绩预告会更精确（Ajinkya et al.，2005；Karamanou and Vafeas，2005）。

巴金斯基和哈塞尔（Baginski and Hassell，1997）研究发现有更多分析师跟踪和规模较小的企业管理层发布业绩预告的精确度较高。班贝尔和金（1998）研究发现法律责任与业绩预告精确度负相关。巴金斯基等（2002）研究发现法律环境会影响业绩预告的精确度，相比美国的管理者，加拿大的管理者会发布更精确的业绩预告。埃辛卡亚（Ajinkya et al.，2005）发现有更多外部董事和更高的机构持股比例的公司发布的业绩预告更精确，表明良好的公司治理与业绩预告的精确度正相关。相反的是，卡拉马诺和瓦费斯（Karamanou and Vafeas，2005）发现有更有效的董事会和审计委员会的公司发布的业绩预告的精确度较低。冯和李（Feng and Li，2014）使用公开发布的管理层业绩预告作为管理者提供给审计师业绩预告的代理变量，研究发现管理层业绩预告与审计师提供的持续经营意见和随后的破产风险负相关。

从披露方式看，加藤等（Kato et al.，2009）发现日本上市公司需要强制预告年度盈余预测。在年初，日本管理层一般提供乐观的业绩预告，尤其是当该公司有乐观业绩预告的历史时，更倾向于发布乐观的业绩预告。在考虑监管和法律成本的因素下，相比美国公司而言，日本公司发布有偏见的预测比例相对要更低。

（六）关于业绩预告精确度与管理者预测能力关系的研究

对于外部业绩预告是否能作为管理者投资中内部预测能力的信号是一个开放的问题，主要基于两方面的原因：

第一，业绩预告可能会为管理者提供动机去从事财务报告操纵或选择次优的投资来达到他们预期的投资目标（Fuller and Jensen，2002；Roychowdhury，2006；Cohen et al.，2010），这样就会混淆预测能力的信号作用。例如，管理者可能有着较高质量的外部预测能力，但是真实的是，管理者从事了盈余管理行为，其实际的投资预测能力较低（Kasznik，1999）。另外，管理者可能具备较强的内部预测能力，从而战略性地偏差外部预测来满足某个目标，而不是追求预测的准确性，如为了降低分析师的盈余预期、误导竞争者、薪酬原因以及为了内部人减持操控股价（Cotter et al.，2006；Matsumoto，2002；Aboody and Kasznik，2000）。因此，外部业绩预告的质量可能并不能完全体现出管理者实际的预测能力。

第二，在业绩预告和投资回报预测的预测期间中存在一定的差异。外部业绩预告质量度量的可能仅仅是短时期内业绩预告的能力，然而对于投资项目通常使用的投资评估方法，例如现金流量贴现法（DCF）分析不仅要求短时期内，还需要长时期的盈余预测能力和最终的价值评估。特鲁曼（Trueman，1986）的分离均衡模型表明能力高的管理者会发布业绩预告。

然而，现实生活中，一些能力低的管理者也会发布业绩预告，一方面是源于他们过度自信自己的能力，另一方面是想去模仿能力高的管理者的行为。由此，我们推断管理层业绩预告的精确度能反映出 CEO 的能力。当管理者有能力保持较高质量的会计信息系统以及提供真实的数据，并且有能力准确地应对经营环境的变化和处理环境变化对盈余造成的影响，业绩预告的精确度和准确性均会提高。赫里巴尔和杨（Hribar and Yang，2010）发现过度自信的管理者更可能发布乐观的预测。

第二节　国内文献述评

由于业绩预告信息是公司对外披露的一种重要的形式，同样也是我国学者研究的热点主题。一方面，高质量、精确性较高的业绩预告信息可以有效缓解公司内外部之间的信息不对称，提高公司的透明度，传递出公司管理者对公司未来经营效益、前瞻性信息等方面的信息，业绩预告的"信息观"在我国资本市场中依旧存在（王鹏程，1997；薛爽，2001；郭普，2002；蒋义宏等，2003；戴德明等，2005；周晓苏和高敬忠，2009；罗玫和宋云玲，2012；王彦超，2012；冯旭南，2014；李馨子和肖土盛，2015）。

另一方面，我国上市公司中存在着较为严重的代理问题，同时业绩预告在我国属于半强制性形式，管理者在业绩预告形式的选择上具有很大的操控性，很可能通过发布虚假的、精确性不高的业绩预告来获取私人收益，从而误导投资者或分析师，这被称为业绩预告的"机会主义观"（张翼和林小驰，2005；张然和张鹏，2011；王玉涛等，2011；张馨艺，2012；周冬华和赵玉洁，2013；袁振超等，2014；刘彦来等，2015；郑建明等，2015）。

一、信息观视角的文献述评

由于业绩预告是最直接的企业预测期间销售收入、利润总额、净利润、每股收益等主要财务指标的反映，所以债权人也好，投资者也罢，利益相关者都非常关注预告结果，并据此做出相应的科学决策。在实施业绩预告制度后，我国资本市场上越来越多的上市企业自愿预告自己的业绩，有效地缓解了投资者（包括机构投资者、中小投资者在内）和管理层之间的信息不对称。

（一）盈利预测与业绩预告

王鹏程（1997）对盈利预测的内涵做了概括，他认为，企业的管理人预测未来某个或几个会计期间的公司经营基本情况的行为就是盈余预测（或者说业绩预测）。李馨子和肖土盛（2015）从分析师盈余预测修正的角度，考察了管理层业绩预告发布后短窗口内分析师预测行为的变化，拓展性检验还发现，管理层业绩预告有助于降低分析师盈余预测的误差。

戴德明等（2005）在研究会计和证券市场时引入了信息经济学和制度经济学的相关成果，并据此切入到我国一级、二级市场的实际，实证分析上市企业对外公布的盈余预测信息（包括独立的预测报告，以及在季度报告中披露的年度业绩预测）的有用性。研究结果告诉我们，上市公司对外披露的业绩预告的信息价值和含量都很高，在我国证券市场以及投资者制定决策中发挥着主要的作用，因此研究支持相关部门应该采取措施加强对披露业绩预告信息的监管。

（二）业绩预告的精确性和可信度

国内一些学者从业绩预告的精确性和可信度方面展开了有益的探讨。薛爽（2001）开创了研究预亏公告信息含量的先河，他以1998年和1999年两年上市企业的预亏公告为研究对象，得出预亏公告的信息含量较高。他还研究了预亏公告发布时间的选择，由于研究只涉及预亏公告的信息质量，并未关注到预增、预盈信息以及季度报告中的业绩预告（当时证监会并未出台预盈、预增等预测信息公布的文件），所以研究结果并不能作为我国业绩预告制度变化和实施效果的评价依据。郭普（2002）检验了2000年和2001年在中期报告中披露预亏（预警）信息的上市公司，以此检验预亏（预警）公告的市场反应。研究认为中期报告发布预亏（预警）信息的企业将新信息传递给了市场。

蒋义宏等（2003）主要对比分析2001年A股沪深企业在披露业绩预告前后市场对此的不同反应。研究发现，业绩预告前投资者能够理性判断上市企业预计会发生的净利润大幅变动或亏损情形；公告后市场上投资者与上市企业管理层、大股东之间信息的不对称程度有明显降低。公告前后的市场不同反应表明，尽管业绩预告没有明确说明公司的净利润增减具体数值，但是预告的信息是非常有用的，公告的信息价值很高。

周晓苏和高敬忠（2009）的研究也认为，公司治理的有效程度直接关系到管理层披露业绩预告的精确程度，对提高预告的质量作用甚大。同时，在公司的董事会结构中，财务会计方面的专家越多，则业绩预告的精确度和长期性也越高。此外，董事会规模、董事会会议频率都与企业业绩预告的精确度和时效性负相关，独立董事却与业绩预告的精确性正相关。

高敬忠等（2011）研究得到：（1）机构持股比例的增多能提高管理层预告盈余消息的精准性和及时性，精准性表现为形式更具体、误差更小；（2）不同类型的机构投资者对管理层选择业绩预告的积极治理作用，机构为银行、财务公司和一般基金公司对管理层业绩预告选择的正面治理效果明显强于养老、保险公司等机构；（3）持股规模不同时，机构整体持股比例提高对管理者业绩预告的准确性、及时性有积极意义，但是机构持股增多也会导致管理层在预告盈余时态度更倾向乐观；（4）与股权分置改革前对比，股改后机构持股进一步发挥了对管理者选择披露业绩预告的积极作用。

罗玫和宋云玲（2012）发现，我国上市企业的业绩预告行为与美国等西方国家在预告程序上截然不同，我国需履行强制披露的上市公司要在第三季度的报告中公布对全年业绩的预测情况，而且往往存在多次修正预期业绩的行为。所以，罗玫和宋云玲（2012）将注意力集中到业绩修正预告是否影响到业绩预告的可信度的研究上。

（三）业绩预告的披露形式

国内还有一些学者围绕业绩预告的披露形式展开检验。王玉涛和王彦超（2012）将关注重点放在业绩预告的披露形式、精度如何作用于分析师预测误差、预测分歧度和跟踪数量，实证研究发现，分析师对公司的跟踪数量与业绩预告的形式相关性很强，与定量业绩预告（包括点值和闭宽度较小的区间预告方式）的公司相比，发布定性预告的公司其分析师跟踪数量少得多。这意味着分析师的预测行为依赖于上市公司对外发布的重要信息——业绩预告的形式及质量。高敬忠和周晓苏（2013）以 A 股上市企业业绩预告为样本，从预告披露方式的自愿选择视角分析管理层持股能否对解决自愿披露的代理问题起到激励作用。结果表明，自愿性选择披露方式的时效性和精准度会随着管理层的持股占比和持股价值的增多而提高，且稳健性加强。检验结果还说明，股权分置改革后这一正向作用得以增强。

另外，国内学者还检验出业绩预告信息可以起到价格发现的效果。冯旭南（2014）在研究中国的投资者是否具备能力获取信息这一问题时，根据2007～2011 年在 A 股上市的管理层披露过业绩预告的公司行为，用 Baidu 指数定义为投资者信息获取行为，结果证明了麦尼克和特鲁曼（McNichols and Trueman，1994）提出的"公开信息披露能刺激投资者的私有信息获取行为"的论断。冯旭南（2014）的研究表明，从公布业绩预告前的四个交易日起，投资者的信息获取能力日渐增大，并在业绩预告当天达到峰值。研究进一步发现，投资者搜集信息的活动能影响股价对业绩预告的响应，投资者获取信息的行为能够起到价格发现的效果，能在一定限度上提前响应业绩预告的信息，投资者在业绩预告前的获取信息能力越强，股价对业绩预告的响应度就越低；投资者越能获取到更多优质信息，股票的交易量也会随之大增，也就是信息的获取能力会直接反映到股价的变动中。研究还发现，当上市公司处在一个信息较差或者不确定性程度较高的环境中，业绩预告公布之前的百度超额搜索量增加会越突出。

二、机会主义观视角的文献述评

（一）业绩预告披露形式及时机的机会主义动机

尽管制度规定了管理层在一定条件下必须披露业绩预告的情况，却没有限定管理层业绩预告的形式。总体来说，业绩预告的形式主要有三类：点预测、区间预测（包括闭区间预测和开区间预测）和定性预测。点预测指的是管理层在业绩预告时指出了盈余的具体数值；闭区间预测是管理层在业绩预告中明确了盈余的上下限；开区间预测是说业绩预告仅表示出盈余情况的上限或者下限；而定性预测是管理者在披露未来业绩时只是做了一个定性的描述，并没有量上的表达。因此，管理者可以对业绩预告披露形式具有较大的操控性，表现出机会主义动机。

除了研究业绩预告的披露形式，还有学者围绕业绩预告信息的属性及披露时机的选择，研究业绩预告对应为"好消息"或"坏消息"时的市场反应及管理层的时机选择。张馨艺（2012）集中探索高管持股和市场分别对管理层择时披露预告信息的影响，她的研究样本跨度为 2001～2008 年的 A 股公司，研究结论显示了业绩预告披露择时行为的存在性：一般而言高管会把"好消息"在交易日披露，而选择非交易日披露"坏消息"。此外，从市场反应的角度可以发现，"好消息"在休息日披露更能增加市场的正面反应，而"坏消息"的公布选择交易日或休息日其实差别不大。

高敬忠和王英允（2014）从形式上和实质上分别界定了业绩预告的可靠

性，并通过实证证明业绩预告的可靠性选择受披露政策影响的机制。研究发现，形式上的业绩预告可靠性在强制披露政策背景下比在自愿披露政策环境下显著要高；但是实质上的业绩预告可靠性在强制披露政策下并不高于自愿披露的政策情形。将消息性质纳入考虑后发现，消息性质为"好消息"时的强制性披露政策条件下的业绩预告在形式上的可靠性明显高于自愿披露政策的情形；而当消息为"坏消息"时，自愿披露政策在业绩预告实质上的可靠性却远高于强制披露政策的形式。当面临的当期业绩预告是难以观测和核实的，管理层综合考虑公布消息的利弊后，会倾向于隐藏部分私有信息来避免不必要的麻烦，从而使业绩预告实质上的可靠性有所降低。

（二）管理者权力与业绩预告

在出台业绩预告制度后，绝大部分达到强制披露要求的上市公司都按规定披露了盈余预期，但还有部分上市公司在不需要强制披露的情况下自愿对外公布了业绩预期，这些预告涉及业绩不确定、预盈预告以及业绩变动程度在50%以内的企业，张然和张鹏（2011）定义这类企业的预告形式为管理层自愿业绩预告。程新生等（2011、2012）发现公司的自愿披露动机会受到关系经济的影响，公司通过选择低披露的策略来降低披露所带来的高额专有成本。

在西方自愿的信息披露理论指导下，张然和张鹏（2011）提出了转轨经济制度环境下我国上市企业自愿公布业绩预告的三大动机，分别是传递管理层能力的信号动机、资本市场的交易动机以及管理层获得股票收益的动机。研究通过检验我国2001~2008年的上市企业业绩预告数据样本，发现上市公司自愿性披露业绩预告数量达到一定程度，在样本中发布业绩预告的上市企业占比约30%，其中有88.7%的样本达到强制披露的政策要求，而且自愿披露的样本占披露企业的11.3%。在研究中还发现，业绩预告制度的执行情况与预期有很大差距，一大部分企业并未按要求及时公布预告；融资需求大、管理者利益一致性强、会计业绩优的企业自愿公布业绩预告的动机较强，与国有企业相比非国有企业更有披露业绩预告的动机。

从管理者持股假说的视角来讲，张然和张鹏（2011）发现 CEO 持股比例与业绩披露动机是正相关的，高管持股有利于激励管理者对外公布更多的有效信息从而达到利益协同。从管理者能力的信号传递看，张然和张鹏（2011）认为，上市公司可以通过公布利好的业绩信息来传递出管理者的能力；会计业绩（ROA）越高的企业对外披露业绩的自愿动机越强，公司在有大的未预期盈余时越倾向预告业绩。

王玉涛等人（2011）的研究也发现在业绩预告的过程中，管理层从自利的立场会让业绩预告成为上市企业高管的一个主要操纵对象，业绩预告带有鲜明的管理层特征；上市公司 CEO 拥有的权力越大，越能让管理层听命自己，从而提高 CEO 操纵业绩预告的可能性。王玉涛等（2011）还发现我国的这种半强制性业绩预告的制度存在"机会主义披露"行为，也就是管理层在披露业绩预告的时候，站在自己的立场和角度，机会主义地披露利于自己而非外部投资对象的信息，这样原本经由业绩预告对外传达有效信息的初衷就会"事与愿违"，反而会增加市场的错误信息误导投资者和分析师。

周冬华和赵玉洁（2013）研究发现，执行董事（CEO）的权力关系到业绩预告的质量，权力越大则业绩预告的及时性越差且质量越低。研究将业绩预告划分为好消息组、坏消息组，发现好消息组中 CEO 权力对业绩预告的操纵性更为明显，说明上市企业的管理者在面对有利消息时，出于市值考虑管理和操控业绩预告的自利动机更为强烈。研究进一步发现，董事会成员的更换能够起到遏制该操控性的效果，董事会成员更换的比例越大，则 CEO 利用权力操纵业绩预告的时间和期限情形就越会受限制。

（三）分析师对业绩预告的外部治理效应

有一些学者研究发现分析师对上市公司披露的业绩预告修正行为及违规行为具有外部治理效应。刘彦来等（2015）基于2006～2011年的中国A股上市企业，从利益冲突的立场分析上市公司业绩预告分别对分析师预测修正行为的影响，并从完全动态博弈理论出发，以利益诱导和利益冲突回避的视角探究利益冲突机制在上述影响中起到的功效。结果表明：（1）上市企业的业绩预告正相关于分析师的预测修正行为，尤其在熊市表现更突出，但是这种正相关受制于利益冲突机制；（2）上市企业的业绩预告和分析师的预测修正误差两者关系显著为负，这种关系在牛市或熊市的表现差异不显著，利益冲突对此关系有明显抑制作用。业绩预告的发布已成为上市公司披露年报前非常紧要的公开消息之一，所以分析师对上市公司做业绩预告时会重点关注和考虑。郑建明等（2015）从外部治理的角度考察了分析师对业绩预告违规的影响，发现分析师对业绩预告的治理效应仅在监管力度较弱时发挥作用，成为监管制度的有效替代。

同时，有部分文献表明对违规业绩预告行为的处罚监管效果不乐观。宋云玲等（2011）通过检验从2002～2008年的年度业绩预告大样本数据，发现对业绩预告违规或相关违规的处罚并没有实现降低以后业绩预告违规可能性的目的，监管处罚并未体现出效果。研究进一步发现，业绩预告为"好消息"的公司，因企业发生违规行为或业绩预告未按规定披露的处罚效果"适得其反"，因为处罚反而提高了上市企业之后预告业绩的违规概率；另一方面，业绩预告为"坏消息"的公司，因业绩预告或其他违规的惩罚和后续的业绩预告违约概率两者关系并不显著，也就是说处罚基本没有效果。

（四）所有权性质与业绩预告质量

还有一些学者从企业产权性质的差异来比较其业绩预告质量的差异。张翼和林小驰（2005）从公司治理结构（所有权归属）角度分析了管理层业绩预告的行为，研究表明所有权归属地方政府和中央部委的企业，管理层偏向提供业绩预告（或预测）；而当企业控制者是地方国资委、非国有法人的管理层不愿意披露业绩预告。进一步地，在非国有企业和地方国企中，控股股东的持股数量越多，管理层越不情愿自愿发布业绩预告信息。研究还发现，公司财务比例指标，如资产收益率、负债率、市账比等显著影响业绩预告；研究并未发现机构投资者、独立董事、董事会规模对业绩预告有所影响。

从交易成本的角度看，张然和张鹏（2011）研究认为，成长能力越强的企业对外公布业绩预告的动机越强，如果企业有股权融资的计划会在前一年的预告中增加披露业绩的预增信息，而且国有产权会削弱上市企业的信息披露意愿。究其原因，一方面上市公司对外公布信息能给自己带来股价提升、融资成本降低和信息不对称减弱的好处；另一方面国企上市公司的融资要比非国企上市企业便利得多，因此融资需求强和非国有性质企业的披露动机越强。

袁振超等（2014）探讨了代理成本对业绩预告的影响，并加入了产权性质调节变量，分析所有制性质在信息不对称下对信息披露质量的作用。研究表明，代理成本和业绩预告是反向关系；第一类代理成本较高的国有企业比非国有企业更容易披露出准确性差的业绩预告，该结论支持了"攫取"假说。进一步分析，当不同类型股东的代理冲突越尖锐，大股东更倾向于披露高质量业绩预告。就像公司倾向于选择诸如四大会计师事务所等声誉较好的信息中介，主要利用"四大"的声誉消除公众对财报信息质量的质疑。

同样地，大股东可以通过披露质量优异的业绩预告来建立自己的声誉，减轻信息不对称带来的损失。所以，从代理理论角度考虑，可以把业绩预告当作降低代理成本的一种方式，表现为代理成本和业绩预告质量二者之间的正向相关性。

第四章

高管薪酬与业绩预告精确度：概念界定与理论基础

第一节 高管薪酬相关概念的界定

一、高管的定义

当前国内学者研究高管主要从两方面来划分：一类是将公司的董事长和总经理作为高管研究样本来划分；另一类是根据相关的规章制度来划分，比如有将公司的财务总监等也划入公司高管的行列。而国外大多数研究高管的文献，直接将公司的总经理（CEO）定义为公司的高管进行研究（郑志刚等，2012）。具体引用到国内的时候，由于国内公司中董事长的权力往往要高于总经理的权力，且是公司最终的实际控制人，因此，也有学者直接将公司的董事长当作公司的高管来研究，这是狭义之分。此外，对于高管定义广义划分的有,将公司的董事长、总经理、执行董事、财务总监等都划入高管的样本里(方芳和李实,2015)。考虑到各个上市公司的规模不同导致的公司高管人员可能会存在巨大的差异,为了研究样本的统一性,本书在具体的实证研究中,选取的高管研究样本为上市公司年度报告中披露的薪酬金额最高的前三名高级管理人员的报酬总额,高管薪酬变量取自金额最高的前三名高级管理人员的报酬总额的自然对数进行标准化。

二、高管薪酬的定义

根据奥弗顿和斯托弗(Overton and Stoffer,2003)的观点,高管薪酬由基本收入、年度奖金、长期激励、公司福利、津贴等构成。目前中国证监会最新修订的《上市公司年度报告准则》规定,上市公司年度报告或中期报告披露的高管薪酬信息应包括高管的基本年薪、各种项目奖金、公司福利、补贴、住房津贴等其他收入。

高管薪酬的定义有广义和狭义的划分。广义的高管薪酬主要分为货币和实物两块,具体由高管最终所获得的实际货币收入和其他各种形式的非货币性收益组成,其他各种非货币性收益是指股票期权、在职消费、购物卡、礼品以及各种公司提供的福利等,这些非货币性收益都是高管从公司获得的"好处"。此外,广义的高管薪酬激励还包含高管的晋升机会、成就感的满足等非物质激励。

狭义的高管薪酬只包含高管所获得的货币形式的收入,货币性收入还具有短期性的时间特质。现实生活中,上市公司年报往往只披露高管货币性的报酬信息,虽然如此,但是大部分高管所获得的货币收入占薪酬总额中的绝大部分,尤其是中国 A 股市场上高管普遍持股比例较低(方军雄,2011),同时,众多文献都证明短期的货币薪酬数额的大小对高管薪酬激励起着重要的作用。因此，目前围绕高管货币薪酬的研究，仍有重要的意义（方芳和李实，2015）。

三、高管超额薪酬

超额薪酬反映的是薪酬结构的差异。高管超额薪酬（Excessive Executive Compensations）主要是指公司高管通过自身权力寻租，追求最大化私人收益，获得超过薪酬契约所规定的合理收益（Bebchuk and Fried，2003；郑志刚，2012）。高管超额薪酬具体体现在，实际所得收入与公司业绩不匹配，例如，当公司绩效改善时，高管的薪酬收入增长幅度更大。当公司绩效下降时，高管的薪酬收入下降幅度却没有与之相对应（Bebchuk and Fried，2004）；有时高管获得较高的薪酬或超额薪酬，并不一定是高管自身努力的结果，而可能是薪酬契约参考了同行业薪酬平均水平，同时同行业薪酬平均水平整体出现较大增幅（Bertrand and Mullainathan，2001；Bebchuk et al.，2009）。

此外，权小锋等（2010）用非正常的高管薪酬来衡量高管的超额薪酬，通过对比回归高管的真实薪酬与由经济因素所决定的预期高管正常薪酬之间的差来度量（Firth，2006；Core et al.，2008）。罗宏等（2014）认为高管超额薪酬脱离了最优契约薪酬的限制，是高管利用自己手中的权力来获得超过公平收入的报酬。

第二节　业绩预告相关概念辨析

基于先前众多文献的基础可知，涉及业绩预告方面的概念较多，一般包含有前瞻性预测财务信息、盈利预测、业绩预告、业绩快报、业绩预警等。

这些概念都涉及财务信息预测特征方面，但各自之间又不等同，因此，需要对有关相近的概念进行界定，从而有助于对业绩预告更清晰地认识。

一、前瞻性预测财务信息

前瞻性预测财务信息是上市公司进行自愿披露前瞻性信息的一种方式，是上市公司根据自身所制定的生产规划和经营环境，对外公开披露的关于公司未来财务状况、经营绩效等有关的前瞻性财务信息（程新生等，2012）。同时，中国证监会制定了相应法规与准则要求和鼓励上市公司披露有关未来发展前景的前瞻性财务信息，其中，要求上市公司在年度报告披露内容中的管理层讨论与分析部分，应重点对于可能导致公司未来经营绩效发生重大变化的重大事项和不确定性因素在年度报告中给予披露与报告（程新生等，2012）。王化成在1987年定义预测性的财务信息的概念为：上市公司以利润最大化为目标，依据过去的经营状况和现金流水平以及当前公司所面临的经营环境，综合运用统计分析法和经济数学法，对公司今后资金使用计划、筹集、分红等运营财务活动的发展趋势和未来财务活动所发生的变化因素进行合理地估计、测算和陈述的过程，通过整个财务模拟与预测活动过程所产生的财务信息被称为预测性财务信息。

二、盈利预测

戴德明等人在2005年指出：盈利预测是指上市公司管理层作为预测主体，在自身企业生产计划和所面临的经营环境下，统筹考虑企业下一季度或今后几个季度内可能会影响企业每股收益发生变化的所有因素，通过提前设定的假设和条件，对企业未来某个季度期间内或某个会计期间的经营水平进行估计和预测，最终得到的关于企业未来盈利的预测信息，这一事前的信息为投资者做投资决策提供了一定程度上的有用性。此外，公司管理层通过对外披露自身的盈利预测信息，可以改变市场当前对企业所建立的盈余预期，同时还可以进一步避免业绩变动太大而导致的法律诉讼风险或因及时披露精确度较高的盈利预测所带来的良好声誉（张然和张鹏，2011）。

盈利预测在我国是自愿披露的形式，主要反映在公司进行 IPO 时对外发布的公司招股说明书中和年报的信息披露中。在 1994 年，我国出台了《股票发行与交易暂行管理条例》，该条例首次对盈利预测信息的披露标准做出了明确的规定，并在当时属于强制披露的范畴。然而在 2001 年，中国证监会对上市公司发布的盈利预测信息披露内容做出了调整，并在随后发布的《公开发行证券的公司信息披露内容与格式准则第 1 号——招股说明书》中，指出上市公司可自愿对外发布盈利预测信息。

三、业绩预告

我国上市公司对外发布的业绩预告是在正式的季度财务报告或年报对外发布之前，公司管理层对未来季度内或年度内公司的经营情况、现金流水平、盈利水平等关键财务指标是否发生重大变化做出定量或定性程度的预测，该财务信息可以向市场传递一定的信号，改变投资者的市场预期，对投资者投资决策起到积极的增量作用。

此外，为了有效减少公司与外部投资者之间的信息不对称程度，我国监管部门对上市公司季度财务报告和年度财务报告中的盈利水平发生重大变化（增减幅度大于或等于 50%）的公司强制性要求对外披露业绩预告信息，但对此类公司披露的业绩预告形式并没有做具体的要求。因此，上市公司可以自由选择是以定量的方式或定性的方式来披露业绩预告信息，而不同的预告披露形式对业绩预告的精确度都会造成一定差异的影响，我国有关学者总结现行的业绩预告制度属于"半强制性"信息披露形式，后文对此会进行详细论述。

四、业绩快报

在 2004 年，我国监管部门推出了业绩快报，主要是指上市公司在年度或季度会计期间结束后、在正式的年度或季度财务报告对外公布之前披露的未经注册会计师审计的关键财务指标，有助于进一步提高上市公司对外信息披露的及时性和有效性，可以有效降低信息不对称程度。柳木华（2005）的研究结果表明，我国的业绩快报制度可以有效提高公司的会计信息质量，且具有显著的市场反应；同时通过实证研究证明我国的业绩快报并没有降低财务报告的信息含量，而是对定期财务报告起到了补充作用。

五、业绩预警

业绩预警主要是指当上市公司管理层在即将发布的季度报告或年度报告中的关键财务指标与市场上的预期相差太大时，就需要向市场发布业绩可能出现重大变动的预警公告。由于市场预期是与正式对外披露的实际值进行比较，因此，不管上市公司在某个会计期间的净利润预期是盈利还是损失，只要实际业绩与预期业绩之间幅度相差太大就需要进行预警。我国上交所首先推出预警制度，主要针对上市公司中当期净利润水平相比上一期而言，出现大幅度下降的情形时，公司就需要履行业绩预警制度。

六、五者之间辨析

综上所述，"前瞻性预测财务信息""盈利预测""业绩预告""业绩快报"和"业绩预警"之间在概念和界定上都存在一些差异。根据目前有关文献的表述可知,目前对这五个相近的概念存在相互混淆和使用模糊的情形。例如,有将盈利预测与业绩预告当作同一词来使用,还有将盈利预测和业绩预告等都用同一个英文单词来代替使用的。这五者的差异主要体现在以下三个方面。

(一) 前瞻性预测财务信息与业绩预告

前瞻性预测财务信息主要是公司管理层对公司未来前景和经营发展所做的前瞻性预测,从宏观上阐述了公司所处行业的发展潜力和未来的发展机会,更从微观上预测了未来的经营绩效。而业绩预告只是对季度报告或年度报告的业绩水平进行提前披露,注重相关关键财务指标的提前披露。

(二) 盈利预测与业绩预告

上市公司管理层在做盈利预测时更多是基于对公司所处行业地位和经营环境,对未来的经营能力做出的主观估计,这种预测会由于经营环境的变化和自身经营能力的变化出现较大的风险和不确定性,这些都会影响管理层所做盈利预测的准确性。而业绩预告的质量主要由尚未公布的内部财务报告的质量所决定,虽然此时公司的财务数据还未对外公布,但至少有财务数据底稿或较为完整的财务报告供管理层对即将发布的业绩做一定的估计,这相比盈利预测的难度会降低一些。

(三) 业绩快报与业绩预告

业绩预告和业绩快报都是先于定期报告的盈余报告,业绩预告披露的时间较为自由,主要是在定期报告日披露前就行,但是业绩快报必须在财务年度日至定期报告公布日期间。此外,业绩快报所含的财务信息数据较多,且信息含量较高；而业绩预告更注重投资者的决策有用性，提供的往往都是关键的财务指标。

七、业绩预告精确度与准确度

本书主要是围绕业绩预告的精确度为视角展开理论与实证研究，但在先前众多国内外文献中，常常会出现另一个与本书研究主题较相似的概念，即业绩预告的准确度。两者虽然有一定的相似性，但在语义上和实际的使用中都存在显著的差异。为了能更清晰地区别两者之间的差异，本书在此对两个概念进行区别和界定。

Precision 的英文解释是"Exactness and Clarity；Quality of Being Precise"，汉语翻译为精确度、精密性、精细性、精度。基于先前国外的文献可知，国外学者在围绕盈利预测信息披露的研究中使用该词汇通常都是指精确度的含义，用来表示业绩预告的形式是定量的还是定性的，以及预测区间的数值范围。

Accuracy 的英文解释是"Exactness，Esp Resulting from Careful Effort"，汉语译为准确度、准确率、准确性。基于先前国外的文献可知，国外学者在围绕业绩预告信息披露的研究中使用该词汇通常都是指披露的净利润预测值与实际值之间的相对差异水平，或者披露的净利润预测值与财务分析师预测值之间的相对差异水平。

业绩预告精确度的选择作为上市公司管理层自愿信息披露策略中的一项，具体包括了点预测（Point Forecast）、闭区间预测（Range Forecast）、开区间预测（Open-interval Forecast）和定性预测（Qualitative Forecast）这四种形式。其中，业绩预告的定量预测形式的精确度要高于定性预测的形式，因为数值给定的区间范围比语言描述更加直观。而在定量预测的形式中，点预测

（Point Forecast）的精确度是最高的，其次是闭区间预测（Range Forecast），再次是开区间预测（Open-interval Forecast）。因此，本书研究的业绩预告的精确度主要是指上市公司管理层对业绩预告披露的形式选择，通过衡量不同的披露形式来度量业绩预告的精确度。上市公司披露的业绩预告的准确度，是指业绩预告净利润的预测值与最终披露的实际值两者之间的相对差异，根据国内外文献可知，度量盈利预测准确度主要有两种方式，一种是净利润的预测值与实际定期报告所披露的真实值之间的差异，另一种是净利润的预测值与财务分析师所做出的盈利预测共识水平之间的差异。

　　从以上论述可知，业绩预告信息披露的精确度和准确度两者的概念和界定都是有明显的差异。精确度是上市公司管理层事前策略的选择方式，而准确度更多体现在事后预告信息披露的质量特征，其角度主要反映在预测值与实际值之间的偏差幅度上。

第三节　高管薪酬与业绩预告的理论基础

一、契约理论

（一）理论概述

　　契约理论是研究在特定交易环境下分析不同合同人之间的经济行为与结果，主要包括委托代理理论、不完全契约理论以及交易成本理论三个理论分支，这三个分支都是解释公司治理的重要理论工具，它们之间不存在相互取代的关系，而是相互补充的关系。

由于所有权高度分散，以至于这些公司的管理者并不真正对公司的股东负责，这些管理者实际上已成为公司的实际控制者，这就产生了公司治理问题。詹森和麦克林（1976）用委托代理理论对公司治理问题重新展开了分析，发现了所有者与管理者在目标不一致情况下存在的代理冲突，如管理者的在职消费等。陆续有学者验证了詹森和麦克林（1976）结论的正确性，即外部股权的增加与基于管理者的代理成本成正比关系，施莱费尔和维什尼（1997）、拉普拉塔等（La Porta et al.，1998）发现除美国外的其他国家的股权是集中的，并且在形成控股股东后，所有者与管理者出现重合化趋势，公司治理的最主要冲突已由所有者与管理者之间的代理冲突演化为所有者之间，即控股股东与外部中小股东之间的代理冲突。控股股东主要利用契约的不完全性，通过将一部分公司资源转移到己方手中对契约的其他方进行剥削。马勒和沃内德（Muller and Warneryd，1999）指出，若企业内契约不完全，管理者会花费企业资源去扩大其在剩余分配中的比例，从而导致企业出现福利损失，而外部股权不但扩大了这一损失，形成代理问题，甚至还会形成其他的代理冲突。

（二）契约理论与高管薪酬、业绩预告精确度

根据有效契约理论，高管获得了高于市场所提供的平均薪酬水平是高管个人能力的表现（Fama，1980；方军雄，2012）。如果薪酬契约设计科学合理，可以有效缓解委托人与代理人之间的利益冲突，降低两者之间的代理成本，最大化地激发高管的经营能力，最终实现股东价值的最大化和有效提升公司价值；反之，如果薪酬契约设计不合理，契约对高管的监督与约束性有限，对高管的激励也会失效，高管在追求私人收益最大化的过程中可能会损害委托人的权益，最终导致两者之间产生激烈的利益冲突（吴育辉和吴世农，2010）。最优契约理论表明科学合理的契约设计对高管的约束与激励是有效

的，可以驱使代理人与委托人的利益相一致，而实现股东财富的最大化目标（Jensen and Meckling，1976）。根据最优契约理论的观点，将高管的薪酬与公司的绩效进行有效的挂钩，有助于降低代理成本，由此，薪酬契约的激励效应取决于高管薪酬水平与企业绩效水平之间的敏感性。

先前有关文献表明，高水平的薪酬契约有助于促使公司管理层与股东之间的价值取向实现激励相容的结果，从而进一步激发公司管理层的经营能力与努力工作的意愿，有助于降低公司管理层对私人收益追求的行为动机（Henry et al.，2011）。迪特曼等（Dittmann et al.，2010）研究发现当高管是风险厌恶时，高管薪酬契约是最优的，通过构建一个程序化的委托代理模型来检验 595 位 CEO 的薪酬契约，发现当高管是风险厌恶时，高管的股权持有和货币性薪酬水平是在一个较优的水平。埃德蒙斯等（Edmans et al.，2012）认为最优的静态薪酬契约在动态的世界中是无效的。在完整的薪酬契约模型中，必须将高管的私人收益、努力程度和短期行为这三者实现有效的激励相容机制。根据最优薪酬契约理论的观点，高管薪酬契约将代理人追求私人收益最大化的行为与委托人追求企业利润最大化的目标相结合，成为缓解代理人与委托人之间利益相互冲突的有效机制（Jensen and Meckling，1976；罗宏等，2014）。

张亮亮和黄国良（2013）研究发现当公司高管的超额薪酬越高时，资本结构调整的时间也越短；当非国有公司高管的超额薪酬水平越高时，公司实际资本结构与预期资本结构的偏离度越低，但这一关系不体现在国有公司中，这可能是国有企业中的预算软约束所起的作用。因此，根据最优契约假说理论，公司高管的超额薪酬能代表公司高管的能力，是高于市场平均能力的预期值，获取超额薪酬的高管更能灵活调整公司的资本结构，这反映出最优契约假说在一定程度上有所体现。方军雄（2012）通过对影响高管职业生涯和报酬调整的相关因素的控制基础上，研究发现上一年度的高管薪酬水平对下一年度高管的解聘或薪酬水平有明显的影响，进一步发现，上一年度支付给高管超额薪酬后，高管的解聘频率与业绩敏感性的关系更强了，高管薪酬与公司绩效之间的关系也变得更强，这也反映出契约对高管动机和行为具有一定的约束和激励效应。

二、委托代理理论

（一）理论概述

委托代理理论是契约理论的主要内容之一，是 20 世纪 60 年代末 70 年代初，由一些经济学家深入研究企业内部信息不对称和激励问题发展起来的。现代意义的委托代理的概念最早由罗斯提出，"如果当事人双方，其中代理人一方代表委托人一方的利益行使某些决策权，则代理关系就随之产生。"委托代理理论主要研究的委托代理关系是指一个或多个行为主体根据一种明示或隐含的契约，指定、雇佣另一些行为主体为其服务，同时授予后者一定的决策权利，并根据后者提供的服务数量和质量对其支付相应的报酬；其中，授权者是委托人，被授权者是代理人。委托代理理论的中心任务是研究在利益相冲突和信息不对称的环境下，委托人如何设计最优契约激励代理人。

委托代理问题作为公司所存在的一个基本问题，问题的根源来自于公司所有权与控制权的相分离，最终所导致的所有者与代理人之间的利益冲突以及之间所存在的信息不对称现象（Coase，1937；Jensen and Meckling，1976；Fama and Jensen，1983）。詹森和麦克林（1976）最早提出了企业由于所有权与控制权分离所引发的委托代理问题，并深入探讨了企业中所有者与代理人之间因追求利益最大化而进行博弈的各种动机与行为表现。他们还把委托代理关系视为一种契约形式，即委托人通过与代理人签订某种契约，以契约关系来约束代理人的行为，并将委托人的利益都通过契约关系与代理人绑定在一起，该契约授予代理人若干决策权来履行委托人设定的职责与任务，最终都是为了达到委托人效用的最大化。但在现实生活中，委托人和代理人往往会存在一定程度上的利益冲突，代理人作为自然人，存在追求私人收益最大化的自然秉性，从而可能导致代理人在追求私人收益的活动中损害委托人的权益。此外，由于委托人将企业的控制权授予了代理人，代理人更加贴近企业的日常经营管理，从而更加全面地掌握了企业的信息，而委托人所掌握的企业信息远远低于代理人所拥有的，两者之间存在一定程度的信息不对称。

詹森和麦克林（1976）和詹森（1986）的理论均表明，为了有效降低代理人的机会主义动机以及最大化地降低委托代理成本，委托人需要通过设定代理人经营绩效与代理人收益之间的某种函数关系，从而实现对代理人有效的监控与激励，最终有助于实现企业所有者利益最大化的目标。此外，詹森和墨菲（Jensen and Murphy，1990）进一步得出，委托人给代理人设定的薪酬契约的有效性，依赖于给代理人设定的收益与企业业绩之间的敏感性关系，两者之间的敏感性程度越高，对代理人的约束和激励的效果就越好。施莱费尔和维西勒（1997）研究表明，与业绩紧密绑定的高管薪酬契约对于缓解委托人与代理人之间的利益冲突、减少代理成本、提升公司治理水平、提高公司价值等方面发挥了积极的作用，但如果整体市场都属于"柠檬市场"① 的环境下，公司所有者对代理人的监控与约束的有效性不高，会降低业绩型高管薪酬契约的有效性。

---

① 柠檬市场（The Market for Lemons）也称次品市场或阿克洛夫模型，是指信息不对称的市场，即在市场中，产品的卖方对产品的质量所拥有的信息比买方更多。柠檬市场会产生"劣币驱除良币"的效应。

（二）委托代理理论的基本模型

1. 代理模型

最早研究委托代理动态模型的是拉德纳（Radner，1981）和鲁宾斯坦（Rubbinstein，1979）。他们使用重复博弈模型证明，如果委托人和代理人保持长期的关系，贴现因子足够大（双方有足够的信心），那么，帕累托一阶最优风险分担和激励是可以实现的。也就是说，在长期的关系中，其一，由于大数定理，外生不确定可以剔除，委托人可以相对准确地从观测到的变量中推断代理人的努力水平，代理人不可能用偷懒的办法提高自己的福利。其二，长期合同部分上向代理人提供了"个人保险"（self-insurance），委托人可以免除代理人的风险。即使合同不具法律上的可执行性，出于声誉的考虑，合同双方都会各尽义务。他们的研究都说明长期的关系可以更有效地处理激励问题，最优长期合同与一系列的短期合同不同。但是，弗得伯格（Fudenberg，1990）研究证明，如果代理人可以在与委托人同样的利率条件下进入资本市场，长期合同可以被一系列的短期合同所取代。

2. 声誉模型

当代理人的行为很难甚至无法证实，显性激励机制很难实施时，长期的委托代理关系就有很大的优势，长期关系可以利用"声誉效应"。明确提出声誉问题的是法玛（Fama，1980），他认为，激励问题在委托代理文献中被夸大了。现实中，由于代理人市场对代理人的约束作用，"时间"可以解决问题。在竞争的市场上，经理的市场价值取决于其过去的经营业绩，从长期来看，经理必须对自己的行为负责。因此，即使没有显性的激励合同，经理也有积极性努力工作，因为这样做可以改进自己在经理市场上的声誉，从而提高未来的收入。霍姆斯特姆（Holmstrom，1982）模型化了法玛（1980）的思想，证明了声誉效应在一定程度上可以解决代理人问题，并证明努力随年龄的增长而递减，因为随年龄的增长努力的声誉效应越小。声誉模型告诉我们，隐性激励机制可以达到显性激励机制同样的效果。

3. 效应模型

委托人将同一代理人过去的业绩作为标准，因为过去的业绩包含着有用的信息。问题是，过去的业绩与经理人的主观努力相关。代理人越是努力，好的业绩可能性越大，业绩"标准"也越高。当他意识到努力带来的结果是"标准"的提高，代理人努力的积极性就会降低。这种标准业绩上升的倾向被称为"棘轮效应"[①]。霍姆斯特姆和里卡尔（Holmstrom and Ricart，1986）研究了相关的问题。在他们的模型里，经理和股东之间风险分担存在着不一致性；原因是经理把投资结果看成是其能力的反映，而股东把投资结果看成是其金融资产的回报。人力资本回报和资本回报的不完全一致性，是股东在高收益时，认为是资本的生产率高，从而在下期提高对经理的要求。当经理认识到自己努力带来的高收益的结果是提高自己的标准时，其努力的积极性就会降低。因此，同样是在长期的过程中，棘轮效应会弱化激励机制。

4. 风险模型

在委托代理人的模型中，我们讨论较多的是代理人道德风险的问题。实际上，委托人也同样存在道德风险。在许多委托代理关系中，有关代理人业绩的信息是非对称的，其度量存在很大的主观随意性。代理人可能无法观测到委托人观测到的东西。在这种情况下，就存在委托人的道德风险问题：根据合同，当观测到的产出高时，委托人应该支付给代理人高的报酬，但委托人可以谎称产出不高，而逃避责任，而把本应支付给代理人的收入占为己有。而如果代理人预计到委托人可能要耍赖，就不会有积极性努力工作。

---

① "棘轮效应"一词最初来源于对苏联式计划经济制度的研究（魏茨曼，1980），在计划体制下，企业的年度生产指标根据上年的实际生产不断调整，好的表现反而因此受到惩罚，于是"聪明"的人用隐瞒生产能力来对付计划当局。

5. 监督模型

存在委托代理关系就无法避免监督问题。事实上，在非对称信息的情况下，委托人对代理人信息的了解程度可以由委托人自己选择。比如说，通过雇佣监工或花更多的时间和精力，委托人可以在一定程度上更多地了解代理人的信息，从而加强对代理人的激励和监督。但信息的获取又是有成本的，于是，委托人面临着选择最优监督力度的问题。索洛（Solow，1979）与夏皮罗和斯蒂格利茨（Shapiro and Stiglitz，1984）将较高的工资解释为企业为防止工人偷懒而采取的激励方法。一方面，当企业不能完全监督工人的行为时，工资越高，机会成本越大，较高的工资利于减少工人偷懒的倾向性。另一方面，在激励工资模型下讨论监督力度问题，我们发现代理人的边际生产率越高，监督带来的边际收益越高，委托人监督的积极性也越高；代理人努力的边际成本越高，任何给定激励下的努力供给越低，且给定代理人行为的观测信息的方差下最优的激励也越低；监督的边际收益越低，委托人监督的积极性自然也越低；此外，监督越困难，监督的边际成本越高，委托人监督的积极性也越低。

（三）委托代理理论与高管薪酬、业绩预告精确度

根据委托代理理论，在上市公司中，企业所有者为公司的委托人，公司的经营者为委托的经营代理人，由于企业所有者与代理人之间存在信息不对称，企业所有者会通过与代理人签订相关的薪酬契约来减少道德风险与逆向选择带来的代理成本。在签订的薪酬契约中，由于企业所有者与代理人双方的目标函数存在差异，代理人作为自然人，具有追求私人收益最大化的天然属性，而代理人这自利的行为往往会以牺牲公司的财富来实现，从而引发了代理人与企业所有者之间的利益冲突，代理人往往在实现私人收益的过程中损害到企业所有者的利益。因此，企业所有者为了能有效监控代理人能行使

委托人意愿的经营行为，同时企业所有者为了实现股东财富最大化的目标，会通过优化公司治理，设计科学合理的薪酬激励契约机制来促使委托人与代理人的目标函数相一致，使双方的利益能最大程度地结合在一起。但在具体执行过程中，由于委托人授予代理人相当大的权力，而代理人在追求私人收益中会滥用权力进行薪酬操纵，通过操纵的薪酬激励不仅无法缓解代理冲突，可能还会成为代理问题中的一部分。

委托代理理论可以用来解释管理层自愿披露业绩预告的激励因素。一方面，高质量、准确性较高的业绩预告信息可以有效缓解公司内外部之间的信息不对称，提高公司的透明度，传递出公司管理者对公司未来经营效益、前瞻性信息等方面的信息，业绩预告的"信息观"在我国资本市场中依旧存在（王鹏程，1997；薛爽，2001；郭普，2002；蒋义宏等，2003；戴德明等，2005；周晓苏和高敬忠，2009；罗玫和宋云玲，2012；王彦超，2012；冯旭南，2014）；另一方面，我国上市公司中存在着较为严重的代理问题，同时业绩预告在我国属于半强制性形式，管理者在业绩预告形式的选择上具有很大的操控性，很可能通过发布虚假的、准确性不高的业绩预告来获取私人收益，从而误导投资者或分析师，这被称为业绩预告的"机会主义观"（张翼和林小驰，2005；张然和张鹏，2011；王玉涛等，2011；张馨艺，2012；周冬华和赵玉洁，2013；袁振超等，2014；刘彦来等，2015）。

三、信息披露理论

（一）理论概述

新古典经济学假定会计信息是一种商品，市场力量会激励信息供给方提供信息直至每一单位会计信息产生的边际成本等于所带来的边际收益降低，此时市场就达到了完全市场竞争均衡状态，从而实现资源配套的帕累托效率。新古典信息披露理论意味着：（1）资本市场具有强大的惩罚和激励机制促使自利的会计信息供求双方尽力披露和搜集信息，任何第三方的（包括政府）干预都是无济于事的，此时会计准则毫无必要；（2）这个理论的假设——完全竞争市场和证券市场的有效性都只是一种理想化的理论模式，现实中并不成立，更何况人们都是有限理性的，信息需求者不可能完全有能力来理解信息的实质内涵；（3）披露有关战略信息及其经济价值可能损害公司的市场竞争地位，从而致使信息供给者面临着一种权衡，亦即在提供会计信息帮助证券市场充分发挥资产定价功能与隐瞒会计信息使公司在产品市场的优势最大化之间作出判断选择（Newman and Sansing，1993），进而可能影响该理论下会计信息的充分披露原则。

新古典信息披露理论是一种理想化的会计信息披露框架，不具现实可行性；考虑到特定社会经济和文化环境的各种综合因素，学者提出了信息披露的规范理论和实证理论。会计信息披露的规范理论指出，会计信息产生的公共产品、信息不对称以及缺乏一致性等导致了会计信息市场的失灵，从而造成市场力量不能最有效地调节会计信息的供求，因此必须借助第三方（政府）加以干预（准则制定）来实现会计信息披露机制的标准化，以限制资本市场上的垄断和投机行为（Watts and Zimmerman，1999）。而会计信息披露的实证理论强调，会计准则制定应尽量发挥市场机制而避免利用公共干预。与规范会计理论相比，实证会计理论揭示了资本市场对会计信息生产者的激励机制。规范会计理论认为，由于人们的有限理性和获取与理解信息的能力不同，公司经营者会基于自利和利用自己的信息优势总是倾向于少披露真实会计信息甚至披露虚假、扭曲的会计信息。相反，实证会计理论指出，在资本市场有效性的假设下，经理人才市场（Fama，1980）和公司控制市场（Manne，1965）是公司经营者产生充分信息的非契约性动力，从而有利于股东对经营者的有效监督，进而减少两者之间的代理成本。此外，实证会计理论对于会计准则制定具有较强的实践指导意义。会计准则制定不仅要考虑"技术"（如使用何种会计方法能更有利于计量公司的收入与成本），而且也应注意到执行会计准则将会产生的各种经济后果（如财富的再分配、风险程度及其分布以及制定、执行条例和诉讼成本等）。

信息披露理论的本质在于存在信息不对称，具体是指经济事项中一方相比另一方能了解到更多的私有信息，从而具有信息上的优势。在实际生活中，管理层与投资者之间都存在不同程度上的信息不对称现象，严重的信息不对称会导致市场成为"柠檬市场"，损害市场的价值发现功能，这会造成投资者不能有效区分高价值公司和低价值公司，最终会导致市场的资源配置功能失效，市场中剩下的都是低价值公司。此外，在企业的日常生产经营过程中，由于企业所有权和控制权之间的相分离，委托人与代理人之间存在着委托代理关系，这会增大两者之间所存在的信息不对称程度，同时为高管发生道德风险和逆向选择给予了较好的机会与条件，破坏了契约的约束力。代理人在企业生产经营的前线，相比委托人和外部投资者而言，对企业的经营和未来绩效的评估等方面都享有第一手资料与部分隐性信息，但他们为了追求私人收益或自利行为动机的存在，都不会或不愿意充分披露企业的信息，从而影响委托人和外部投资者的决策有效性，弱化外部监管与约束。在现实中，高管可能会通过操纵信息披露来谋取私人收益，例如：公司管理层可能会利用信息不对称来进行内部人交易或行使股票期权等行为。

（二）信息披露理论与业绩预告精确度

传统信息披露理论认为有效的信息披露行为和方式可以减少信息不对称，因而信息披露行为和方式被视为解决信息不对称的主要手段。在资本市场中披露的业绩预告信息是管理层对公司未来业绩最可能和最合理的估计，业绩预告作为重要盈余预测信息来源，是非常关键的信息披露机制，是具有前瞻性的上市公司未来业绩的提前预报，它集中反映了管理层对企业经营成果、现金流情况、财务状况的未来预估，通过管理者对外传递公司经营前景来影响市场的盈余预期（Hirst et al.，2008；Gong et al.，2011）和上市公司的证券价格（Patell et al.，1976；Penman，1980；Waymire，1986）。

玛莉贝丝和泰里（Maribeth and Teri，1997）在研究美国从1988～1992年的278个业绩预告样本中发现，上市公司的信息不对称问题非常普遍和严重，业绩预告能起到降低信息不对称程度的重要作用。惠等（Hui et al.，2009）研究发现上市公司发布业绩预告对减少公司与投资者的信息不对称有相当明显的作用。巴托夫（Bartov，2004）研究认为，CEO和股东之间存在着的代理冲突会增加CEO隐瞒或故意操纵信息的动机，通过掩盖不利的经营情况来损害股东利益、攫取丰厚的货币收入。罗杰斯和斯托肯（Rogers and Stocken，2005）指出当企业的盈余很难预测，那么在评估管理层业绩预告信息是否是无偏的还是其中存在难以觉察的管理层私人信息将会是困难的。高敬忠和周晓苏（2009）检验了我国A股上市公司从2004～2007年各季度管理层进行业绩预告的数据，分析业绩预告消息的好坏与管理层披露业绩预告消息的精确性、态度倾向性的区别。检验说明，相对于"坏消息"的业绩预告，管理层在面临业绩预告"好消息"时更倾向采用精准的预告方式；同时管理层对"坏消息"的业绩预告持有相对乐观或欠悲观的态度。实证表明，管理层针对不同的业绩预告信息性质有一定程度上的操控行为。

饶育蕾等（2012）认为公司向市场公布的个体信息会由于信息好、坏属性的不同而产生不同的市场反应，管理者总倾向于提前向市场公布好消息、推迟披露坏消息。唐跃军和薛红志（2005）认为管理层在信息披露的具体过程中会存在信息组合的动机和信息操作的行为。上市公司上年年报为"坏消息"，一季度季报为"好消息"时，上市公司会提前公布一季度报，随后在短时间间隔内公布上年年报，从而向公众组合披露好、坏消息，利用好消息效应降低坏消息的影响程度。这一原理同样存在于年报与中报的异质项目信息披露组合中。资本市场有效时，会计信息公布会引起股票市场的股票价格和交易量显著变化。程新生等（2015）的研究结果表明，上市公司信息披露行为差异具有显著的负面市场反应，且正负增量信息水平所导致的市场反应各异。增量信息为负的公司信息披露行为差异具有显著的负面市场反应，增量信息为正的公司信息披露行为差异具有显著的正面市场反应。进一步检验发现，增量信息为正时，信息披露行为差异会导致更大的股票交易量以及更小的股票收益波动。

第五章

高管薪酬与业绩预告
精确度：制度背景

第一节　中国高管薪酬激励制度演变

公司高管薪酬制度的变革不仅依赖于公司内部制度的改革，更需要适应公司所处的大的时代潮流和经营环境的需要。总而言之，中国上市公司高管薪酬激励经历了三个阶段的发展（邱茜，2014）。

一、高管薪酬激励制度的萌芽时期（1978～1991 年）

1980 年，高管薪酬激励的最初形式体现为企业的利润留存体制，这是中国企业发展历程中首次将高管的薪酬与企业的业绩联系在一块。1986 年，国务院出台文件，将高管的薪酬与一般员工薪酬的差异以文件形式得以肯定，进一步增强了企业活力，尤其激励了经营者的工作动力。1988 年以后，承包制在全国得到广泛的推进，经营者的薪酬水平与业绩能力挂钩，进一步深化并促进了国有企业所有权和经营权的有效分离，有效推动了企业高管薪酬激励的改革。1990 年统计局出台的有关工资的规定，丰富了工资收入的构成，使得物质激励在企业高管薪酬激励中占据着重要的部分，为今后企业高管薪酬激励改革的发展奠定了坚实的基础（见表 5 - 1）。

表 5 - 1　　　　　　　中国高管薪酬激励制度发展历程——萌芽阶段

时间	发布单位	文件名称	内容
1986 年	国务院	《国务院关于深化企业改革增强企业活力的若干规定》	凡全面完成任期年度目标的经营者个人收入可以高出职工收入的 1～3 倍，做出突出贡献的还可以再高一些
1988 年	国务院	《全民所有制工业企业承包经营责任制暂行条例》	全面完成任期内承包经营合同年度指标的，经营者年收入可高于本企业职工年人均收入，一般不超过 1 倍；达到省内同行业先进水平或超过本企业历史最好水平的，可高于 1～2 倍；居全国同行业领先地位的，可高于 2～3 倍
1990 年	国家统计局	《关于工资总额组成的规定》	工作总额由计时工资、计件工资、奖金、津贴、补贴、加班加点工资和特殊情况下支付的工资构成

注：表格内容由笔者根据有关资料整理所得。

二、高管薪酬激励制度的变革时期（1992～1998 年）

20 世纪 90 年代，市场经济得到了迅猛的发展，以及得到广泛应用的现代先进企业管理理念的引进，强烈地冲击着传统的高管薪酬制度，有力地将高管薪酬制度变革向前推进了。尤其是发生在 1992 年，上海英雄笔厂等三家企业率先推出了员工年薪制试点，奏响了中国高管薪酬制度变革的新乐章。此外，同一年内，随着国务院对外颁发了《企业经营者年薪试行办法》，在全国范围内有北京、深圳、四川等地多家企业积极响应政府的号召和感受市场经济的魅力，涌入高管薪酬制度变革的潮流中来，开始实施高管薪酬年薪制，并且进一步完善了公司高管薪酬信息披露的透明度。在 1997 年，这一年虽然有过暂停实施企业年薪制的决定，但是此时期内，月薪制、奖金红利、股票期权等多种薪酬激励方式也登上了历史的舞台，高管薪酬激励尝试着各种不同且新的激励制度，激励的方式也出现了许多新的变化。1998 年，我国首部《证券法》出台，国企改革全面开启，高管薪酬激励制度也进入了新的改进时期（见表 5 - 2）。

表 5 - 2　　　　　　　中国高管薪酬激励制度发展历程——变革时期

时间	发布单位	文件名称	内容
1992 年	劳动部、国务院经济贸易办公室	《关于改进完善全民所有制企业经营者收入分配办法的意见》	同《全民所有制工业企业承包经营责任制暂行条例》所示
1992 年	国务院	《企业经营者年薪试行办法》	实施高管薪酬年薪制，进一步完善公司高管薪酬信息披露的透明度
1998 年	全国人民代表大会常务委员会	《证券法》	国有资产管理局并入财政部，国企改革全面展开

注：表格内容由笔者根据有关资料整理所得。

三、高管薪酬激励制度的改进时期（1999 年至今）

21 世纪为高管薪酬激励制度的改进提供了良好的时机和前期积累的基础。在 1999 年 9 月，中共中央推出了《关于国有企业改革和发展若干重大问题的决定》，这一决定重新强调了企业员工年薪制的管理办法。从此之后，全国各地区企业在实施员工年薪制薪酬激励的基础上，同时积极探索股权激励等其他多种激励方式并存的激励体制。在此时期，国家有关监管部门针对高管薪酬制度也陆续出台了一些新的规定，尤其是限定了高管薪酬激励的方式、标准等，此外，加强了对企业高管薪酬的信息披露机制的监管，要求企业较为详细地对外披露高管薪酬考核的标准、方式等内容。具体来看，中国高管薪酬激励制度的改进主要包括四个方面，一是高管薪酬的基础机制，二是高管薪酬的激励机制，三是高管任职管理机制，四是高管薪酬约束机制。

（一）推进和完善高管薪酬的基础机制

1. 企业效绩评价机制

自 1999 年以来，高管薪酬的发放额度逐渐市场化，开始形成以企业效绩为基础的薪酬体系。1999 年，财政部、国家经济贸易委员会、人事部、国家发展计划委员会四部委联合出台《国有资本金效绩评价的规则及操作细则》，首次将高管薪酬与企业经营效绩挂钩，奠定了高管薪酬激励机制的基础。此后财政部陆续出台了《企业集团内部效绩评价指导意见》《委托社会中介机构开展企业效绩评价业务暂行办法》，进一步明确了企业内部效绩评价的标准；2002 年 8 月，财政部等五部委又针对国有企业薪酬自定的普遍现象出台了《企业效绩评价操作细则（修订）》，着力解决不同国企之间不合理的薪酬差距，以及职务不当消费等问题（见表 5 - 3）。

表 5 - 3　　　　　　　　　　　企业效绩评价机制演变

时间	发布单位	文件名称	内容
1999 年 6 月	财政部、国家经济贸易委员会、人事部、国家发展计划委员会四部委	《国有资本金效绩评价规则》《国有资本金效绩评价操作细则》	为完善国有资本金监管工作，促进强化企业激励与约束机制，有计划地建立国有资本金效绩评价制度，科学评判企业经营效绩起到了很好的作用

续表

时间	发布单位	文件名称	内容
2002 年 6 月	财政部	《企业集团内部效绩评价指导意见》、《委托社会中介机构开展企业效绩评价业务暂行办法》	推动了企业效绩评价工作深入开展，规范指导企业集团内部开展效绩评价工作，进一步完善国有资本监管体系，促进提高国有资本营运效益，正确引导子公司经营行为
2002 年 8 月	财政部等五部委	《企业效绩评价操作细则（修订）》	由于出资人不到位，国有企业普遍存在负责人薪酬自定的现象，缺乏必要的规范。一方面，不同国有企业以及企业负责人之间的薪酬差距不合理，该高的不高、该低的不低，经营者薪酬水平与其承担的责任不相适应，与经营业绩挂钩不紧，缺乏严格的考核奖惩；另一方面，职务消费缺乏有效的管理、监督和约束

注：表格内容由笔者根据相关资料整理所得。

2. 高管薪酬与业绩考核挂钩

从 2003 年开始，中国对高管薪酬的激励机制从注重企业效绩，转变为重点关注企业负责人的业绩考核。2003 年 10 月，国资委出台《中央企业负责人经营业绩考核暂行办法》，明确了对企业关键绩效指标的考核，并将业绩考核与收入分配挂钩；此后与企业负责人薪酬相挂钩的指标越来越多，涉及的内容越来越广。2003 年底，将经营者薪酬与其责任、风险和经营业绩直接挂钩；2007 年 1 月，引入了有关技术、创新等方面的考核；2011 年 1 月，逐步扩大了经济增加值考核的企业范围，逐步加大经济增加值在考核指标体系中的权重，确定了以经济增加值为核心的中长期激励机制；2014 年 1 月，进一步强调经济增加值指标在考核中的重要性，以经济增加值考核为切入点，积极探索以经济增加值创造水平的改善状况与绩效薪酬或中长期激励挂钩的有效做法，建立长效激励约束机制，最大限度调动企业负责人和员工的积极性、创造性（见表 5 - 4）。

表 5 - 4　　　　　　　　中央企业负责人业绩考核机制的演进过程

时间	发布单位	文件名称	内容
2003 年 10 月	国资委	《中央企业负责人经营业绩考核暂行办法》	依据该办法对 2004～2006 年第一个业绩考核任期内的中央企业负责人进行了考核。国资委一成立，就抓紧组建机构，逐步制定完善国有资产监管法律法规。同时，积极开展了清产核资，初步摸清了中央企业的家底，在此基础上，对中央企业负责人进行了年度和任期经营业绩考核，突出了对企业关键绩效指标的考核，并将业绩考核与收入分配挂钩
2003 年 12 月	国务院	《关于进一步加强人才工作的决定》	将经营者薪酬与其责任、风险和经营业绩直接挂钩
2007 年 1 月	国资委	《中央企业负责人经营业绩考核暂行办法》	较修订前 2004 年的办法相比，大力增加了关于技术投入（含 R&D）、创新方面的考核
2011 年 1 月	国资委	《关于认真做好 2011 年中央企业负责人经营业绩考核工作有关事项的通知》	要根据本企业及所属企业实际情况，逐步扩大经济增加值考核的企业范围，逐步加大经济增加值在考核指标体系中的权重。要研究经济增加值目标的分解落实办法，科学合理地设定所属企业的考核目标和工作任务。要积极探索建立与现行薪酬管理制度相衔接、与中央企业实际情况相适应、以经济增加值为核心的中长期激励机制
2014 年 1 月	国资委	《关于以经济增加值为核心加强中央企业价值管理的指导意见》	价值管理与完善激励约束机制有效衔接。以经济增加值考核为切入点，积极探索以经济增加值创造水平的改善状况与绩效薪酬或中长期激励挂钩的有效做法，建立长效激励约束机制，最大限度调动企业负责人和员工的积极性、创造性

注：表格内容由笔者根据相关资料整理所得。

3. 高管薪酬管理及业绩考核机制

2007 年 12 月，国资委加强了中央企业高管的薪酬管理及业绩考核机制建设，陆续出台了一系列文件，涵盖企业负责人第二任期考核、年度考核、副职业绩考核，考核原则、考核价值导向等多个方面（见表 5 - 5）。

表 5-5　　　　　　　　　中央企业负责人薪酬管理与业绩考核机制

时间	文件名称	内容
2007 年 12 月	《关于加强中央企业负责人第二业绩考核任期薪酬管理的意见》（简称《意见》）	提出在央企负责人第二任期业绩考核中进行中长期激励试点，并要合理拉开企业主要负责人与其他负责人之间，以及其他负责人相互之间的薪酬差距。《意见》同时明确，央企负责人薪酬增长应与企业效益增长相一致。企业效益下降，企业负责人年度薪酬不得增长，并视效益降幅适当调减；企业负责人年度薪酬增长幅度不得高于本企业效益增长幅度。《意见》还将加强对央企负责人薪酬水平的规范管理，规定央企负责人原则上不得在子企业兼职取酬，其他负责人经国资委批准在子企业兼职取酬的，其年度薪酬水平不能超过本企业主要负责人，以岗定薪，岗变薪变
2010 年 1 月	《中央企业负责人经营业绩考核暂行办法》	按照权责利相统一的要求，建立企业负责人经营业绩同激励约束机制相结合的考核制度，即业绩上、薪酬上，业绩下、薪酬下，并作为职务任免的重要依据。根据企业负责人经营业绩考核得分，年度经营业绩考核和任期经营业绩考核最终结果分为 A、B、C、D、E 五个级别，完成全部考核目标值（经济增加值指标除外）为 C 级进级点。国资委依据年度经营业绩考核结果和任期经营业绩考核结果对企业负责人实施奖惩，并把经营业绩考核结果作为企业负责人任免的重要依据。对企业负责人的奖励分为年度绩效薪金奖励和任期激励或者中长期激励。企业负责人年度薪酬分为基薪和绩效薪金两个部分
2010 年 1 月	《关于进一步加强中央企业全员业绩考核工作的指导意见》	坚持按照岗位职责考核。以目标管理为重点，针对企业管理人员和职工各自的岗位、职责，紧紧抓住出资人最为关注和影响企业可持续发展的关键绩效指标和工作目标进行考核
2010 年 8 月	《中央企业全员业绩考核情况核查计分办法》	核查内容重点包括考核机构、考核制度、考核结果应用、监督检查、考核范围五项
2012 年 2 月	《关于进一步加强中央企业负责人副职业绩考核工作的指导意见》	中央企业负责人副职业绩考核工作应遵循以下原则：一是坚持正确考核导向。通过业绩考核促进企业战略目标实现和年度工作任务完成。二是坚持实现全员覆盖，督促企业落实每一位副职的岗位职责。三是坚持依法依规考核，切实做到公开、公平、公正。四是坚持做到科学有效，加强目标管理，定量考核和定性评价相结合、短期目标和长期目标相统一、组织绩效和个人绩效相协调
2013 年 1 月	《中央企业负责人经营业绩考核暂行办法》（国资委令第 30 号）	企业负责人经营业绩考核，实行年度考核与任期考核相结合、结果考核与过程评价相统一、考核结果与奖惩相挂钩的制度。进一步强化业绩考核的价值导向，绝大多数中央企业 EVA 考核指标权重提高到 50%，利润总额指标权重下降为 20%

注：表格内容由笔者根据相关资料整理所得。

（二）高管薪酬的激励机制

1. 股权激励机制的演进

首次提出股权激励机制是在 1999 年 9 月党的十五届四中全会上，会议发布了《国有企业改革和发展若干重大问题的决定》，明确"建立和健全国有企业经营管理者的激励和约束机制，少数企业试行经理（厂长）年薪制、持有股权等分配方式"。随后，实行股权激励的企业范围不断扩大，从只有部分国家控股公司可以实行股权激励，扩大到完成股权分置改革的上市公司可以实施股权激励。同时，激励的对象也不断扩大，从只有经理可以持有股权，到专业技术人员可以技术入股，再到通过股权激励方式调动普通员工积极性。此外，为进一步促进股权激励的实施，2005 年 10 月，第十届全国人民代表大会常务委员会第十八次会议，对《公司法》和《证券法》进行了修订，破除了股权激励上的法律障碍（见表 5 - 6）。

表 5 - 6 　　　　　　　　　　　股权激励机制的演进

时间	发布单位	文件名称	内容
1999 年 9 月	党的十五届四中全会	《国有企业改革和发展若干重大问题的决定》	明确"建立和健全国有企业经营管理者的激励和约束机制。少数企业试行经理（厂长）年薪制、持有股权等分配方式"
1999 年 12 月	国务院	《中共中央国务院关于加强技术创新，发展高科技，实现产业化的决定》	在一些国家控股公司中实行股权激励
2001 年 3 月	国家经贸委、人事部、劳动和社会保障部	《关于深化国有企业内部人事、劳动、分配制度改革的意见》	对专业技术人员采用技术折价入股和股票期权等激励形式
2005 年 8 月	证监会、国资委、财政部、中国人民银行、商务部	《关于上市公司股权分置改革的指导意见》	完成股权分置改革的上市公司可以实施管理层股权激励

续表

时间	发布单位	文件名称	内容
2005 年 9 月	国务院	《国务院批转证监会关于提高上市公司质量意见的通知》	上市公司要规范激励机制，通过股权激励等多种方式调动高管及员工积极性
2005 年 10 月	第十届全国人民代表大会常务委员会第十八次会议	修订后的《公司法》和《证券法》	破除实施股权激励的部分法律障碍
2006 年 1 月	国资委	《国有控股上市公司（境外）实施股权激励试行办法》	完成股权分置改革的上市公司，可实施股权激励

注：表格内容由笔者根据相关资料整理所得。

2. 对股权激励机制的规范与监督

对股权激励机制的规范与监督政策集中在 2000～2008 年之间，不仅规定了经营者的持股数额，股权激励的条件、对象、程序等，还明确了激励对象范围、股票来源、激励额度、授予价格、禁售期及解锁期、申报程序等细节。2008 年证监会连续 3 次发布了《股权激励有关事项备忘录》，3 个备忘文件对股权激励计划中应明确的各项问题作出了详细说明，集中体现了股权激励机制的监管要求。此外，2008 年 10 月，证监会还就国有企业的股权激励机制的有关问题作出了强调（见表 5-7）。

表 5-7　　　　　　　　　　　股权激励机制的规范与监督

时间	发布单位	文件名称	内容
2000 年 4 月	劳动和社会保障部	《进一步深化企业内部分配制度改革的指导意见》	规定经营者持股数额
2002 年 10 月	财政部和科技部	《关于国有高新技术企业开展股权激励试点的指导意见》	对股权激励的条件、对象、程序等进行了规定

时间	发布单位	文件名称	内容
2005 年 11 月	证监会	《上市公司股权激励管理规范意见》	对上市公司的股权激励进行规范
2006 年 2 月	财政部	新企业会计准则——第 11 号股利支付	对激励对象范围、股票来源、激励额度、授予价格、禁售期及解锁期、申报程序等进行了细致规定
2008 年 5 月	证监会	《股权激励有关事项备忘录 1 号》和《股权激励有关事项备忘录 2 号》	对股权激励与重大事件间隔期、股权激励的股权定价以及主要股东、实际控制人成为激励对象等问题进行严格规定
2008 年 9 月	证监会	《股权激励有关事项备忘录 3 号》	上市公司股权激励计划应明确：1. 股票期权等待期或限制性股票锁定期内的净利润水平；2. 不得设置上市公司发生控制权变更、合并、分立等情况下激励对象可以加速行权或提前解锁的条款；3. 采用股票期权和限制性股票激励方式的上市公司，应当聘请独立财务顾问对其方案发表意见；4. 明确说明股权激励会计处理方法，测算并列明实施股权激励计划对各期业绩的影响；5. 明确规定授予权益条件的，应当在授予条件成就后 30 日内完成；6. 董事、高级管理人员、核心技术人员以外人员成为激励对象的，应说明其作为激励对象的合理性。7. 叫停了"股东转让股票"和"上市公司提取激励基金买入流通 A 股"两种激励方式
2008 年 10 月	国资委	《关于规范国有控股上市公司实施股权激励制度有关问题的通知》	要求国有控股上市公司严格股权激励的实施条件，加快完善公司法人治理结构；完善股权激励业绩考核体系，科学设置业绩指标和水平；合理控制股权激励收益水平，实行股权激励收益与业绩指标增长挂钩浮动；进一步强化股权激励计划的管理，科学规范实施股权激励

注：表格内容由笔者根据相关资料整理所得。

3. 其他激励机制

除了股权激励机制外，2010 年 11 月，国资委对外发布了《关于在部分中央企业开展分红权激励试点工作的通知》（简称《通知》），将分红权也作为高管薪酬激励的重要机制。《通知》规定，选择科技创新能力较强、业绩成长性较好、具有示范性的企业；区别情况、分类指导，采取岗位分红权或者项目收益分红方式，充分调动科技和管理骨干的积极性；将激励力度与业绩持续增长挂钩，促进企业科技创新能力不断提高；把分红权激励与转变经营机制结合起来，加快推进企业内部改革。分红权激励进一步丰富了我国高管薪酬激励机制。

（三）高管任职管理制度

高管任职管理制度最早见于《公司法》，明确了股份有限公司的董事、监事、高级管理人员的产生方式。证监会在1999年5月发布了《关于上市公司总经理及高层管理人员不得在控股股东单位兼职的通知》，对高管人员的任职作出了具体规定，尤其明确了总经理必须专职，高管人员必须在上市公司领薪，不得由控股股东代发薪水。

除了对高管任职的基本规定外，有关部门还对高管的作风行为有具体要求。2006年6月，国资委对中央企业职务消费进行了制度规定；2008年6月，中纪委对国有企业领导人提出了廉洁自律"七项要求"，特别强调了"不准违规自定薪酬、兼职取酬、滥发补贴和奖金"；国资委纪检于2011年10月，对外发布了《中央企业贯彻落实〈国有企业领导人员廉洁从业若干规定〉实施办法》，严格了企业高管的薪资管理（见表5-8）。

表5-8　　　　　　　　　高管人员任职管理制度

时间	发布单位	文件名称	内容
1999年5月	证监会	《关于上市公司总经理及高层管理人员不得在控股股东单位兼职的通知》	要求上市公司总经理必须专职，不得在集团等控股股东单位担任除董事以外的其他行政职务；要求总经理及高层管理人员（副总经理、财务主管和董事会秘书）必须在上市公司领薪，不得由控股股东代发薪水，以保证上市公司与控股股东在人员、资产、财务上严格分开

时间	发布单位	文件名称	内容
2006 年 6 月	国资委	《关于规范中央企业负责人职务消费的指导意见》	中央企业职务消费的有关制度规章
2008 年 6 月	中纪委	《国有企业领导人员违反廉洁自律"七项要求"适用〈中国共产党纪律处分条例〉若干问题的解释》	第七条明确规定"不准违规自定薪酬、兼职取酬、滥发补贴和奖金",情节严重的将被开除党籍
2011 年 10 月	国资委纪检	《中央企业贯彻落实〈国有企业领导人员廉洁从业若干规定〉实施办法》	中央企业各级领导人员应当严格执行国资委和本企业的薪酬管理规定,严格履行薪酬管理的批准、备案程序。不得有下列行为:(一)自定薪酬、奖励、津贴、补贴和其他福利性货币收入等,超出出资人或董事会核定的薪酬项目和标准发放薪酬、支付福利保障待遇;(二)除国家另有规定或经出资人或董事会同意外,领取年度薪酬方案所列收入以外的其他货币性收入;(三)擅自分配各级地方政府或有关部门给予中央企业的各种奖励

注:表格内容由笔者根据相关资料整理所得。

(四)高管薪酬约束机制

1. 国有企业高管薪酬管理基本机制

高管的薪酬管理机制由薪酬构成、薪资水平、发放时间、发放方式等组合而成,有关部门对这些构成要件均作出了详细而具体的规定,成为高管薪酬发放的制度基础和依据。除了对基础薪资有所规定外,对绩效薪酬也有相关的规定和要求。2012 年 2 月,国资委出台《加强中央企业有关业务管理防治"小金库"若干规定》,对基层单位绩效薪酬(奖金)分配的操作方式提出了指导意见。此外,中国共产党第十八届中央委员会于 2013 年 11 月强调,要健全工资决定和正常增长机制,完善最低工资和工资支付保障制度(见表 5–9)。

表 5 – 9　　　　　　　　国有企业高管薪酬管理基本机制

时间	发布单位	文件名称	内容
2004 年 6 月	国务院	《中央企业负责人薪酬管理暂行办法》	规定了中央企业负责人的薪酬构成、水平、发放时间、方式及考核方法
2009 年 9 月	人力资源和社会保障部、中组部、监察部、财政部、审计署、国资委	《关于进一步规范中央企业负责人薪酬管理的指导意见》	从适用范围、薪酬结构和水平、支付方式、补充保险和职务消费、监督管理、组织实施等方面进一步对中央企业负责人薪酬管理作出了规范
2009 年 11 月	国资委	《董事会试点中央企业专职外部董事管理办法（试行）》	第十六条专职外部董事的薪酬标准由国资委制定。第十七条专职外部董事薪酬由基本薪酬、评价薪酬、中长期激励等部分构成。第十八条专职外部董事的基本薪酬每三年（与中央企业负责人经营业绩考核任期相同）核定一次。基本薪酬按月支付
2012 年 2 月	国资委	《加强中央企业有关业务管理防治"小金库"若干规定》	中央企业及其各级子企业应当根据国家有关薪酬管理政策和规定，进一步完善内部薪酬管理体系，规范基层单位绩效薪酬（奖金）分配，可采取基层单位制订分配方案、劳资管理部门审核、财务部门依据明细表直接发放至职工个人的方式操作，纪检监察、审计部门应当加强对绩效薪酬（奖金）分配情况的监督，不得单独留存、二次分配或挪作他用
2013 年 11 月	中国共产党第十八届中央委员会	《中共中央关于全面深化改革若干重大问题的决定》	健全工资决定和正常增长机制，完善最低工资和工资支付保障制度，完善企业工资集体协商制度。改革机关事业单位工资和津贴补贴制度，完善艰苦边远地区津贴增长机制。健全资本、知识、技术、管理等由要素市场决定的报酬机制

注：表格内容由笔者根据相关资料整理所得。

2. 国有企业高管薪酬的一般约束机制

在处理高管薪酬的问题上，中国的基本原则是在已出台的薪酬管理办法基础上，对高管薪酬进行限薪规定。比如，在 2006 年 3 月，国资委规定境外国有控股上市公司的激励上限是薪酬总水平的40%；同年6月，对境内国有控股上市公司也作出了最高薪酬规定，要求境内国有控股上市公司高管薪酬不得超过薪酬总水平的30%（见表5-10）。设置最高薪酬的目的是为了不扩大高管和普通员工的薪资差距，以此来缓解公司的内部矛盾。但对高管薪酬实行限薪令，会打击高管人员的工作积极性，而且由国家统一规定的高管薪酬数额也不见得符合市场要求。

表5-10　　　　　　　　　　国有企业高管薪酬的约束机制

时间	发布单位	文件名称	内容
2006年3月	国资委	《国有控股上市公司（境外）实施股权激励试行办法》	境外国有控股上市公司的激励上限是薪酬总水平的40%
2006年9月	国资委	《国有控股上市公司（境内）实施股权激励试行办法》	对激励幅度作出了明确界定，境内国有控股上市公司的激励幅度相对略低，即不得超过薪酬总水平的30%

注：表格内容由笔者根据相关资料整理所得。

3. 分行业的高管薪酬约束机制

行业的差异导致统一性的限薪规定带来的激励约束效果并不好，于是，有关部门出台了分行业的高管薪酬约束机制。2008年2月，国资委发布了《中央企业负责人年度经营业绩考核补充规定》，首次提出了"行业对标"原则，这是对限薪令的一大改进。针对金融类国有企业的特殊情况，财政部也相继出台了金融类国有及国有控股企业负责人薪酬管理办法，对金融机构高管的薪资额度作出了上限要求（见表5-11）。

表 5 - 11　　　　　　　　　　分行业的高管薪酬的约束机制

时间	发布单位	文件名称	内容
2008 年 2 月	国资委	《中央企业负责人年度经营业绩考核补充规定》	首次提出了"行业对标"原则，实施对标管理，引导企业以同行业先进企业的指标为标杆，通过持续改进，逐步达到标杆企业的先进水平。具体而言，对于石油石化、电信、矿业开采等企业规模大、国内同类企业户数较少的中央企业，将与国际大型企业开展对标；对于军工、冶金、建筑、商贸、电力、科研等行业的中央企业，将开展中央企业间的相互对标；其他中央企业依据 2008 年国资委制定的《企业绩效评价标准值》开展行业对标
2009 年 1 月	财政部	《金融类国有及国有控股企业负责人薪酬管理办法（征求意见稿)》	拟根据企业总资产规模、业务收入规模等将金融企业划分不同职位等级，并设置一个基本年薪的最大值及最小值。规定，金融企业负责人绩效年薪与金融企业绩效评价结果挂钩，以基本年薪为基数，其绩效年薪一般控制在基本年薪的 3 倍以内。金融企业负责人的最高基本年薪不得超过年度定额工资的 5 倍，金融企业负责人基本年薪与绩效年薪之和的增长幅度一般不超过本企业在岗职工平均工资的增长幅度
2009 年 4 月	财政部	《关于国有金融机构高管薪酬分配有关问题的通知》	对国有金融机构高管人员薪酬水平增长及差距调整进行了规定

注：表格内容由笔者根据相关资料整理所得。

第二节　中国公司业绩预告制度变迁

　　中国公司业绩预告制度虽起步较晚，但在监管部门的持续努力下已经初有成效。自业绩预告制度建立至今，中国对上市公司业绩预告的一贯要求是在不缩短定期报告披露期限的前提下，引入业绩预告和业绩快报。具体来看，中国业绩预告变迁的过程大致可以分为三个阶段。

一、业绩预告制度初步建立阶段（1998~2002年）

1998年以前，二级市场鲜有上市A股公司对外公布盈利预测，也没有专业的证券机构或分析师对上市企业进行持续性的盈余预测分析。虽然1993年国务院在《股票发行与交易管理暂行条例》中要求，上市公司"发生可能对上市公司股票的市场价格产生较大影响，而投资人尚未得知的重大事件时，上市公司应当立即将有关该重大事件的报告提交证券交易场所和证监会，并向社会公布，说明事件的实质。前款所称重大事件包括公司发生重大经营性或者非经营性亏损。"但是由于没有出台相应细则，我国上市公司并没有进行有效披露，亏损公司在年报公布时，股票价格波动幅度很大。如1996~1997年，亏损公司年报公布前20天到公布后的第1天的平均累积超额收益率高达 −9.19%，在年报前1天到后1天的累积超额收益率为 −3.51%（薛爽，2001），这严重损害了广大投资者的利益。

出于降低企业和投资者之间信息不对称程度，以及预防披露期间股价大幅波动的考虑，1998年12月9日，证监会出台了《关于做好上市公司1998年年度报告有关问题的通知》，明确规定"如果上市公司发生可能导致连续三年亏损或当年重大亏损的情况，应当根据《股票发行与交易管理暂行条例》第六十条的规定，及时履行信息披露义务"，即公司一旦发生重大亏损或连续亏损情形要及时对外披露该信息。这个制度首次要求上市公司在年度报告公布前对亏损信息进行提示，可以视为业绩预告制度的雏形。

2000年12月18日，沪深证券交易所在《关于做好上市公司2000年年度报告工作的通知》中规定"在2000年会计年度结束后，如果上市公司预计可能发生亏损，应当在两个月内发布预亏公告，如果预计出现连续三年亏损，应当在两个月内发布三次预亏公告"。此次制度的变化将业绩预告的对象扩大到预计可能发生亏损的上市公司，并将披露预亏公告的期限明确限定在会计年度结束后两个月内。这项规定不仅对预亏公告的及时性进行了强制性要求，还将预亏窗口扩展至未来三年。

随后，盈余公告的形式更为多样，由单一的预亏公告演变为预亏、预警、预增、预盈多种形式，而且还规定了业绩大幅波动的企业（利润总额变化幅度高于上年同期的50%）也要对外披露盈余公告。2001年7月4日，沪深证券交易所在《关于做好2001年中期报告工作的通知》中规定"如果预计2001年中期将出现亏损或者盈利水平出现大幅下降的，上市公司应当在7月31日前及时刊登预亏公告或业绩预警公告。暂停上市公司应当在上半年结束后十五个工作日内刊登预亏公告"。该通知对制度的影响主要有两点，一是增加了对半年度业绩进行预告的要求，拓展了预告对象；二是在预亏制度的基础上新增了预警制度。2001年12月21日，沪深交易所在《关于做好上市公司2001年年度报告有关工作的通知》中规定"预计2001年度将亏损或者业绩水平大幅下降的上市公司，应在2001年结束后的30个工作日内发布业绩预警公告。获得宽限期的暂停上市公司刊登预亏公告应遵守本所有关规定。业绩水平大幅下降（或上升）一般指本年利润总额与上年相比下降（或上升）50%以上（含50%）。经公司申请和本所批准，比较基数较小的公司（一般指上年每股税前收益绝对值在0.05元以下的公司）可以豁免披露业绩预警公告"。该公告有三点重要影响，一是将预告类型进一步扩大，形成预亏、预警、业绩大幅上升三种基本类型；二是规定了业绩水平大幅变动的量化标准，即业绩水平大幅下降一般指本年利润总额与上年相比下降（或上升）50%以上（含50%）；三是增加了预告披露的豁免条款。

2002年3月，证监会进一步规定公司累计利润亏损或大幅变动的企业要在当期季报中予以警示并说明缘故。同年6月，证券交易所进一步要求上市公司在第一季度报告中对公司上半年经营业绩进行预告；同年 9 月，交易所在半年度报告中也做了同样的要求，即上市公司在半年度报告中对公司第三季度经营业绩进行预告；从而确立了"前一季度预告后一季度业绩"的新规则。这次重大的变革使业绩预告的对象再次延伸，除了对年度业绩预告外，还要对半年度和季度的盈余进行预告；预告信息披露的载体除了临时公告外，还增加了在定期（年报、中报、季报）报告中对自年初至下一报告期可能发生亏损或盈利水平较上年同期出现大幅增长或下滑作出预计；预告信息的更正和更新方面要求：在年报编制过程中若发现年度业绩与在第三季度报告或其后的临时公告中预计情况不符的，或虽未披露过预测但实际情况属于需要警示的情形的，应在第一时间修正以前的业绩预告或做出补充公告，但未规定披露业绩预告修正公告和补充公告的期限。至此，中国上市公司业绩预告制度基本成型（见表 5 - 12）。

表 5 - 12　　　　　　　　　　　　　　业绩预告基本制度

发布时间	相应法规	具体规定
建立预亏制度		
1998 年 12 月 9 日	《关于做好上市公司 1998 年年度报告有关问题的通知》	如果上市公司发生可能导致连续年亏损或当年重大亏损的情况，应当根据《股票发行与交易管理暂行条例》第六十条的规定，及时履行信息披露义务
2000 年 12 月 18 日	《关于做好上市公司 2000 年年度报告工作的通知》	在 2000 年会计年度结束后，如果上市公司预计可能发生亏损，应当在两个月内发布预亏公告，如果预计出现连续三年亏损，应当在两个月内发布三次预亏公告
建立预警制度		
2001 年 7 月 4 日	《关于做好 2001 年中期报告工作的通知》	如果预计 2001 年中期将出现亏损或盈利水平出现大幅下降的，上市公司应在 7 月 31 日前及时刊登预亏公告或业绩预警公告；如果预计出现连续三年亏损的，上市公司应在 2000 年会计年度结束后两个月内发布三次提示公告

续表

发布时间	相应法规	具体规定
建立预增制度、豁免条款制度		
2001 年 12 月 21 日	《关于做好 2001 年年度报告工作的通知》	在 2001 年会计年度结束后，如果上市公司预计可能发生亏损或者盈利水平较上年出现大幅变动的（利润总额增减 50% 以上），上市公司应当在年度结束后 30 个工作日内及时刊登预亏公告或业绩预警公告。比较基数较小的公司（一般指上年每股收益的绝对值在 0.05 元以下的公司）可以豁免披露业绩预警公告
建立前一季度预告后一季度业绩制度		
2002 年 6 月 27 日	《2002 年第一季度报告工作通知》	上市公司预计 2002 年上半年度可能发生亏损或者盈利水平较上年同期大幅增长或下滑的，应当在第一季度报告中做出专门说明
2003 年 1 月 6 日	《关于做好上市公司2002 年年度报告工作的通知》	公司管理层如果预测下一报告期的经营成果可能为亏损或者与上年同期相比发生大幅度变动，应当予以警示

注：表格内容由笔者根据相关资料整理所得。

二、业绩预告制度逐渐完善阶段（2003~2006 年）

2003 年以来，证券监管部门通过制定相应的规章制度和准则要求，对上市公司披露有关未来经营成果的业绩预告信息做出进一步规范，比如证监会对一级市场的盈余公告要求逐渐放松的同时，加强了对二级市场业绩预告的监管。这一阶段，业绩预告制度逐渐完善，主要体现为以下几个方面。

（一）建立业绩预告信息的披露及修正公告制度

2003 年 3 月 26 日，《公开发行证券的公司信息披露编报规则第 13 号——季度报告内容与格式的特别规定》（2003 年修订）的通知发布，进一步着重说明公司年初至下一报告期结束如果预测的净利润为负或同比变动较大，必须予以警示并解释原因。同样地，证监会于 2003 年 6 月 24 日发布的《公开发行证券的公司信息披露内容与格式准则第 3 号——半年度报告内容与格式》（2003 年修订）进行了同样的强调警示的内容，还进一步说明公司管理层在公布业绩预告的时候要与招股上市相关文件、定期报告等披露的盈利预测相一致，要对比说明实际经营成果与净利润预测的差距及计划的进度。

除了对业绩预告信息披露内容进一步强调之外，证券交易所还对业绩预告信息的更正与更新提出了要求。2003 年 1 月，上海证券交易所和深圳证券交易所先后发布《关于做好上市公司 2003 年季度报告工作的通知》，其中规定了盈余预告的修正原则："公司应在而未在 2003 年第三季度报告或临时报告中预计 2003 年全年亏损或者盈利大幅度变动的，或者实际情况与预计情况不符的，公司应当立即做出补充公告。"此后在有关半年报和年报的披露工作中，交易所也发出通知进一步强调了业绩预告修正公告披露的要求，但并未明确业绩预告修正公告的期限。

（二）业绩快报制度的初建

在 2004 年的年报披露中，深交所要求在中小板上市的公司发布业绩快报，标志着一种新型的盈余预告形式的出现。通知要求："年报预约披露时间在 2005 年 3 月和 4 月的中小企业板上市公司，应当在 2005 年 2 月 28 日之前披露年度业绩快报，主要内容包括 2004 年度及上年同期主营业务收入、主营业务利润、利润总额、净利润、总资产、净资产、每股收益和净资产收益率等数据和指标，同时披露比上年同期增减变动的百分比，对变动幅度超过 30% 以上的项目，公司还应当说明原因。在年度报告编制期间，上市公司董事、监事、高级管理人员及其他涉密人员负有保密义务。如果年度业绩已经提前泄露，上市公司应当立即按照指定格式披露年度业绩快报。为保证所披露的财务数据不存在重大误差，公司发布的年度业绩快报数据和指标应当事先经过公司内部审计程序。在注册会计师审计的过程中，如确认经审计的财务数据与已公布的业绩快报中的财务数据的差异在10%以上，上市公司应立即刊登年度业绩快报的修正公告，解释差异内容及其原因。"为防止上市公司及有关人员利用年度业绩快报误导投资者，操纵股票二级市场价格，深交所将对年度业绩快报的披露结果进行严格审核，对违反信息披露原则，利用业绩快报的披露误导投资者的公司及有关人员，将按照深交所《股票上市规则》进行处罚，并记入诚信档案。同时，上海证券交易所也专门发出通知鼓励上市公司发布业绩快报。

（三）业绩预告披露及修正公告制度的进一步完善

从2004年年度报告开始，交易所对业绩预告及修正公告的披露时间作出了明确规定。2004年12月27日，沪深交易所分别在《关于做好上市公司2004年度报告工作的通知》中规定，业绩预告修正公告的最晚期限为2005年1月31日。这是首次对业绩预告修正公告作出明确的期限规定。

2005年12月9日，沪深交易所分别在《关于做好上市公司2005年度报告工作的通知》中规定，"上市公司预计2005年净利润为负值或与上年同期相比出现业绩大幅变动，且未在2005年第三季度报告中对全年业绩进行预告，或者预计全年业绩完成情况与已披露的业绩预告差异较大的，应当及时披露业绩预告修正公告，业绩预告修正公告的披露时间最迟不得晚于2006年1月25日。比较基数较小的公司（一般指2004年度每股收益绝对值低于或等于0.05元的公司），经本所批准可以豁免此项披露。此类公司如披露业绩预告，应同时披露年度相关比较数据。"其中，深交所还特别规定"预计公司将出现最近三年连续亏损情形的，上市公司还应在披露2005年年度报告前至少再发布两次预亏公告。"

2006 年 12 月 29 日，沪深交易所分别在《关于做好上市公司 2006 年年度报告工作的通知》中规定"上市公司预计年度净利润为负值或者业绩与年度相比大幅度变动，但未在 2005 年第三季报中进行业绩预告，或者预计 2005 年度业绩与已披露的业绩预告差异较大的，应当及时披露业绩预告修正公告，但公告时间最迟不得晚于 2007 年 1 月 25 日。"至此，业绩预告制度在我国完善起来（见表 5 – 13）。

表 5 – 13　　　　　　　　　　　　业绩预告制度的完善

发布时间	相应法规	具体规定
建立业绩预告信息披露修正公告制度		
2003 年 1 月 8 日	《关于做好上市公司 2003 年季度报告工作的通知》	公司在披露 2002 年年报前发现实际情况与已披露的预测不符，或虽未披露过预测但实际情况属于前款规定需要警示的情形的，应当在第一时间内做出补充公告
2003 年 6 月 27 日	《关于做好上市公司 2003 年半年度报告工作的通知》	上市公司在披露 2003 年半年度报告前发现半年度净利润为负，或者与上年同期相比发生上升或下降 50% 以上（含 50%）的大幅度变动情形，但未在 2003 年第一季度季报或其后的公告中进行业绩警示，或业绩警示与实际情况不符的，应当在第一时间内做出补充公告
2003 年 12 月 30 日	《关于做好上市公司 2003 年年度报告工作的通知》	上市公司应在而未在 2003 年第三季度报告中预计 2003 年度经营成果可能为亏损或者与上年同期相比发生大幅度变动的（一般指净利润与上年同期相比上升或下降 50% 或 50% 以上），或者实际情况与预计不符的，上市公司应当在第一时间做出补充公告
建立业绩快报制度		
2004 年	2004 年年报	沪深交易所先后发布通知，鼓励上市公司发布业绩快报
规定了业绩预告和修正公告的期限		
2004 年 12 月 27 日	《关于做好上市公司 2004 年年度报告工作的通知》	上市公司预计 2004 年度净利润为负值或者业绩与 2003 年度相比大幅度变动（一般指净利润与 2003 年度相比上升或下降 50% 以上），但未在 2004 年第三季度季报中进行业绩预告，或者预计 2004 年业绩与已披露的业绩预告差异较大的，应当及时公告，但公告时间最迟不得晚于 2005 年 1 月 31 日

续表

发布时间	相应法规	具体规定
2005 年 12 月 9 日	《关于做好上市公司 2005 年年度报告工作的通知》	上市公司预计 2005 年净利润为负值或与上年同期相比出现业绩大幅变动，且未在 2005 年第三季度报告中对全年业绩进行预告，或者预计全年业绩完成情况与已披露的业绩预告差异较大的，应当及时披露业绩预告修正公告，业绩预告修正公告的披露时间最迟不得晚于 2006 年 1 月 25 日
2006 年 12 月 28 日	《关于做好上市公司 2006 年年度报告工作的通知》	上市公司预计 2006 年净利润为负值，且未在 2006 年第三季度报告中对全年业绩进行预告，或者预计全年业绩完成情况与已披露的业绩预告差异较大的，应当及时披露业绩预告公告或业绩预告修正公告，公告的披露时间最迟不得晚于 2007 年 1 月 31 日

注：表格内容由笔者根据相关资料整理所得。

三、业绩预告制度趋于稳定阶段（2007 年至今）

2007 年以后，我国业绩预告制度基本完成，披露的形式和要求没有发生大的变化。此时，监管部门的要求主要集中在对业绩预告制度的推广及预告质量方面。2007 ~ 2013 年，上海证券交易所和深圳证券交易所每年分别在《关于做好上市公司年度报告信息披露工作的通知》中，进一步明确提出了业绩预告及其修正公告应包含的内容及要求。

深圳证券交易所创业板公司管理部，于 2012 年 1 月发布，2013 年 7 月修订《创业板信息披露业务备忘录第 11 号——业绩预告、业绩快报及其修正》，对创业板上市公司的业绩预告进行了严格的要求和规范。一是对业绩预告的披露时间有严格规定。"年度报告预约披露时间在 3 月 31 日之前的，应当最晚在披露年度报告的同时，披露下一年度第一季度业绩预告；年度报告预约披露时间在 4 月份的，应当在 4 月 10 日之前披露第一季度业绩预告""公司应当在 7 月 15 日之前披露半年度业绩预告，在 10 月 15 日之前披露第三季度业绩预告，在 1 月 31 日之前披露年度业绩预告"；二是对业绩预告披露的业绩变动范围有明确说明。"公司预计年初至下一报告期末净利润为正值,且上年同期也为正值的,应当在业绩预告中披露年初至下一报告期末净利润及与上年同期相比的预计变动范围。披露的业绩变动范围上下限差异不得超过30%,例如,20%~50%、30%~60%、-5%~25%,-60%~-30%等" "公司预计年初至下一报告期末亏损或者与上年同期相比实现扭亏为盈的,应当在业绩预告中披露盈亏金额的预计范围,应当以不超过500万元(人民币,下同)的幅度披露盈亏金额,例如,亏损100万~600万元,盈利300万~800万元等","预计业绩同比增长或者扭亏为盈的公司,应当说明本年度非经常性损益对净利润的影响金额,或者详细说明导致业绩同比增长或者扭亏为盈的具体原因。"(见表5-14)

表5-14　　　　　　　　　　　业绩预告制度趋于稳定

发布时间	相应法规	具体规定
业绩预告信息的强制更正与更新		
2007年12月28日	《关于做好2007年年度报告工作的通知》	上市公司预计2007年度净利润为负值或者与上年同期相比出现大幅变动,且未在此前进行业绩预告的,应当按照本所《上市公司信息披露工作指引第1号——业绩预告和业绩快报》的要求及时发布业绩预告,公告时间最迟不得晚于2008年1月31日。已发布业绩预告的公司,如预计2007年度业绩与已披露的业绩预告存在较大差异的,应当及时披露业绩预告修正公告
2008年12月31日	《关于做好2008年年度报告工作的通知》	上市公司预计2008年度净利润为负值、实现扭亏为盈或者与上年同期相比出现大幅变动且未在此前进行业绩预告的,应当按照本所《股票上市规则》《上市公司信息披露工作指引第1号——业绩预告和业绩快报》等要求及时发布业绩预告,公告时间最迟不得晚于2009年1月31日。已发布业绩预告的公司,如预计2008年度业绩与已披露的业绩预告存在较大差异的,应当及时按相关规定披露业绩预告修正公告

续表

发布时间	相应法规	具体规定
2009 年 12 月 31 日	《关于做好 2009 年年度报告工作的通知》	上市公司在年报披露前预计 2009 年度归属于上市公司普通股股东的净利润为负值、净利润与上年相比上升或下降 50% 以上或者扭亏为盈但未进行业绩预告，或预计 2009 年度经营业绩与已披露的业绩预告或盈利预测差异较大的，应按照本所《股票上市规则》《创业板股票上市规则》等有关规定，在 2010 年 1 月 31 日前及时披露业绩预告、业绩预告修正公告或盈利预测修正公告
2010 年 12 月 31 日	《关于做好上市公司 2010 年年度报告披露工作的通知》	上市公司在年度报告披露前预计 2010 年度归属于上市公司普通股股东的净利润（以下简称"净利润"）为负值、净利润与上年相比上升或下降 50% 以上或者扭亏为盈但未进行业绩预告，或预计 2010 年度经营业绩与已披露的业绩预告或盈利预测差异较大的，应按照本所《股票上市规则》《创业板股票上市规则》等有关规定，在 2011 年 1 月 31 日前及时披露业绩预告、业绩预告修正公告或盈利预测修正公告
2011 年 12 月 31 日	《关于做好上市公司 2011 年年度报告披露工作的通知》	主板、中小企业板上市公司在本次年报披露前预计 2011 年度归属于上市公司普通股股东的净利润（以下简称"净利润"）为负值、实现扭亏为盈、净利润与上年相比上升或下降 50% 以上但未进行业绩预告，或者预计 2011 年度经营业绩与已披露的业绩预告或盈利预测差异较大的，应按照本所《股票上市规则》的有关规定，在 2012 年 1 月 31 日前及时披露业绩预告、业绩预告修正公告或盈利预测修正公告。上市公司审计委员会应按照相关规定及时与公司及年审注册会计师进行沟通，关注公司的业绩预告及业绩预告更正情况。创业板上市公司无论是否出现《创业板股票上市规则》第 11.3.1 条所述应进行业绩预告的情形，均应在 2012 年 1 月 31 日前披露 2011 年度业绩预告。公司预计 2011 年度经营业绩与已披露的业绩预告或盈利预测差异较大的，应按照本所《创业板股票上市规则》的有关规定，在 2012 年 1 月 31 日前及时披露业绩预告修正公告或盈利预测修正公告
2012 年 12 月 31 日	《关于做好上市公司 2012 年年度报告披露工作的通知》	主板、中小企业板上市公司在本次年报披露前预计 2012 年度归属于上市公司普通股股东的净利润为负值、实现扭亏为盈、净利润与上年相比上升或下降 50% 以上但未进行业绩预告，或者预计 2012 年度经营业绩与已披露的业绩预告或盈利预测差异较

发布时间	相应法规	具体规定
2012 年 12 月 31 日	《关于做好上市公司 2012 年年度报告披露工作的通知》	大的，应按照《股票上市规则》的有关规定，在 2013 年 1 月 31 日前及时披露业绩预告、业绩预告修正公告或盈利预测修正公告。上市公司审计委员会应按照相关规定及时与公司及年审注册会计师进行沟通，关注公司的业绩预告及业绩预告更正情况。创业板上市公司无论是否出现《创业板股票上市规则》第 11.3.1 条所述应进行业绩预告的情形，均应在 2013 年 1 月 31 日前披露 2012 年度业绩预告。已经在 2012 年第三季度报告或其他公开披露的信息中对 2012 年度业绩进行过预告或披露，且相关财务数据预计不会发生重大变化的公司，可以不再重复披露。公司预计 2012 年度经营业绩与已披露的业绩预告或盈利预测差异较大的，应按照《创业板股票上市规则》的有关规定，在 2013 年 1 月 31 日前及时披露业绩预告修正公告或盈利预测修正公告
2013 年 12 月 31 日	上海证券交易所《关于做好上市公司 2013 年年度报告披露工作的通知》	上市公司应当按照《股票上市规则》第 11.3.1 条、第 11.3.2 条的规定，于 2014 年 1 月 31 日前进行业绩预告。上市公司审计委员会及独立董事应当按照相关规定及时与公司及年审注册会计师进行沟通，关注公司的业绩预告及业绩预告更正情况

注：表格内容由笔者根据相关资料整理所得。

第三节　美国高管薪酬激励制度演变

美国作为现代激励薪酬体系的开源地，其制度萌芽与经济发展和企业规模扩张息息相关。而美国公司模式下高管薪酬的发展历史大致可以划分为以下三个阶段（姜浩端，2012）。

一、高管薪酬激励制度的萌芽时期（1910～1935 年）

1910 年，美国烟草、美国钢铁两个大型企业首次把高管薪酬和企业运营情况相联系，将部分公司利润作为薪酬付给高管，拉开了高管薪酬飙升的序幕。然而这种"飙升"的现象并未长久持续，20世纪30年代初期，关于高管薪酬数额是否过高的讨论就已经涌现，而这场由美国史上最严重的经济危机引发的国家性争论则成为了公众愤怒的宣泄点，导致针对高管薪酬的抗议、起诉事件频繁出现。1934年美国证券交易委员会（SEC）成立后，要求公司自1935年开始公布高管薪酬数据，而这实际在某一层面上认证了高管薪酬激励制度的存在（见表5-15）。

表5-15　　　　　　　　美国高管薪酬激励制度发展历程——萌芽阶段

时间	发布单位	文件名称	内容
1933年	美国证券交易委员会	《证券法》	证券投资者有权力获得在市场公开发售证券的公司的所有财务信息和其他重要信息；禁止证券掮客、证券交易者、证券交易机构等在证券销售中对投资者进行欺诈、提供虚假信息等任何欺骗行为
1934年	美国证券交易委员会	《证券交易法》	指明了"股票注册上市申请书"中需要披露的薪酬信息种类；对薪酬委员会以及收回错发薪酬的政策做出了规定；实施股东对执行高管薪酬的批准制度

注：表格内容由笔者根据有关资料整理所得。

二、高管薪酬激励制度的过渡时期（1935~1980年）

在这一时期，美国公众或因受到战争和政府政策的双重影响，对高管薪酬的关注有所减弱。自20世纪30年代中期到50年代左右，由于美国"大压缩"政策的实施，美国从20年代严重两极分化的国家变成了一个收入相对平等的国家，社会有所转向至中产阶级为主导。需注意的是美国国会于1950年以法律形式肯定了股票期权存在的合法性，并且鉴于当时股票期权的所得税率较现金薪酬更低，产生了股票期权形式的薪酬对固定薪酬的替代现象。而

20 世纪 50 年代到 70 年代中期则是资本主义国家经济发展的高速时期，高管
薪酬也因此有缓慢的增长，并且随着限制性期权等中长期激励的推出，该阶
段的薪酬问题主要围绕着这些激励工具的使用展开。从 70 年代末到 80 年代
中期，高管薪酬的绝对额有增长态势，但考虑到美国当时正处于"经济滞胀"
时期，这种绝对数值的增长没有扣除当时的通货膨胀因素，故并不具备实际
比较的意义（见表 5 – 16）。

表 5 – 16　　　　　　美国高管薪酬激励制度发展历程——过渡阶段

时间	发布单位	文件名称	内容
20 世纪 30 年代中期到 50 年代左右	由美国政府主导	"大压缩"政策	旨在缩小国民收入差距，减少社会阶层两极分化
1938 年	美国国会	《美国公平劳动标准法》	对国内的工资标准、最低工资标准、最长劳动时间、额外报酬的规定与支付做出了要求
1938 年	美国证券交易委员会	SEC Release No. 34 – 1823（Aug. 11，1938）[3 FR 1991]	发布首个适用于上市公司代理声明的高管薪酬信息披露规则
1950 年	美国国会	《1950 年收入法案》	首次规定任何企业都将有权向雇员发放一种新颖的货币，即股票期权，认证了其存在的合法性
1952 年	美国证券交易委员会	SEC Release No. 34 – 4775（Dec. 11，1952）[17 FR 11431]	要求上市公司应以独立的表格就高管的退休金和递延薪酬分别作出披露
1974 年	美国联邦政府	《雇员退休收入保障法》	对于员工持股给予了法律上的支持，并在税收方面对实行员工持股制度的企业提供了特别优惠
1978 年	美国证券交易委员会	SEC Release No. 33 – 6003（Dec. 4，1978）[43 FR 58151]	要求将表格披露的范围扩大至所有形式的薪酬（后因实施时存在争议，规定表格披露仅适用于现金薪酬，其余则采用叙述性披露）

注：表格内容由笔者根据有关资料整理所得。

三、高管薪酬激励制度的改进时期（1980 年中期后至今）

受科技发展的影响，20 世纪 80 年代中后期，世界已逐渐步入以现代科技为主的知识经济时代，此种不同于工业经济时代的背景，使得企业传统的管理方式受到冲击，加之美国企业的薪酬变动主要是以市场为导向，在经营者逐利心态的引导下，企业薪酬与企业发展不一致的问题也逐渐显现。过高的薪酬不仅挑战着民众关于社会公平的感受，还引起了包括雇员在内的其他非股东利益全体的普遍关注。对此，政府及企业针对其存在的弊端出台了一些新的法规，对高管薪酬激励制度的发展做出了一定的规范。所以此阶段的制度发展具体可分为两个方面：一是高管薪酬基础制度和激励制度的延续发展，二是对高管薪酬激励制度和管理层任职制度的监管机制的完善。

（一）高管薪酬基础制度

1. 企业绩效评价机制

企业的绩效评价机制最早可以追溯到 1911 年美国会计协会哈瑞提出的标准成本制度，管理者对成本的控制由事后向事前的转变开启了绩效评价的大门。20 世纪 80 年代后期，由于经济发展的多样性，绩效评价不再仅仅局限于财务指标，而是逐步发展成为了财务指标为主，非财务指标为辅的分析体系。1990 年，美国思腾思特咨询公司提出了一项名为 EVA（经济增加值）的绩效评价方法，旨在维护股东价值最大化的同时积极达成公司的战略目标。随后的 1992 年，从财务、顾客、内部运作与流程、员工四个不同维度度量企业绩效的平衡计分法的提出更是推动了此种评价机制的完善（见表 5 - 17）。

表 5 – 17   美国企业绩效评价机制演变

时间	发布单位	制度或文章名称	内容
1928 年	亚历山大·沃尔	《信用晴雨表研究》《财务报表比率分析》	将企业的 7 个财务比率与行业标准比率比较，以此来分析企业的经营状况、稳健性水平、偿债能力等，侧重评价企业信用水平
1990 年	美国思腾思特咨询公司	EVA 评价制度	EVA 是指一定时期企业或部门资本收益与投资成本的差额，其可以用于全面衡量企业生产经营中产生的真正价值
1992 年	罗伯特·卡普兰戴维·诺顿	《平衡计分卡：驱动绩效的量度》	首创平衡计分卡法，从四个不同的维度衡量企业绩效，实现了财务指标与非财务指标之间的平衡

注：表格内容由笔者根据相关资料整理所得。

2. 高管薪酬的考核制度

在美国，公司高层经营管理团队的业绩评价及薪酬计划都是由各公司的薪酬委员会进行考核的。除了上述两项职能外，薪酬委员会还负责公布解释公司重要管理人员报酬的组成结构、比例和原因，审查并执行薪酬计划等。2011 年 3 月，美国证券交易委员重新修正了《1934 年证券交易法》的某些规定，重新定义了薪酬委员会存在的条件，并对该组织独立性的定义给出了新的建议。

3. 美国公务员的薪酬机制

根据美国的《公务员分级法》，公务员分为几大序列，如政府行政序列、制服序列、司法序列、邮政序列、教育序列等，同时又依据行政权力被分为联邦、州和地方三个层次。1990 年 11 月生效的《联邦公务员可比性工资法案》是美国公务员现行工资制度的重要法律依据，该项法案以私企薪酬制度为参照物，为公务员工资标准设立了四项指导原则。此后，美国政府除继续对公务员的基本工资做出规定外，还进一步对补贴、福利、保险等制定了相应的法律（见表5-18）。

表5-18　　　　　　　　　　　美国公务员薪酬机制的变动

时间	发布单位	文件名称	内容
1990年11月	美国联邦政府	《联邦公务员可比性工资法案》	设立四项公务员标准指导原则：同一地区同工同酬；同一地区的工资差别取决于工作岗位和工作表现；同一地区的联邦公务员薪金水平必须保持与该地区相同工作性质的私企员工薪金一致；消除公务员与私企员工工资不平等现象
2007年5月	美国国会	《最低工资法案》	公务员与私企等其他劳动者执行同一联邦最低工资标准：2007年7月24日开始为5.85美元/小时，2008年7月24日开始为5.85美元/小时，2009年7月24日开始为7.25美元/小时
2008年12月	美国国会	《公务员工资补偿报告》	只有在美国某一地区公务员工资低于私企职工工资5%以上的情况下，公务员工资才可得到补偿
2009年12月	美国联邦政府	—	发布2010年美国各级公务员的工资标准

注：表格内容由笔者根据相关资料整理所得。

（二）高管薪酬的激励机制

1. 美国股权激励机制的演进

1950年9月23日，美国总统杜鲁门签署的《1950年收入法案》认证了股票期权存在的合法性，世界经济的舞台由此迎来了一位新的"成员"，改变了在此之前美国企业以奖金、红利为主的激励方式。1974年，美国政府对于员工持股给予了法律上的支持，并在税收方面对实行员工持股制度的企业提供了特别优惠，为股权激励的发展创造了良好的外部环境。伴随着股权激励制度的成长，1993年美国《税收重整法案》将"股票期权计划"分为了激励股票期权与非法定股票期权两种类型。与此同时，美国国会以及半数以上的自治州修订了许多法律来规范和鼓励此种制度的发展

（见表 5 – 19）。

表 5 – 19　　　　　　　　　　美国企业股权激励机制的发展历程

时间	发布单位	文件名称	内容
1984 年	美国国会	《税制改革法》	对员工持股收益的税收问题作了更细的规定
1986 年	美国国会	《税制改革法》	修订所有已批准的雇员退休金计划制度，同时新增了关于 ESOP 的一些其他规定，如对投资多样化的规定、税收抵扣比率等
1993 年	美国国会	《美国联邦税收法典》	将"股票期权计划"分为了激励股票期权与非法定股票期权两种类型，其中激励股票期权较之非法定股票期权限定条件更多、自由交易性更低
1996 年	美国国会	《小企业就业保护法》	主要是对 S 型公司提供优惠条件，鼓励中小企业将 ESOP 作为企业退休计划的一部分
1997 年	美国国会	《赋税人信任法》	进一步阐明《小企业就业保护法》的具体内容，同时新增规定：除非雇员需要重新分配投资，否则他们投资在公司股票上的资金不得超过 ESOP 缴费的 10%，在税收方面，公司购入 ESOP 的股票的资本收益税从 28% 下降到 20%
2001 年	美国国会	《经济增长及税收减免调整法案》	对 S 型公司的 ESOP 做了进一步规定，制定了反对 S 型公司滥用规则的条款，并且对税务、股票分红等做出了规定
2004 年	美国国会	《美国就业机会创造法案》	进一步完善了 ESOP

注：表格内容由笔者根据相关资料整理所得。

2. 对股权激励机制的规范和监督

仅对股权激励的法律而言，美国并没有对股权激励机制进行专门的立法，而是受到美国公司法、证券法、税法等相关法律的综合管理，并且在实践中除了法律之外，一些行业惯例同样会对其产生约束力（见表 5 – 20）。

表 5 – 20　　　　　　　　　美国企业股权激励监管机制的变化

时间	发布单位	文件名称	内容
1986 年	美国国会	《美国联邦税收法典》	如果某高级管理人员拥有该公司 10% 以上的投票权时，在未经股东大会批准的情况下，不能参加股票期权计划，只能持有非法定股票期权；公司确定的股票期权的行权价不得低于股票期权赠与日 "公允市场价格"；规定股票期权授予期等
2004 年 7 月	美国国会	《股票期权会计改革法案》	要求公众公司将股票期权费用化
2004 年 12 月	美国财务会计准则委员会	修订 SFAS 第 123 号	要求大部分公众公司自 2005 年 6 月 30 日起将所有基于股票的报酬费用化，小规模公众公司和私人公司可以于 2005 年底起的第一个年度报告期开始确认

注：表格内容由笔者根据相关资料整理所得。

3. 其他激励机制

除了基本工资和年度奖金计划这两种常见的短期激励计划和多数美国上市公司采用的股票期权计划外，长期激励计划还包括限制性股票计划、股票持有计划、股票增值权计划以及企业年金计划等，如 1985 年玛丽·凯公司实施的，发放给 30 位经理相当于公司 15% 股份购股权的虚拟股票计划。

（三）高管薪酬激励的任职管理机制

规定董事、高级管理人员在企业中的职责历来都是企业发展的重点。由于美国各州在立法的独立性，故美国高管职责的法律规范主要来自美国各州的公司法和联邦证券交易法。在安然公司为代表的破产风波发生后，美国国会于 2002 年通过联邦立法的形式通过了《萨班斯—奥克斯利法案》以表明政府对治理公司财务欺诈、约束高管行为的决心（见表 5 – 21）。

表 5 - 21 美国企业高管的任职管理机制

时间	发布单位	文件名称	内容
1999 年 12 月	纽约证券交易所	修订上市审议准则	要求每家公司的审计委员会至少由 3 名董事组成，并且每名董事都应当是独立的外部董事，至少有一名成员具有会计或相关的财务管理方面的专业才能
2002 年	美国会计协会	《萨班斯—奥克斯利法案》	要求上市公司的首席执行官和首席财务官对定期向美国证券交易委员会提交的报表真实性提供书面保证；禁止公司向董事和高管人员提供私人贷款；成立独立的公众公司会计监察委员会；强化上市公司信息披露义务，加强对高管违法行为的处罚力度

注：表格内容由笔者根据相关资料整理所得。

（四）高管薪酬激励的监管制度

1. 高管薪酬激励的法律监管制度

20 世纪 90 年代，股票期权仍是应用最为广泛的一项激励工具，并且制度发展明显呈现出两种趋势：一是授予高层管理者巨额的经理股票期权；二是扩大股票期权计划的收益范围，使得普通员工也可从中获益。这种因"股权激励成本为零"的错误认知而产生的现象直接导致 90 年代大量公司的高管获得了巨额的权益性形式的薪酬，从而给社会带来了沉重的成本负担。除此以外，此期间"黄金降落伞"现象较为普遍，高管利用此种制度为自己牟取利益违背了其被设计为"反收购"的初衷，反而不利于上市公司经营效率的提升，最终导致了美国国会对这种行为征收大量罚金。全球金融危机的爆发、经济关联性的加强将市场参与者的目光重点引向了高管薪酬监管是否能够达到成果最大化（见表 5 - 22）。

表 5 - 22　　　　　　　　　美国高管薪酬激励的法律监管机制

时间	发布单位	文件名称	内容
1992 年 10 月	美国证券交易委员会	SEC Release No. 33 - 6962（Oct. 16, 1992）[57 FR 48126]	修正了高管薪酬的信息披露规则，将信息披露的重点再次放回到表格披露上，与此同时，薪酬表格、绩效图表、薪酬委员会报告也成为披露的重点，这次修正旨在简化不同公司于不同年度的薪酬比较
2006 年 8 月	美国证券交易委员会	SEC Release No. 33 - 8732A（Aug. 9, 2006）[71 FR 53158]	在 1992 年修订规则的基础上加上了对叙述性披露的扩充要求，最终形成了美国目前表格披露与叙述性披露相辅相成的高管薪酬披露模式；要求企业的代理材料以及定期披露的报告中对董事、公司高管以及其他薪酬水平较高的高管的薪酬状况能有清楚完整的表达，以便外部投资者更好把握该公司状况
2015 年 8 月	美国证券交易委员会	SEC Release No. 33 - 9877（Aug. 5, 2015）[80 FR 50103]	要求企业披露首席执行官和普通员工的薪酬差距，以减轻团体间收入不平等情况（目前这项规定正在接受重新审核）

注：表格内容由笔者根据相关资料整理所得。

2. 高管薪酬激励的追回制度

20 世纪 90 年代开始出现的企业会计丑闻，使立法者意识到美国法律在高管监控层面的不足，并考虑通过薪酬追回来规范人员治理。所谓薪酬追回，是指在高管雇佣合同中规定的公司有权在合同规定事项发生的条件下向其追回已发放的部分或全部薪酬（刘艺，2014）。2002 年美国总统布什签署的《公众公司会计改革以及投资者保护法》（又称萨班斯—奥克斯法案）则是这一制度的开端，此后在法律法规的不断完善下，企业财务信息日趋规范透明（见表 5 - 23）。

表 5 - 23　　　　　　　　　高管薪酬激励追回制度的发展过程

时间	发布单位	文件名称	内容
2002 年	美国国会	《公众公司会计改革以及投资者保护法》	第 304 条首次引入高管薪酬追回规定：发行人由于有不符合证券法规定的不当行为并导致公司会计报表重述时，发行人有权追回首席执行官、首席财务官自该公司首次发行证券或自其在美国证交会备案之后 12 个月内，从公司获取的所有红利、激励性薪酬、权益性薪酬以及于该期间买卖公司证券而获得的收益
2008 年	美国联邦政府	不良资产救助项目	要求金融机构必须采用薪酬追回条款，否则将失去获得政府救助的资格
2010 年	美国联邦政府	《多德 - 弗兰克华尔街改革和消费者保护法案》	为防止 2008 年的金融危机再现而对公司高管薪酬加入薪酬追回条款，要求上市公司在特定情况下追回高管薪酬，否则将受到强制退市的处罚

注：表格内容由笔者根据相关资料整理所得。

第四节　美国公司业绩预告制度变迁

美国是世界上较早对预测性信息披露进行规范的国家。历经几十年的制度建设，美国预测性信息的披露制度相对比较成熟，成为其他国家纷纷效仿和借鉴的对象。美国业绩预告制度具体可以分为以下几个过程。

一、业绩预告制度最初的确立（20 世纪 70 年代初至 1985 年）

美国作为世界上证券市场最发达的国家之一，一直以加强上市公司的信息监管、提高上市公司信息的透明度为目标，但业绩预告制度作为美国市场信息披露制度的一个重要组成部分，其发展却经历了一个漫长又艰难的过程。

　　20世纪70年代初期，美国证券交易委员会（以下简称SEC）一直是禁止企业披露预测性信息的，但就是否应当解除该项禁令的问题，也引起了美国证券业的高度重视。在1969～1979年间，SEC通过成立专业委员会、开办听证会等方式广泛征求社会意见来论证其存在的合理性，并且在其1973年2月的一份政策公告中表现出了一种将预测性信息披露制度化的意图。1977年11月，公司信息披露政策委员会向SEC提交了一份关于鼓励预测性信息披露的报告，建议设立"安全港"以保护那些建立在诚信和合理根据基础上的预测性信息。随后SEC于1978年发布了《揭示预测经营业绩的指南》《保护预测安全港规则》等有关规定，并于次年采纳了"安全港"制度，为发行人进行的符合特定要求的预测性信息披露提供免责保护，以此鼓励预测性信息披露（鞠雪芹，2006）。根据披露义务的性质可以将该制度分为强制披露和自愿披露，并且两者的区别在SEC发布的一份关于管理层讨论与分析的文件中得到了阐述。与此同时，美国执业会计师协会（AICPA）自1975年起的十多年间也颁布了一系列指导性文件，重要的有《财务预测编制制度指南》《财务预测披露与说明——立场申明75-4》《财务预测检查指南》《财务预测可行性研究报告》《财务预测会计准则》《预测财务报表指南》等（见表5-24）。

表5-24　　　　　美国业绩预告制度的确立——20世纪70年代初至1985年

时间	发布单位	文件名称	内容
1978年	美国证券交易委员会	《揭示预测经营业绩的指南》《保护预测安全港规则》	建立"安全港"制度：预测性声明的披露属于"安全港"制度所规定的范畴，即使披露的结果与实际结果不一致也不构成欺诈；预测性声明应伴随充分的警示语言；预测性声明应以实际情况为基础；披露人主观上是诚信的

续表

时间	发布单位	文件名称	内容
1975 ~ 1985 年	美国执业会计师协会	《财务预测编制制度指南》《财务预测披露与说明——立场申明 75 - 4》《财务预测检查指南》《财务预测可行性研究报告》等	规范预测性信息披露，鼓励投资者披露相关信息以保障投资者利益
1985 年	美国执业会计师协会	《财务预测会计准则》《预测财务报表指南》	继续完善财务预测信息披露制度，使其更能反映企业的客观情况，使市场价格更准确、可靠地反映其本质价值

注：表格内容由笔者根据有关资料整理所得。

二、业绩预告制度的初步发展（1986 ~ 1998 年）

虽然 SEC 制定了"安全港"制度，但就其实施过程来看结局并不尽如人意，并未有效地防止持股人滥用诉讼权利以减轻披露者的潜在诉讼风险。1995 年美国国会通过了《私人证券诉讼改革法》，在引入了"预先警示原则"的基础上修正了原有的"安全港"制度。此外，为了防止持股人回避上述的法案，美国国会又于 1998 年 7 月 21 日通过了《证券诉讼统一标准法》，进一步补充了业绩预告制度的内容。

（一）安全港规则的完善

虽然《私人证券诉讼改革法》在理论上弥补了安全港规则中的某些不足，但在实施后仍未达到预期效果。实际上，由于《1933 年证券法》和《1934 年证券交易法》在诉讼受理地上有所区别，原告很有可能通过向州立法院起诉来规避适用于《私人证券法改革法》的规定而导致"安全港"规则形同虚设。因此，美国国会又开始考虑制定一部新的法律来为证券欺诈诉讼提供一个统一的标准，当时存在两项备选法案：一个是《1997年证券诉讼改良法》，另一个是《1997年证券诉讼统一标准法》，两者的区别在于所规制的诉讼范围不同，最终美国联邦国会于1998年7月21日通过了第二项法案，规定了集团诉讼的统一诉讼标准，但州法院可以保留此类案件的管辖权。

（二）预先警示原则的发展

"预先警示"一词最早出现于1977年美国联邦第八巡回法院审理的一项案件，并于1985年被其他法院所接受并广泛用于其他的案件审理中。预先警示理论要求，发行人在披露预测性信息时需附带有意义的警示性声明，用以明确告知投资者该信息存在风险性，其实现与否是不能确定的，如果这些预测性信息不会影响所披露的信息的总和，那么就不能单单依据这些信息的实质差异成为证券欺诈的理由，法院也会认为带有警示性声明的信息不具有重大性，或者认定投资者的依赖不具有合理性，而不会认定上市公司存在虚假陈述，也就是说，警示性语言降低了发行人的披露风险（张丽娜，2015）。

至此，美国业绩预告制度形成了一个以"安全港"规则和预先警示原则为核心，以鼓励发行人自愿披露为目标，在实践中不断完善的信息披露体系（见表5-25）。

表5-25　　　　美国业绩预告制度初步发展——1986~1998年

时间	发布单位	文件名称	内容
1995年	美国国会	《私人证券诉讼改革法》	扩大了"安全港"规则的适用范围；为有效地解决诉讼问题而修改了"安全港"规则的规定，为发行人提供了两个相互独立的免责条件；免去了发行人需要更新预测性信息的义务
1998年	美国国会	《证券诉讼统一标准法》	统一了集团诉讼标准，进一步完善了对发行人的保护

注：表格内容由笔者根据有关资料整理所得。

三、业绩预告制度的最新发展（1998年至今）

21世纪后，经济市场的发展使得企业能够披露给投资者的信息越来越多。2000年，美国财务会计准则委员会成立了一个有关于"自愿性信息披露"的工作小组，目的是研究八大行业中大公司自愿性信息披露的状况。次年该工作小组就发表了一份题为《改进财务报告：提高自愿性信息披露》的研究报告（见表5-26），主要探讨2003年SEC《对强制性信息披露的补充和深化》，表明其将采取具体措施鼓励上市公司自愿披露有关信息，并列出了20个需要自愿披露的方面（赵丛水，2007）。

表5-26　　　　　　　美国业绩预告制度的最新发展——1998年至今

时间	发布单位	文件名称	内容
2000年	美国证券交易委员会	《公平披露规则》	以公告形式确立了公平披露规则，要求公司对重大的非公开信息公平披露给所有的投资者，其中包括历史信息和预测性信息
2001年	美国财务会计准则委员会	《改进报告：提高自愿性信息披露》	规定自愿性披露的信息是上市公司可选择披露的，而非公认会计准则和证券监管部门明确要求的基本财务信息之外的信息
2003年	美国证券交易委员会	《对强制性信息披露的补充和深化》	将采取具体措施鼓励上市公司自愿披露有关信息，并列出了20个需要自愿披露的方面

注：表格内容由笔者根据有关资料整理所得。

第六章

高管薪酬与业绩预告精确度
关系的基本分析

第一节　理论分析与研究假设

一、上市公司高管薪酬动机的理论分析

中国高管的薪酬问题不仅仅是某家公司的内部治理问题，而是与社会公平、贫富差距、社会和谐等与民生问题息息相关的社会热点问题，因此不仅广大投资者关注高管的薪酬，普通百姓也高度关注（谢德仁等，2012；杨德明和赵璨，2012）。业绩预告作为重要盈余预测信息来源，是非常关键的信息披露机制，有助于管理层向外部投资者传递公司的信息，是具有前瞻性的上市公司未来业绩的提前预报，它集中反映了管理层对企业经营成果、现金流情况、财务状况的未来预估（张然和张鹏，2011；Feng et al.，2009；Gong et al. ，2011）。业绩预告往往在盈余公告前就发布了，所以研究业绩预告对深化上市公司关注盈余公告效应有很大作用。为了让投资者及时了解更多有效信息，证监会强制要求上市公司发布年度报告，并鼓励提前发布年度业绩预告和季度业绩预告，便于投资者清楚掌握上市公司近况，抓住潜在时机并避免潜在风险，这进一步对业绩预告的信息含量提出了更高要求，并日益受到众多投资者和监管部门的重视（戴德明等，2005；郑建明等，2015）。此外，管理层在发布业绩预告时对业绩预告的精度、预告区间等预告形式上具有较大的裁量选择性，这对于我们进一步去探索哪些动机能够影响这些预告特征具有重要的意义（Hirst et al. ，2008；Cheng et al. ，2013）。

已有文献从代理成本、诉讼风险、管理层持股、内部人股票交易等视角试图探索影响公司业绩预告披露精确度的因素，但尚未发现有实证研究基于高管的薪酬动机对业绩预告形式进行检验。高管薪酬影响业绩预告精确度的路径，中国上市企业目前的薪酬制度主要是以会计业绩为导向（辛清泉等，2007；方军雄，2009），即高管薪酬契约通常是与企业会计业绩相挂钩。在制定高管薪酬体系时也存在代理成本，具体表现为业绩基准或相对业绩的确定有选择空间（肖继辉和孟婷，2015），其容易受到高管的操纵（McGuire et al. ，1988；陈孝勇和惠晓峰，2015），最终导致降低了用于生成业绩预告信息的内部财务报告的质量（Feng et al. ，2009）。激励有效的薪酬契约应该有助于缓解高管为获取私人收益而损害股东财富所引发的代理问题（Jensen and Meckling，1976；辛清泉等，2007；权小锋等，2010）。但对于中国公司的高管薪酬激励是否发挥了治理效应，目前尚未达成一致的结论。王克敏和王志超（2007）得出高管薪酬与盈余操纵显著相关的结论。吴育辉和吴世农（2010）研究证实了我国上市公司的高管在其薪酬制定中存在明显的自利行为，高管薪酬并未有效降低企业的代理成本，反而提高了代理成本。权小锋等（2010）发现操纵性薪酬具有负面的价值消极效应。

此外，根据管理层权力理论的观点，高管为了获得私人收益会动用自己的权力进行寻租，这种寻租的行为最终会损害股东的合法权益和公司的价值。但是高管通过损害公司价值获得了私人收益这一行为担心被外部人所发现，影响到股东对现任管理层的支持，而采取一些隐蔽性的手段来操纵薪酬，降低外部人造成的"愤怒成本"。一般而言，高管的权力越大，外界对其监督力度就会越弱，越会助长其对薪酬进行操纵的行为。对于高管薪酬和盈余挂钩的企业，管理层很可能利用盈余管理来实现规避企业盈余未达标带来股价暂时性低估的风险（杨海燕等，2012）。

二、高管薪酬对业绩预告精确度影响的理论分析与研究假设

高质量的管理层业绩预告政策的价值主要体现在降低信息不对称上（King et al.，1990）。高质量的管理层业绩预告政策可以通过提高平均信息的精度来影响资本的成本（Botosan，2006；Lambert et al.，2007）。金等（King et al.，1990）认为业绩预告制度能够提高资本市场分配资源的效率。同时金等（1990）认为，业绩预告的形式是管理者对企业未来绩效判断的反映，业绩预告是一项重要的信息类型，其形式和精确度是分析师预测的主要参考，这是因为预告形式、精确度决定了信息的数量和确定性程度，会通过增减分析师得到和加工信息的成本来影响分析师对公司业绩的预测。如果业绩预告能提供越多且质量越高的信息，那么分析师取得公共信息的成本就有所降低，也就能将更多成本投入到跟踪更多公司上，从而能够通过获得较多高价值私有信息而提高预测精度。程等（Cheng et al.，2013）认为管理者在决定业绩预告特征时具有很大的操控性，但是现有文献很少涉及管理者动机如何影响这些预告特征。

但是，委托代理理论认为管理者会为了获取私人收益而做出损害股东财

富的代理行为（Jensen and Meckling，1976；辛清泉等，2007），管理者可能会为获得高额薪酬或超额薪酬进行机会主义盈余操纵行为。希利（Healy，1985）考察了奖金分红计划对盈余质量的影响，指出当盈余超过特定的阈值时，一些公司的奖金计划允许给予高管更多的奖励，但是，一些公司对于可分配的奖金数量设定了一个上限水平。在希利（Healy，1985）的模型中，在报告期末高管操控着由经营利润和非操控性应计利润组成的总现金流，然后选择操控性应计利润的水平来最大化预期的奖金价值。当盈余大幅低于或高于奖金机会所设定的阈值时，高管会负向性的操控应计利润。如果公司在期末的净利润预期在契约考核值之上，那么高管为了能在今后的考核期内获得这超出部分的红利，存在着降低当期盈余水平到接近契约考核值的动机；如果公司在期末的净利润预期略低于契约考核值，那么高管为了获得预期薪酬存在着上调当期盈余的动机；如果公司在期末的净利润预期大幅低于契约考核值，那么高管会采取大清洗的财务行为。张娟和黄志忠（2014）的研究得出高管的报酬契约会导致盈余管理行为的增加。同时，根据管理者权力理论的观点，高管会利用自己的权力为获得私人收益而进行权力寻租行为，会通过使用自己的权力来进行薪酬操纵，这种薪酬操纵行为对公司的价值可能会造成一定的损害。然而，现实中的高管在利用权力进行薪酬操纵时，会担心外部监管者的"抱怨"和自身声誉受到影响，其薪酬操纵行为往往采取隐蔽的形式（权小锋等，2010）。

管理层对于业绩预告的特征具有一定程度的操控性，这些特征包括预告的精确度、预测期间、补充性披露等（Hutton et al.，2003；Hirst et al.，2008）。程等（2013）检验了管理者是否战略选择业绩预告的精确度来为获取私人利益服务。相对于模糊的业绩预告信息而言，市场对精准的预告信息反应更强烈。公开披露的管理层业绩预告可能为管理层提供操纵财务报告或选择次优的投资来达到管理层预期的盈余目标的动机（Fuller and Jensen，2002；

Roychowdhury，2006；Cohen et al.，2010）。管理层可能会战略性地发布有偏差的业绩预告来达到其预期目标，而不是考虑业绩预告的精确度，例如降低分析师盈余预期、误导同业竞争者、为了内部人交易操纵公司股价或者为了获取预期薪酬进行盈余操纵行为等动机的实现（Aboody and Kasznik，2000；Matsumoto，2002；Cotter et al.，2006）。

综上所述，高管为了获得预期的高额或超额薪酬，对企业会计业绩和财务信息具有强烈的操纵动机而做出盈余管理行为，盈余管理行为会显著降低用于生成业绩预告信息的内部财务报告质量（Feng et al.，2009），被操纵的财务信息和低质量的内部财务报告会显著影响业绩预告的精确度；同时为了避免因盈余操纵过大而导致与之前披露的业绩预告值相差过大所产生的诉讼风险或管理层声誉的损害，管理层意愿上也倾向于选择披露精确度较低的业绩预告信息，来为实施操纵会计业绩留有足够的空间。同时，由于高管薪酬契约中设定了契约考核值，如果当期高管超额完成契约设定的考核值，高管存在隐藏当期利润动机，做出向下盈余管理的行为，以满足后期获得这部分的红利；如果当期高管离契约设定的考核值仍有一定的距离，高管存在调高当期利润动机，做出向上盈余管理的行为，以达到契约的考核值而获得满意的薪酬，此时高管向上盈余管理的动机要强于向下盈余管理的动机，不同盈余操纵的动机可能会导致公司发布不同的业绩预告精确度。由此，提出以下研究假设：

假设6.1：在其他条件不变下，高管薪酬越高，企业发布的业绩预告精确度越低。

假设6.2：在其他条件不变下，相比向下盈余管理的企业，向上盈余管理的企业高管薪酬对业绩预告精确度的负向影响更大。

第 二 节　研 究 设 计

一、变 量 设 计

（一）上市公司高管超额薪酬

1. 高管超额薪酬（Unpay1）

本书借鉴弗思等（Firth et al.，2006）、权小锋等（2010）的研究，采用管理层的实际薪酬与由经济因素决定的预期正常高管薪酬之间的差额来衡量。通过模型（6.1）回归估计出预期的正常高管薪酬：

$$Pay_{i,t} = \beta_0 + \beta_1 Size_{i,t} + \beta_2 Roa_{i,t} + \beta_3 Roa_{i,t-1} + \beta_4 AverageIncome_{i,t}$$

$$+ \beta_5 Central_{i,t} + \beta_6 West_{i,t} + \sum Ind_{i,t} + \sum Year_{i,t} + \varepsilon_{i,t} \quad (6.1)$$

模型（6.1）中，Pay 为公司前三名高管货币薪酬总和的自然对数；$Size$ 为企业资产总计；Roa 为公司总资产报酬率；Roa_{t-1} 为公司上一年的总资产报酬率；$AverageIncome$ 为公司所处地区当年度城镇职工平均工资水平；$Central$ 为研究样本公司处于中国中部地区的哑变量；$West$ 为研究样本公司处于中国西部地区的哑变量，同时控制年度和行业效应（熊凌云等，2015）。本书利用模型（6.1）进行截面回归，通过多元回归模型得到的因变量预测值即表示正常的高管薪酬，最终用实际的高管薪酬（前三名高管货币薪酬总和的自然对数）与正常高管薪酬（自然对数化）之间的差额表示高管的超额薪酬（Unpay1）。

2. 高管超额薪酬（Unpay2）

本书借鉴科尔等（Core et al.，2008）、吴育辉和吴世农（2010）的研究，通过模型（6.2）回归重新度量高管超额货币薪酬。

$$Pay_{i,t} = \beta_0 + \beta_1 Size_{i,t} + \beta_2 Roa_{i,t} + \beta_3 Roa_{i,t-1} + \beta_4 Lev_{i,t} + \beta_5 TobinQ_{i,t}$$
$$+ \beta_6 Central_{i,t} + \beta_7 West_{i,t} + \sum Ind_{i,t} + \sum Year_{i,t} + \varepsilon_{i,t} \qquad (6.2)$$

模型（6.2）中，Pay 为公司前三名高管货币薪酬总和的自然对数；Roa 为公司总资产报酬率；Roa_{t-1} 为上一年的公司总资产报酬率；Lev 为公司的财务杠杆；$TobinQ$ 为公司的成长机会；$Central$ 为研究样本公司处于中国中部地区的哑变量；$West$ 为研究样本公司处于中国西部地区的哑变量，同时控制年度和行业效应（熊凌云等，2015）。本书利用模型（6.2）进行截面回归，通过多元回归模型得到的因变量预测值即表示为正常的高管薪酬，最终用实际的高管薪酬（前三名高管货币薪酬总和的自然对数）与正常高管薪酬（自然对数化）之间的差额表示为高管的超额薪酬（Unpay2）。

（二）上市公司披露的业绩预告精确度（Forecast Precision）

本书借鉴巴金斯基等（Baginski et al.，1993）、蔡等（Choi et al.，2010）、高敬忠等（2011）、袁振超等（2014）的研究，定义因变量业绩预告精确度（Forecast Precision）为有序离散变量，通过对上市公司发布的业绩预告信息进行手工收集，将业绩预告信息类型分为四个方面：（1）点预测：公司管理层对公司未来可能实现的净利润给出的精确数值预测值；（2）闭区间预测：公司管理层对公司未来可能实现的净利润给出一个具体的含有上下边界的数值预测范围区间；（3）开区间预测：公司管理层对公司未来可能实现的净利润只给出一个确定的数值边界预测范围；（4）定性预测：公司管理层对公司未来可能实现的净利润没有给出具体的数值范围，而只是用语言对公司未来盈利水平和发展前景给出定性的描述。根据先前研究成果和理论文献可知，上述四种业绩预告类型中，点预测所表示的业绩预告信息的精确度最高，取值为4；其次是闭区间业绩预告信息，取值为3；再次是开区间业绩预告信息，取值为2；最后是定性预测的预告信息，取值为1。其中点预测、闭/开区间预测都是提供了一定的数值范围，被称为定量预测，而闭区间和开区间预测同时都给未来业绩提供了一定的范围大小，又被称为区间预测。

（三）盈余管理

本书使用可操纵应计利润的绝对值 |DA| 来衡量盈余管理，根据琼斯（Jones，1991）模型来估计，使用方程（6.3）回归估计出总应计利润（Total Accrual，TA）：

$$TA_{j,t} = \beta_1 \frac{1}{A_{j,t-1}} + \beta_2 \frac{\Delta REV_{j,t}}{A_{j,t-1}} + \beta_3 \frac{PPE_{j,t}}{A_{j,t-1}} + \varepsilon_{j,t}^1 \qquad (6.3)$$

其中，$TA_{j,t} = (\Delta CA_{j,t} - \Delta CASH_{j,t}) - (\Delta CL_{j,t} - \Delta CLD_{j,t}) - DEP_{j,t}$，$\Delta CA_{j,t}$ 为流动资产增加额，$\Delta CASH_{j,t}$ 为现金及现金等价物增加额，$\Delta CL_{j,t}$ 为流动负债增加额，$\Delta CLD_{j,t}$ 为一年内到期的长期负债增加额，$DEP_{j,t}$ 为折旧和摊销成本；$A_{j,t-1}$ 为上年度总资产，$\Delta REV_{j,t}$ 为销售收入增加额，$PPE_{j,t}$ 为固定资产，回归的残差 $\varepsilon_{j,t}$ 即为 $DA_{j,t}$。

（四）控制变量

大量管理层业绩预告的文献表明公司财务特征会显著影响上市公司披露的业绩预告精确度，业绩预告是由公司规模（Ajinkya et al.，2005）、公司成长机会（营业收入增长率和总资产报酬率）（Feng et al.，2009）和财务杠杆（Hutton et al.，2012）等因素构成的函数。张翼和林小驰（2005）研究了公司治理结构对管理层业绩预告的影响。程新生等在2012年和2015年的研究中发现公司治理结构（股权比例和董事会规模）会显著影响公司的信息披露机制，因此本书在模型中控制了部分公司治理结构特征的变量。程等（Cheng et al.，2013）和古德曼等（Goodman et al.，2014）研究发现管理层业绩预告特征（业绩预告的期间、业绩预告的态度倾向、外部预测的机构数、业绩预告的消息类型等）会显著影响管理层业绩预告的精确度。袁振超等（2014）认为管理层发布不同的业绩预告消息类型时，可能存在着战略性的选择不同精确度的业绩预告。因此，本书在回归模型中依据前人文献对重要的业绩预告特征进行了控制。本书回归模型中相关变量的定义如表6－1所示。

表6－1　　　　　　　　　　　**变量设计与说明**

变量类型	变量名称	变量符号	变量说明
因变量	业绩预告精确度	Forecast Precision	点预测取值为4，闭区间预测取值为3，开区间预测取值为2，定性预测取值为1
自变量	高管货币薪酬	Pay	前三名高管薪酬总额取对数
	高管超额薪酬	Unpay1	高管实际薪酬与预期正常薪酬的差额（弗思等（Firth et al.，2006）；权小锋等，2010）
		Unpay2	高管实际薪酬与预期正常薪酬的差额（科尔等（Core et al.，2008）；吴育辉等，2010）
调节变量	盈余操纵	|DA|	琼斯（Jones，1991）可操纵应计利润
公司财务特征	总资产	Size	根据财务报告得到，对总资产取对数
	负债率	Lev	负债/年末总资产
	总资产报酬率	Roa	净利润/年末总资产
	损失	Loss	哑变量，分年度净利润为负，取值为1，否则为0
	营业收入增长率	Sale	（本年营业收入－上年营业收入）/上年营业收入
	开发支出	R&D	公司研发支出的自然对数

续表

变量类型	变量名称	变量符号	变量说明
公司治理特征	第一大股东持股比例	Top	公司第一大股东持股比例
	股权比例	Equity	公司前十大流通股东持股比例之和
	独立董事比例	Indd	公司独立董事占董事会的比例
	董事会规模	Board	公司董事会人数的自然对数
	薪酬考核委员会	Cac	哑变量，公司设置了薪酬考核委员会取值1，否则0
业绩预告特征	外部盈余预测机构数	Forecast Institution	ln（盈余预测机构数＋1）
	业绩预告误差	Bias	｜（实际净利润－预测净利润）/总股本｜，其中预测净利润＝｜（预测净利润上限＋预测净利润下限）/2｜
	业绩预告期间	Forecast Horizon	（公告日期－预告日期）/360
	业绩预告乐观态度倾向	Forecast Attitude	哑变量，公司业绩预告形式为点预告或业绩预告 EPS 的中值高于实际公告 EPS 的值则取值为1，否则为0
	业绩预告消息类型	Forecast News	哑变量，将预警类型为"略增"、"预增"、"扭亏"和"续盈"的样本定义为"好消息"；预警类型为"略减"、"首亏"、"续亏"和"预减"的样本定义为"坏消息"
	行业	Industry	2012 年以前的上市公司采用证监会 2001 年行业分类标准，2012 年及以后的上市公司采用证监会 2012 年行业分类标准
	年度	Year	从每年 1 月 1 日至 12 月 31 日的完整会计年度，设置为虚拟变量矩阵

注：表格内容根据相关资料整理所得。

二、研究样本选择和数据来源

本书以沪深两市 2005 ~ 2013 年上市公司作为研究样本①，考虑到金融类公司的业绩指标和一般类公司的不同，无法统一比较，因此剔除金融类上市公司；考虑到数据的完整性，剔除了相关财务数据不全的公司；在此基础上剔除了 ST 和 *ST 样本，最终得到 9643 个有效截面研究样本。与公司治理相关的数据是依据南开大学公司治理数据库；业绩预告相关数据来源于 Wind 金融数据库；研究样本中上市公司有关的财务数据来源于 CCER 数据库、国泰安数据库（CSMAR）、Choice 金融数据库，其中部分数据为手工整理。为了避免极端值和异常值对回归结果的影响，本书对所有连续变量取值按照 1% 和 99% 水平进行 Winsorize 缩尾处理；为克服截面自相关，本书采用企业层面的聚类标准差进行调整。本研究所使用的统计以及数据处理软件为 Stata12.0。详细的样本行业分布情况见表 6 - 2。

表 6 - 2　　　　　　　　　样本行业分布情况表

行业性质	数目	比例（%）
A. 农、林、牧、渔业	206	2.18
B. 采掘业	181	1.91
C. 制造业	6577	69.50
D. 电力、煤气及水的生产和供应业	286	3.02
E. 建筑业	205	2.17

① 根据中国证监会信息披露的规定，上市公司直到 2005 年才首次单独披露包括董事长、总经理及其他董事、经理、监事等管理人员的货币薪酬。此外，由于 2005 年之前的业绩预告多为定性预测，无法明确区分不同的预测形式，为了避免实证分析结果出现偏差。综上所述，样本选择时期确定为 2005 年至 2013 年。

续表

行业性质	数目	比例（%）
F. 批发和零售业	397	4.20
G. 交通运输、仓储和邮政业	195	2.06
H. 住宿和餐饮业	47	0.50
I. 信息传输、软件和信息技术服务业	488	5.16
K. 房地产业	357	3.77
L. 租赁和商务服务业	92	0.97
M. 科学研究和技术服务业	51	0.54
N. 水利、环境和公共设施管理业	59	0.62
O. 居民服务、修理和其他服务业	1	0.01
P. 教育	2	0.02
Q. 卫生和社会工作	25	0.26
R. 文化、体育和娱乐业	65	0.69
S. 综合类	229	2.42
合计	9463	100.00

资料来源：笔者根据国泰安数据库（CSMAR）相关数据整理所得。

根据表 6 - 2 可知，有 206 个样本属于农、林、牧、渔业，所占比例为 2.18%；有 181 个样本属于采掘业，所占比例为 1.91%；有 6577 个样本属于 69.50%；有 286 个样本属于电力、煤气及水的生产和供应业，所占比例为 3.02%；有 205 个样本属于建筑业，所占比例为 2.17%；有 397 个样本属于批发和零售业，所占比例为 4.20%；有 195 个样本属于交通运输、仓储和邮政业，所占比例为 2.06%；有 47 个样本属于住宿和餐饮业，所占比例为 0.50%；有 488 个样本属于信息传输、软件和信息技术服务业，所占比例为 5.16%；有 357 个样本属于房地产业，所占比例为 3.77%；有 92 个样本属于租赁和商务服务业，所占比例为 0.97%；有 51 个样本属于科学研究和技术服务业，所占比例为 0.54%；有 59 个样本属于水利、环境和公共设施管理业，所占比例为 0.62%；有 1 个样本属于居民服务、修理和其他服务业，所占比例为 0.01%；有 2 个样本属于教育，所占比例为 0.02%；有 25 个样本属于卫生和社会工作，所占比例为 0.26%；有 65 个样本属于文化、体育和娱乐业，所占比例为 0.69%；有 229 个样本属于综合类，所占比例为 2.42%。其中制造业样本占总样本比例最高为 69.50%，居民服务、修理和其他服务业占总样本比例最低为 0.01%。整体来看，本书的样本行业分布与先前大量的研究文献相一致，所选样本的行业抽样误差较小。

三、模型设计

为检验上市公司高管薪酬对业绩预告精确度的影响，本书参考了李和张（Li and Zhang，2015）、程等（Cheng et al.，2013）、张然和张鹏（2011）、袁振超等（2014）的模型设计，提出了回归模型（6.4）：

$$
\begin{aligned}
Forecast\ Precision_{i,t} = {} & \beta_0 + \beta_1 XPay_{i,t} + \beta_2 Size_{i,t} + \beta_3 Lev_{i,t} + \beta_4 Roa_{i,t} + \beta_5 Loss_{i,t} \\
& + \beta_6 Sale_{i,t} + \beta_7 R\&D_{i,t} + \beta_8 Top_{i,t} + \beta_9 Equity_{i,t} + \beta_{10} Indd_{i,t} \\
& + \beta_{11} Board_{i,t} + \beta_{12} Cac_{i,t} + \beta_{13} Forecast\ Institution_{i,t} \\
& + \beta_{14} Bias_{i,t} + \beta_{15} Forecast\ Horizon_{i,t} + \beta_{16} Forecast\ Attitude_{i,t} \\
& + \beta_{17} Forecast\ News_{i,t} + \sum Ind_{i,t} + \sum Year_{i,t} + \varepsilon_{i,t}
\end{aligned}
$$

$$(6.4)$$

模型（6.4）中，因变量 *Forecast Precision* 表示上市公司对外发布年度业绩预告的精确度。自变量 *XPay* 表示为上市公司的高管货币薪酬水平，其中 *Pay* 为上市公司年报公开披露的前三名高级管理人员的薪酬总额的自然对数，Unpay1 为借鉴权小锋等（2010）模型回归出的高管超额薪酬，Unpay2 为借鉴吴育辉等（2010）模型回归出的高管超额薪酬。此外，模型（6.4）中的相关变量的定义如表 6 - 1 所示。

第三节　实证模型检验与结果分析

一、计算高管薪酬

（一）高管超额薪酬（Unpay1）

为了计算得到高管超额薪酬（Unpay1），本书采用模型（6.1）进行了回归分析，详细的实证结果见表 6 - 3：

表 6 - 3　　　　　　　　　计算上市公司高管超额薪酬的回归结果

	系数	T 值	P > 1
Size	0.057 ***	9.17	0.000
Roa	2.227 ***	18.90	0.000
Roa_{t-1}	0.408 ***	3.84	0.000
Average Income	- 0.141 ***	- 3.00	0.003
Central	- 0.014	- 0.46	0.649
West	- 0.025	- 0.86	0.390
行业	控制		
年度	控制		
F 值	87.25 ***		
调整 R^2	0.220		
样本数目	9463		

注：*、**、*** 分别表示在 10%、5%、1% 水平下显著。

通过表6－3可知，首先，回归模型的F值为87.25，在1%的水平下显著，模型的调整 R^2 为0.220，这说明回归模型通过显著性检验且具有较高的解释能力；其次，回归模型中 Size、Roa、Roa_{t-1} 这些解释变量均在1%的置信水平下显著正相关，表明公司的规模越大、公司本期净资产收益率越高，公司上一期净资产收益率越高，本期公司高管的薪酬水平越高。Average income 在1%的置信水平下显著负相关，表明当地城镇职工的平均薪酬水平会限制高管薪酬水平的增长。Central 与 West 在10%置信水平下都没有通过显著性检验，说明中部和西部的地区对高管薪酬水平的影响较小。研究结果也与权小锋等（2010）的实证论文结果相一致。最后，本书根据回归结果预测得到残差为正常的高管薪酬，然后用实际的高管薪酬（前三名高管货币薪酬总和的自然对数）与正常高管薪酬之间的差额表示为高管的超额货币薪酬（Unpay1）。

（二）高管超额薪酬（Unpay2）

为了计算得到高管超额薪酬（Unpay2），本书采用模型（6.2）进行了回归分析，详细的实证结果见表6－4。根据表6－4可知，首先，回归模型的F值为101.63，在1%的水平下显著，模型的调整 R^2 为0.255，这说明回归模型通过显著性检验且具有较高的解释能力；其次，回归模型中 Size、Roa、Roa_{t-1} 这些解释变量均在1%的置信水平下显著正相关，表明公司的规模越大、公司本期净资产收益率越高，公司上一期净资产收益率越高，本期公司高管的薪酬水平越高。Lev 和 TobinQ 在1%的置信水平下显著负相关，表明公司的负债水平和托宾Q值会限制高管薪酬水平的增长。研究结果也与吴育辉和吴世农（2010）的实证论文结果相一致。最后，本书根据回归结果预测得到的残差为正常的高管薪酬，最终用实际的高管薪酬（前三名高管货币薪酬总和的自然对数）与正常高管薪酬之间的差额表示为高管的超额薪酬（Unpay2）。

表 6 - 4　　　　　　　　计算上市公司高管超额薪酬的回归结果

	系数	T 值	P > 1
Size	0.105 ***	16.01	0.000
Roa	2.230 ***	19.22	0.000
Roa_{t-1}	0.309 ***	2.96	0.003
Lev	- 0.629 ***	- 19.20	0.000
TobinQ	- 0.049 ***	- 7.69	0.000
Central	0.019 **	2.11	0.035
West	0.031	1.53	0.126
行业	控制		
年度	控制		
F 值	101.63 ***		
调整 R^2	0.255		
样本数目	9463		

注：*、**、*** 分别表示在 10%、5%、1% 水平下显著。

二、描述性统计分析

本书对全样本进行了描述性统计，详细结果见表 6 - 5：

表 6 - 5A　　　　　　　　主要变量描述性统计（全样本）

变量	样本数	均值	中位数	标准差	最小值	最大值
Forecast Precision	9463	3.216	3	0.696	1	4
Pay	9463	13.733	13.775	0.827	9.274	23.26
Unpay1	9463	- 0.266	- 0.203	0.859	- 22.859	9.360
Unpay2	9463	- 0.316	- 0.424	9.969	- 22.949	940.687
Size	9463	21.472	21.305	1.199	9.946	27.488

续表

变量	样本数	均值	中位数	标准差	最小值	最大值
Lev	9463	0.703	0.432	18.470	0.0001	1751
Roa	9463	0.069	0.062	0.146	−1.568	10.616
Loss	9463	0.127	0	0.333	0	1
Sale	9463	0.848	0.148	41.93	−1.033	3784
Rd	9463	2.307	0	5.648	0	22.29
Top	9463	0.361	0.343	0.153	0.022	0.990
Equity	9463	0.002	0.002	0.002	0	0.072
Indd	9463	0.367	0.333	0.053	0	0.800
Cac	9463	0.935	1	0.247	0	1
Board	9463	2.281	2.197	0.316	1.099	3.689
Forecast Institution	9463	4.491	2	5.432	0	44
Bias	9463	0.0003	0	0.003	0	0.218
Forecast Horizon	9463	0.230	0.203	0.143	−0.133	1.489
Forecast Attitude	9463	0.828	1	0.378	0	1
Forecast News	9463	0.764	1	0.425	0	1

表 6 - 5B　　　　　主要变量描述性统计（2005 年）

变量	样本数	均值	中位数	标准差	最小值	最大值
Forecast Precision	320	2.556	2	0.825	1	4
Pay	320	12.975	13.011	0.873	10.34	16.73
Unpay1	320	−0.999	−1.028	0.823	−3.359	2.778
Unpay2	320	−1.108	−1.058	0.807	−3.614	2.629
Size	320	21.316	21.236	1.108	17.879	25.789
Lev	320	0.475	0.485	0.295	0.021	3.886
Roa	320	0.026	0.029	0.095	−0.442	0.300
Loss	320	0.263	0	0.441	0	1

续表

变量	样本数	均值	中位数	标准差	最小值	最大值
Sale	320	0.207	0.134	0.867	−0.945	13.08
Rd	320	0	0	0	0	0
Top	320	0.392	0.373	0.165	0.052	0.951
Equity	320	0.001	0.0002	0.001	3.70e−05	0.006
Indd	320	0.361	0.333	0.056	0.083	0.571
Cac	320	0.803	1	0.398	0	1
Board	320	2.249	2.197	0.299	1.099	3.401
Forecast Institution	320	4.475	2	5.844	0	24
Bias	320	0.0003	0.0001	0.001	1.20e−07	0.017
Forecast Horizon	320	0.280	0.258	0.166	−0.086	1.019
Forecast Attitude	320	0.947	1	0.225	0	1
Forecast News	320	0.459	0	0.499	0	1

表 6 − 5C   主要变量描述性统计 （2006 年）

变量	样本数	均值	中位数	标准差	最小值	最大值
Forecast Precision	443	2.804	3	0.807	1	4
Pay	443	13.153	13.192	0.808	10.086	15.472
Unpay1	443	−0.872	−0.846	0.773	−3.607	2.875
Unpay2	443	−0.983	−0.939	0.782	−3.705	3.138
Size	443	21.401	21.189	1.171	18.643	27.346
Lev	443	0.508	0.502	0.424	0.001	6.998
Roa	443	0.056	0.060	0.114	−1.568	0.349
Loss	443	0.160	0	0.367	0	1
Sale	443	9.185	0.235	179.8	−1.033	3784
Rd	443	0	0	0	0	0
Top	443	0.364	0.353	0.150	0.051	0.781

续表

变量	样本数	均值	中位数	标准差	最小值	最大值
Equity	443	0.001	0.001	0.001	7.80e-05	0.005
Indd	443	0.361	0.333	0.055	0.143	0.600
Cac	443	0.880	1	0.325	0	1
Board	443	2.263	2.197	0.288	1.386	3.296
Forecast Institution	443	5.614	3	5.853	0	24
Bias	443	0.0003	0.0001	0.003	2.50e-07	0.053
Forecast Horizon	443	0.269	0.242	0.163	0	0.944
Forecast Attitude	443	0.831	1	0.375	0	1
Forecast News	443	0.758	1	0.428	0	1

表 6 - 5D   主要变量描述性统计 (2007 年)

变量	样本数	均值	中位数	标准差	最小值	最大值
Forecast Precision	709	2.764	3	0.748	1	4
Pay	709	13.451	13.471	0.858	9.673	16.463
Unpay1	709	-0.638	-0.634	0.865	-5.974	2.243
Unpay2	709	-0.734	-0.734	0.841	-6.026	2.019
Size	709	21.431	21.278	1.129	18.162	26.949
Lev	709	0.486	0.464	0.410	0.013	7.979
Roa	709	0.091	0.080	0.137	-0.780	1.793
Loss	709	0.078	0	0.268	0	1
Sale	709	0.597	0.212	6.480	-0.995	170.6
Rd	709	1.439	0	4.484	0	20.22
Top	709	0.364	0.349	0.147	0.059	0.821
Equity	709	0.001	0.001	0.001	5.50e-05	0.005
Indd	709	0.364	0.333	0.051	0.143	0.667
Cac	709	0.907	1	0.291	0	1

续表

变量	样本数	均值	中位数	标准差	最小值	最大值
Board	709	2.269	2.197	0.305	1.386	3.638
Forecast Institution	709	4.252	3	4.447	0	27
Bias	709	$8.52e-05$	0.00002	0.0004	$1.20e-08$	0.006
Forecast Horizon	709	0.288	0.267	0.147	0.003	0.869
Forecast Attitude	709	0.805	1	0.396	0	1
Forecast News	709	0.863	1	0.344	0	1

表 6 – 5E　　　　　　**主要变量描述性统计（2008 年）**

变量	样本数	均值	中位数	标准差	最小值	最大值
Forecast Precision	807	2.929	3	0.743	1	4
Pay	807	13.461	13.465	0.802	10.819	16.294
Unpay1	807	-0.547	-0.534	0.778	-3.461	1.949
Unpay2	807	-0.708	-0.719	0.774	-3.560	3.502
Size	807	21.439	21.300	1.173	18.157	26.027
Lev	807	0.469	0.457	0.407	0.021	9.429
Roa	807	0.057	0.051	0.110	-0.927	0.583
Loss	807	0.270	0	0.444	0	1
Sale	807	2.016	0.112	52.70	-0.984	1497
Rd	807	1.630	0	4.843	0	20.38
Top	807	0.357	0.333	0.152	0.075	0.840
Equity	807	0.002	0.001	0.002	$4.40e-05$	0.028
Indd	807	0.363	0.333	0.051	0	0.571
Cac	807	0.906	1	0.292	0	1
Board	807	2.282	2.197	0.310	1.386	3.526
Forecast Institution	807	3.740	2	4.518	0	30
Bias	807	0.003	0.001	0.009	$1.30e-06$	0.218

续表

变量	样本数	均值	中位数	标准差	最小值	最大值
Forecast Horizon	807	0.271	0.256	0.149	-0.133	1.489
Forecast Attitude	807	0.819	1	0.385	0	1
Forecast News	807	0.550	1	0.498	0	1

表6-5F　　　　　　　　　　主要变量描述性统计（2009年）

变量	样本数	均值	中位数	标准差	最小值	最大值
Forecast Precision	1012	3.444	4	0.766	1	4
Pay	1012	13.648	13.691	0.793	10.491	16.060
Unpay1	1012	-0.376	-0.309	0.773	-3.959	1.847
Unpay2	1012	-0.534	-0.495	0.747	-3.983	1.843
Size	1012	21.509	21.287	1.268	18.594	27.488
Lev	1012	0.430	0.428	0.268	0.016	3.502
Roa	1012	0.071	0.068	0.096	-0.976	0.553
Loss	1012	0.117	0	0.321	0	1
Sale	1012	0.199	0.058	2.089	-0.978	58.36
Rd	1012	2.016	0	5.316	0	22.29
Top	1012	0.362	0.344	0.162	0.051	0.894
Equity	1012	0.003	0.002	0.003	0	0.045
Indd	1012	0.367	0.333	0.055	0	0.750
Cac	1012	0.943	1	0.233	0	1
Board	1012	2.273	2.197	0.306	1.386	3.689
Forecast Institution	1012	4.420	2	5.320	0	29
Bias	1012	$4.17e-05$	0.00001	$8.75e-05$	0	0.001
Forecast Horizon	1012	0.169	0.156	0.112	-0.008	1.056
Forecast Attitude	1012	0.887	1	0.316	0	1
Forecast News	1012	0.787	1	0.410	0	1

表 6 – 5G　　　　　　　　　　　主要变量描述性统计（2010 年）

变量	样本数	均值	中位数	标准差	最小值	最大值
Forecast Precision	1321	3. 595	4	0. 665	1	4
Pay	1321	13. 579	13. 627	0. 861	9. 274	17. 130
Unpay1	1321	− 0. 470	− 0. 409	0. 848	− 6. 192	2. 827
Unpay2	1321	− 0. 543	− 0. 595	2. 936	− 6. 171	101. 455
Size	1321	21. 503	21. 336	1. 253	14. 574	26. 487
Lev	1321	0. 618	0. 458	5. 157	0. 011	187. 0
Roa	1321	0. 087	0. 079	0. 106	− 0. 723	2. 939
Loss	1321	0. 053	0	0. 224	0	1
Sale	1321	0. 461	0. 286	3. 523	− 0. 976	123. 294
Rd	1321	2. 357	0	5. 655	0	21. 11
Top	1321	0. 361	0. 337	0. 156	0. 022	0. 865
Equity	1321	0. 003	0. 002	0. 003	0	0. 044
Indd	1321	0. 366	0. 333	0. 051	0. 250	0. 667
Cac	1321	0. 917	1	0. 276	0	1
Board	1321	2. 271	2. 197	0. 314	1. 386	3. 584
Forecast Institution	1321	3. 970	2	4. 480	0	31
Bias	1321	$3.48e-05$	$7.70e-06$	0. 0001	0	0. 002
Forecast Horizon	1321	0. 145	0. 133	0. 096	0. 003	0. 533
Forecast Attitude	1321	0. 882	1	0. 323	0	1
Forecast News	1321	0. 885	1	0. 319	0	1

表 6 – 5H　　　　　　　　　　　主要变量描述性统计（2011 年）

变量	样本数	均值	中位数	标准差	最小值	最大值
Forecast Precision	1544	3. 652	4	0. 633	1	4
Pay	1544	13. 947	13. 961	0. 713	10. 376	16. 500
Unpay1	1544	− 0. 069	− 0. 057	0. 709	− 4. 222	2. 401

续表

变量	样本数	均值	中位数	标准差	最小值	最大值
Unpay2	1544	-0.408	-0.308	24.260	-4.481	940.687
Size	1544	21.511	21.342	1.277	9.946	27.387
Lev	1544	1.733	0.407	45.110	0.0003	1751
Roa	1544	0.079	0.072	0.0849	-0.750	1.233
Loss	1544	0.064	0	0.245	0	1
Sale	1544	0.345	0.191	3.533	-0.953	132.047
Rd	1544	2.713	0	6.026	0	21.878
Top	1544	0.357	0.339	0.149	0.037	0.885
Equity	1544	0.003	0.002	0.003	0	0.072
Indd	1544	0.368	0.333	0.053	0.143	0.800
Cac	1544	0.960	1	0.196	0	1
Board	1544	2.304	2.197	0.318	1.609	3.466
Forecast Institution	1544	5.271	3	5.991	0	44
Bias	1544	$4.58e-05$	0.00001	0.0001	0	0.004
Forecast Horizon	1544	0.145	0.133	0.092	0.003	0.528
Forecast Attitude	1544	0.911	1	0.284	0	1
Forecast News	1544	0.832	1	0.374	0	1

表6-5I 主要变量描述性统计 (2012年)

变量	样本数	均值	中位数	标准差	最小值	最大值
Forecast Precision	1616	3.071	3	0.385	1	4
Pay	1616	13.954	13.943	0.703	11.430	23.256
Unpay1	1616	0.009	0.007	0.700	-2.817	9.360
Unpay2	1616	-0.237	-0.248	0.691	-2.877	9.157
Size	1616	21.420	21.264	1.129	18.293	26.771
Lev	1616	0.417	0.399	0.257	0.0001	3.273

续表

变量	样本数	均值	中位数	标准差	最小值	最大值
Roa	1616	0.061	0.053	0.081	−0.356	1.091
Loss	1616	0.123	0	0.328	0	1
Sale	1616	0.126	0.056	0.521	−0.967	10.070
Rd	1616	2.940	0	6.262	0	21.618
Top	1616	0.362	0.345	0.150	0.022	0.889
Equity	1616	0.003	0.002	0.002	6.00e−05	0.017
Indd	1616	0.370	0.333	0.055	0.222	0.714
Cac	1616	0.955	1	0.208	0	1
Board	1616	2.278	2.197	0.326	1.386	3.555
Forecast Institution	1616	4.698	2	5.864	0	33
Bias	1616	5.76e−05	0.00002	0.0001	0	0.005
Forecast Horizon	1616	0.291	0.239	0.138	−0.086	1.022
Forecast Attitude	1616	0.645	1	0.479	0	1
Forecast News	1616	0.700	1	0.458	0	1

表 6 −5J　　　　　　　　　　主要变量描述性统计（2013 年）

变量	样本数	均值	中位数	标准差	最小值	最大值
Forecast Precision	1691	3.082	3	0.329	2	4
Pay	1691	14.039	14.014	0.736	9.677	22.92
Unpay1	1691	0.101	0.107	0.907	−22.860	9.009
Unpay2	1691	−0.061	−0.154	3.129	−22.949	123.017
Size	1691	21.520	21.354	1.166	14.585	26.550
Lev	1691	0.565	0.405	5.549	0.007	228.195
Roa	1691	0.061	0.049	0.268	−0.451	10.616
Loss	1691	0.173	0	0.379	0	1

续表

变量	样本数	均值	中位数	标准差	最小值	最大值
Sale	1691	0.171	0.119	0.470	-0.881	7.589
Rd	1691	3.192	0	6.493	0	21.799
Top	1691	0.359	0.338	0.154	0.036	0.990
Equity	1691	0.003	0.003	0.002	0	0.016
Indd	1691	0.368	0.333	0.054	0	0.714
Cac	1691	0.966	1	0.182	0	1
Board	1691	2.289	2.197	0.329	1.609	3.466
Forecast Institution	1691	4.200	2	5.658	0	33
Bias	1691	0.0002	0.001	0.0003	6.10e-08	0.006
Forecast Horizon	1691	0.287	0.25	0.132	0.003	1.136
Forecast Attitude	1691	0.838	1	0.369	0	1
Forecast News	1691	0.774	1	0.419	0	1

根据表 6-5 可知,第一,上市公司对外披露的业绩预告精确度 (Forecast Precision) 均值在 2005～2013 年依次为 2.556、2.804、2.764、2.929、3.444、3.595、3.652、3.071、3.082,中位数依次为 2、3、3、3、4、4、4、3、3,总样本均值为 3.216,中位数为 3,无论是均值还是中位数都基本上以 2012 年为界,之前为逐年递增,之后出现逐年递减的现象。但 2012 年和 2013 年的业绩预告精确度的均值仍然要高于 2009 年之前的对外披露的业绩预告精确度均值。这反映出我国监管部门在加强上市公司进行自身信息充分披露和提升业绩预告积极性上起到了一定作用,但上市公司披露的信息是否能提高投资者的决策有用性,缓解管理层与外部投资者间的信息不对称程度,不仅仅取决于披露业绩预告的及时性,还与其精确度有着密切关系,因此,有必要对影响上市公司披露业绩预告精确度的因素进行实证检验。

第二，上市公司高管薪酬（Pay）在各年均值依次为 12.975、13.153、13.451、13.461、13.648、13.579、13.947、13.954、14.039，中位数依次为13.011、13.192、13.471、13.465、13.691、13.627、13.961、13.943、14.014，总样本均值为 13.733，中位数为 13.775。无论是均值还是中位数高管薪酬水平都基本上从 2005 年开始逐年递增。这反映出一方面部分公司通过上市进行资本运作，有效提升了公司的盈利能力，从而增加了高管的薪酬水平，体现了薪酬激励与业绩增长同升的效果；另一方面，部分上市公司盈利能力并没有提升，甚至出现了亏损经营，但依旧发放了高额的高管薪酬水平，体现了高管追求自利的行为动机。

第三，上市公司的高管超额薪酬（Unpay1）各年的均值依次为 -0.999、-0.872、-0.638、-0.547、-0.376、-0.470、-0.069、0.009、0.101，中位数依次为 -1.028、-0.846、-0.634、-0.534、-0.309、-0.409、-0.057、0.007、0.107，总样本均值为 -0.266，中位数为 -0.203。上市公司的高管超额薪酬（Unpay2）各年的均值依次为 -1.108、-0.983、-0.734、-0.708、-0.534、-0.543、-0.408、-0.237、-0.061，中位数依次为 -1.058、-0.939、-0.734、-0.719、-0.495、-0.595、-0.308、-0.248、-0.154，总样本均值为 -0.316，中位数为 -0.424，无论是 Unpay1 还是 Unpay2 的均值或是中位数的数值都基本上呈现逐年变大的趋势，尤其是 Unpay1 在 2012 年后开始由负转正。这反映出高管薪酬在 2012 年以前大部分都呈现出激励不足的情况，这也与上述高管薪酬（Pay）逐年递增的情形相一致，正是由于先前对高管激励不足，高管一方面有增加薪酬的需求，另一方面更有强烈的动机去操纵薪酬获得私有收益，从而弥补激励的不足。

第四，控制变量方面：总资产在 9 年内基本上保持了稳定增长的趋势，其自然对数均值在 2005 年为 21.316，到了 2013 年则增长到了 21.52，中位数也由 21.236 增长到 21.354；资产负债率的均值和中位数自 2005 年至 2011 年都出现了不同程度的上升，尤其在 2011 年达到最高值，随后出现了下降的趋势，并且各个上市公司的资产负债率的差距很大，标准差在 2011 年最高时为 45.110，而最低为 2009 年的 0.268，并且总体样本的标准差也高达 18.470 的差异水平；企业总资产收益率的均值和中位数自 2005 年至 2007 年都出现了稳定的上升趋势，在 2008 年金融危机期间突然降到最低水平，随后的 2009 年和 2010 年出现了一定的回升，之后又逐年出现小幅度的下降趋势；企业发生亏损的均值趋势和企业总资产收益率的均值变化趋势正好相反，自 2005 年至 2007 年均值出现了稳定的下降趋势，但是在 2008 年金融危机期间突然上升，随后在 2009 年和 2010 年又出现了一定的下降趋势，之后又逐年出现了上升的趋势；营业收入增长率的均值和中位数也并无明显的变化趋势，各个年度公司间的差距很大，标准差最高在 2006 年为 179.8，最低在 2013 年为 0.47，并且总样本的标准差也为 41.93；第一大股东的持股比例的均值和中位数在各个年度内并无明显的变化趋势，之间的差距也很小；公司的股权比例、独立董事比例、董事会规模以及薪酬委员会设置的均值和中位数在各个年度内并没有明显的变化趋势；外部盈余预测机构数的均值和中位数除 2006 年和 2011 年外，基本上保持逐年递减的趋势；业绩预告误差在各个年度的变化趋势都较小；业绩预告期间的均值和中位数自 2005 年至 2011 年基本上都是逐年递减的趋势，2012 年以后也是递减的趋势，这说明我国上市公司业绩预告的及时性近年来得到较大的改善；业绩预告乐观态度倾向的均值自 2005 年至 2007 年逐年都是下降的趋势，2008 年至 2011 年逐年出现上升的趋势，2012 年均值又下降到最低值为 0.645，但是 2013 年均值又上升到 0.838，这反映出对业绩预告乐观态度倾向影响的因素较多，每年对结果造成的影响较大；业绩预告消息类型的均值除了 2008 年和 2012 年外，基本都是上升的趋势。

第五，通过对各个研究样本的最大值和最小值可知，大量变量都出现了不同程度的异常值，例如在 2006 年，营业收入增长率的最大值为 3784，大大超过了当年的均值 9.185；在 2007 年，研究开发支出的最大值为 20.22，远远高于当年的均值 1.439；在 2009 年，外部盈余预测机构数的最大值为 29，也是大大超过了当年的均值 4.420；在 2010 年，资产负债率的最大值为 187，也远远高于当年的均值 0.618；在 2011 年，超额薪酬（Unpay2）的最大值为 940.687，远远高于当年的均值 -0.408。这些异常值的样本会使得回归结果出现偏差，因此，为了保障多元回归结果的有效性和可靠性，本书对所有连续变量取值按照 1% 和 99% 水平进行 Winsorize 缩尾处理。

本书又进一步对总样本做了主要变量之间的 Pearson 相关系数检验和 Spearman 相关系数检验。详细检验结果见表 6 - 6。

根据表 6 - 6 可知，在 Pearson 相关系数检验中，业绩预告精确度与高管薪酬的相关系数为 -0.015，通过了 1% 水平的显著性检验，这说明上市公司高管薪酬负向影响业绩预告精确度。此外，公司净资产收益率、是否发生损失、营业收入增长率、业绩预告偏差与业绩预告期间都与业绩预告精确度的相关系数通过了显著性检验，且系数都为负数，相关系数依次为 -0.034、-0.060、-0.019、-0.108 与 -0.205；开发支出、业绩预告乐观态度倾向与业绩预告消息属性与业绩预告精确度的相关系数通过了显著性检验，且系数都为正数，相关系数依次为 0.023、0.046 和 0.020。

在 Spearman 相关系数检验中，业绩预告精确度与高管薪酬的相关系数为 -0.027，通过了 1% 水平的显著性检验，且系数为负，这说明上市公司薪酬负向影响公司对外披露的业绩预告精确度。此外，是否发生损失、股权比例、业绩预告偏差与业绩预告期间都与业绩预告精确度的相关系数通过了显著性检验，且系数都为负数，相关系数依次为 -0.064、0.041、-0.210 与 -0.229；开发支出、营业收入增长率、外部盈利预测机构数与业绩预告乐观态度倾向与业绩预告精确度的相关系数通过了显著性检验，且系数都为正数，相关系数依次为 0.012、0.001、0.028 与 0.054。

表6-6

变量的相关系数

	(1)	(2)	(3)	(4)	(5)	(6)	(7)	(8)	(9)	(10)	(11)	(12)	(13)	(14)	(15)	(16)	(17)	(18)
(1)		-0.027a	0.002	0.001	0.012a	-0.064a	0.001b	0.017	-0.003	-0.041c	0.001	-0.003	0.012	0.028a	-0.210a	-0.229a	0.054a	0.020
(2)	-0.015a		0.086a	-0.188a	0.212a	0.004	0.086c	0.031a	-0.009	0.247a	0.104a	0.237a	0.088a	-0.045a	-0.013	0.011	-0.041a	0.148a
(3)	0.005	0.099a		0.423a	0.013	0.013	-0.018	0.014	0.190a	0.030a	-0.024	0.066a	0.218a	-0.011	-0.002	-0.007	0.010	0.012
(4)	-0.001	-0.171a	0.379a		-0.036a	-0.009	-0.019	0.008	0.012	-0.049a	-0.049a	-0.065a	0.106a	0.003	-0.002	0.004	0.026	-0.031a
(5)	-0.034a	0.228a	0.022b	-0.042b		-0.041a	0.417a	-0.002	-0.019	-0.096a	0.032b	0.071a	0.038a	0.009	-0.106a	-0.091a	0.016	0.618a
(6)	-0.060a	-0.002	0.007	-0.009	-0.039a		-0.022	-0.035a	0.016	-0.019	-0.002	-0.005	0.001	-0.231a	0.254a	-0.009	0.037a	-0.026
(7)	-0.019c	0.043a	-0.016	-0.001	0.308a	-0.012		-0.014	-0.022	-0.041a	0.001	0.029a	0.003	0.012	-0.062a	-0.079a	0.031c	0.395a
(8)	0.023b	0.036a	0.012	0.007	0.001	-0.035a	-0.011		0.001	0.047a	0.001	0.016	0.014	0.065a	-0.046a	-0.012	-0.004	0.012
(9)	-0.001	-0.014	0.228a	0.006	-0.015	0.015	-0.018c	-0.000		-0.009	0.032a	0.005	-0.018	0.007	0.002	0.015	-0.002	-0.006
(10)	-0.011	0.245a	0.034a	-0.043a	-0.040a	-0.014	-0.048a	0.046a	-0.006		0.026	0.081a	0.017	-0.026	-0.054a	-0.015	-0.025	-0.044a
(11)	0.003	0.110a	-0.004	-0.050a	0.025b	-0.005	-0.000	-0.004	0.054a	0.028a		0.043a	-0.108a	-0.021	-0.012	-0.006	0.009	0.012
(12)	0.002	0.301a	0.071a	-0.066a	0.078a	-0.005	-0.001	0.016	0.004	0.067a	0.043a		0.053a	0.006	-0.014	-0.007	-0.014	0.070a
(13)	0.011	0.120a	0.194a	0.077a	0.048a	0.010	0.010	0.010	-0.009	0.029a	-0.039a	0.065a		-0.006	0.002	-0.021	0.025	0.019
(14)	0.009	-0.018a	-0.002	0.004	-0.004	-0.188a	-0.009	0.059a	0.015	-0.016	-0.015	0.018c	-0.003		-0.092a	-0.011	0.032b	0.017
(15)	-0.108a	-0.061a	-0.007	0.015	-0.044a	0.197a	-0.028a	-0.058a	0.006	-0.082a	0.002	-0.015	0.004	-0.083a		0.304a	-0.031a	-0.110a
(16)	-0.205a	0.004	-0.011	0.006	-0.078a	-0.035a	-0.043a	-0.016	0.015	-0.034a	-0.007	-0.006	-0.016	0.031a	0.048a		-0.133a	-0.066a
(17)	0.046a	-0.038a	0.007	0.025b	0.010	0.037a	0.020c	-0.004	-0.001	-0.017c	0.009	-0.014	0.020a	0.025b	-0.030b	-0.120a		0.012
(18)	0.020b	0.157a	0.013	-0.029a	0.570a	-0.025b	0.295a	0.012	-0.004	-0.039a	0.016	0.070a	0.022b	0.010	-0.105a	-0.064b	0.012	

注释: 1. (1) 表示 Forecast Precision; (2) 表示 Pay; (3) 表示 Roa; (4) 表示 Size; (5) 表示 Lev; (6) 表示 Loss; (7) 表示 Sale; (8) 表示 Rd; (9) 表示 Top; (10) 表示 Equity; (11) 表示 Indd; (12) 表示 Cac; (13) 表示 Board; (14) 表示 Forecast Institution; (15) 表示 Forecast Attitude; (16) 表示 Bias; (17) 表示 Forecast Horizon; (18) 表示 Forecast News。 2. 左下方为 Pearson 相关系数，右上方为 Spearman 相关系数。 3. a、b、c 分别表示在 1%、5%、10% 的水平上显著（双尾检验）。

由于 Pearson 相关系数检验和 Spearman 相关系数检验分析中未控制其他的因素，只是对各个变量间的关系进行初步性分析，可能在分析的过程中会受到"伪相关"等不利因素的影响。因此，通过检验所得到的相关系数与关系可能与实际的相关关系存在一定程度上的偏差，各个变量之间的可靠关系还需要通过设定合理的回归模型来进一步检验。

三、假设检验

（一）高管薪酬与业绩预告精确度的假设检验

为了检验高管薪酬对上市公司对外披露的业绩预告精确度的影响，本书采用模型（6.4）进行了多元回归分析。为了消除极端值对回归模型的影响，本书对所有连续变量取值按照 1% 和 99% 水平进行 Winsorize 缩尾处理。详细的分析检验结果如表 6 - 7 所示：

表 6 - 7　　　　　　高管薪酬与业绩预告精确度回归分析结果

	（1）	（2）	（3）
常数	- 2. 676 *** (- 6. 66)	- 1. 471 *** (- 4. 89)	- 1. 579 *** (- 5. 23)
Pay	- 0. 104 *** (- 4. 58)		
Unpay1		- 0. 107 *** (- 4. 79)	
Unpay2			- 0. 096 *** (- 4. 32)
Size	- 0. 011 (- 0. 90)	- 0. 017 (- 1. 36)	- 0. 024 * (- 1. 87)

续表

	（1）	（2）	（3）
Lev	0.016 （0.28）	0.014 （0.25）	0.090 （1.55）
Roa	−1.414*** （−5.46）	−1.710*** （−6.64）	−1.682*** （−6.52）
Loss	0.019 （0.54）	0.019 （0.54）	0.019 （0.54）
Sale	−0.043 （−1.16）	−0.043 （−1.14）	−0.043 （−1.14）
Rd	−0.003 （−1.40）	−0.003 （−1.39）	−0.003 （−1.40）
Top	0.093 （1.14）	0.093 （1.14）	0.095 （1.16）
Equity	−72.500*** （−10.09）	−72.020*** （−10.01）	−71.810*** （−9.94）
Indd	0.105 （0.45）	0.106 （0.45）	0.096 （0.41）
Cac	−0.045 （−0.77）	−0.042 （−0.73）	−0.052 （−0.89）
Board	0.074* （1.84）	0.075* （1.87）	0.072* （1.81）
Forecast Institution	−0.000 （−0.15）	−0.000 （−0.13）	−0.000 （−0.12）
Bias	−19.610 （−0.80）	−19.770 （−0.80）	−19.660 （−0.80）
Forecast Horizon	−0.065 （−0.69）	−0.065 （−0.69）	−0.065 （−0.69）
Forecast Attitude	−0.018 （−0.59）	−0.018 （−0.60）	−0.018 （−0.59）
Forecast News	−0.020 （−0.53）	−0.016 （−0.41）	−0.019 （−0.49）

续表

	(1)	(2)	(3)
年度/行业	控制	控制	控制
R^2	0.144	0.144	0.144
Wald Chi2	2745.76***	2748.50***	2742.00***
N	9463	9463	9463

注：*、**、***分别表示在10%、5%、1%水平下显著。

根据表6-7第二列可知，在以上市公司对外披露的业绩预告精确度为因变量的模型中，公司前三名高级管理人员薪酬总额的自然对数为自变量 Pay 的系数为-0.104，T 值为-4.58，在1%水平下显著负相关，这说明上市公司的高管薪酬对业绩预告的精确度有着负向影响，此时的高管薪酬机制并没有缓解信息不对称程度，反而加重了代理问题，这与假设6.1相一致。控制变量方面，公司净资产收益率和股权比例与业绩预告精确度在1%水平下呈负向关系，这说明一方面公司的净资产收益率较高，公司所面临的盈利波动性和不确定性风险也较大，这都会影响业绩预告的精确度，另一方面，公司的收益率较高，意味着公司可用于分配的利润也较多，公司管理层可能存在隐瞒公司实际盈余的动机，这也会降低公司的业绩预告的精确度。此外，董事会规模与业绩预告精确度在10%水平下显著正相关，这说明扩大的董事会规模有利于约束董事长或总经理的权力，有助于缓解管理层薪酬操纵动机对业绩预告精确度带来的负向影响。

根据表6-7第三列可知，在以上市公司对外披露的业绩预告精确度为因变量的模型中，根据权小锋等（2010）计算的高管超额薪酬为自变量 Unpay1 的系数为-0.107，T 值为-4.79，在1%水平下显著负相关，同样说明了上市公司的高管薪酬对业绩预告精确度呈负向影响，支持了假设1。在控制变量方面，和表 6 - 7 第二列的结果相一致，同样也是公司净资产收益率和股权比例与业绩预告精确度在 1% 水平下呈负向关系，董事会规模与业绩预告精确度在 10% 水平下显著正相关。

根据表 6 - 7 第四列可知，在以上市公司对外披露的业绩预告精确度为因变量的模型中，根据吴育辉等（2010）计算的高管超额薪酬为自变量 Unpay2 的系数为 - 0.096，T 值为 - 4.32，在 1% 水平下显著负相关，同样说明了上市公司的高管薪酬对业绩预告精确度呈负向影响，支持了假设 1。在控制变量方面，和表 6 - 7 第二列的结果相一致，同样也是公司净资产收益率和股权比例与业绩预告精确度在 1% 水平下呈负向关系，董事会规模与业绩预告精确度在 10% 水平下显著正相关。此外，公司规模与业绩预告精确度在 10% 水平下负相关，这说明公司规模越大，公司管理层对业绩的估计和预测难度越大，从而影响了业绩预告的精确度。

（二）高管薪酬、盈余操纵与业绩预告精确度的假设检验

根据表 6 - 8A 可知，表 6 - 8A 中第 2 列至第 4 列为高管薪酬高于所有样本薪酬均值的企业进行盈余操纵分组回归的结果，进行这样的分组可以检验出高管为获得高薪而具有更强的盈余操纵动机。表 6 - 8A 中第 2 列至第 4 列为企业向上盈余管理组，该组中共有 3150 个样本进行了向上盈余管理；根据表 6 - 8B 可知，表 6 - 8B 中第 2 列至第 4 列为企业向下盈余管理组，该组中共有 6313 个样本进行了向下盈余管理；从样本数量来看，向下盈余管理的样本明显多于向上盈余管理的样本，这反映出披露业绩预告的大部分企业的业绩较好，这与张然和张鹏（2011）提出的业绩好的企业自愿披露业绩预告的动机更强的研究观点相一致。同时，这也反映出大部分管理层都能完成当期薪酬契约考核值，而具有向下盈余管理留置后期使用的动机。综合对比表 6 - 8A 向上盈余管理组和表 6 - 8B 向下盈余管理组的分析结果可知，两组

中高管薪酬（Pay）、高管超额薪酬（Unpay1）和高管超额薪酬（Unpay2）与
业绩预告精确度在0.01的置信水平上均显著负相关，但是在向上盈余管理组
内，模型（6.1）、模型（6.2）和模型（6.3）中，高管薪酬（Pay）、高管超
额薪酬（Unpay1）和高管超额薪酬（Unpay2）的系数分别为 -0.139、-0.144
和 -0.136；而在向下盈余管理组，高管薪酬、高管超额薪酬（Unpay1）和高
管超额薪酬（Unpay2）的系数分别为 -0.092、-0.095 和 -0.081，前者的 T
值和系数的绝对值都明显大于后者，反映出高管为获得高薪进行向上盈余管
理对业绩预告精确度造成的负向影响更大，支持了假设6.2。

表6-8A　　　　　　高管薪酬、向上盈余操纵与业绩预告精确度回归分析结果

	（1）	（2）	（3）
常数	-2.744 *** （-4.16）	-1.137 ** （-2.17）	-1.279 ** （-2.45）
Pay	-0.139 *** （-3.77）		
Unpay1		-0.144 *** （-3.95）	
Unpay2			-0.136 *** （-3.74）
Size	0.016 （0.68）	0.008 （0.33）	-0.001 （-0.05）
Lev	-0.013 （-0.12）	-0.016 （-0.15）	0.086 （0.82）
Roa	-1.030 *** （-2.70）	-1.430 *** （-3.81）	-1.399 *** （-3.73）
Loss	-0.070 （-1.10）	-0.070 （-1.11）	-0.069 （-1.09）
Sale	-0.073 （-1.23）	-0.072 （-1.21）	-0.071 （-1.19）

续表

	(1)	(2)	(3)
Rd	0.002 (0.53)	0.002 (0.54)	0.002 (0.53)
Top	0.103 (0.72)	0.102 (0.71)	0.105 (0.73)
Equity	-84.420 *** (-7.80)	-83.760 *** (-7.72)	-83.080 *** (-7.63)
Indd	0.420 (1.03)	0.419 (1.03)	0.415 (1.02)
Cac	0.047 (0.44)	0.050 (0.48)	0.047 (0.45)
Board	0.043 (0.59)	0.044 (0.61)	0.043 (0.60)
Forecast Institution	-0.006 (-1.50)	-0.006 (-1.48)	-0.006 (-1.49)
Bias	1.344 (0.03)	1.379 (0.03)	1.003 (0.02)
Forecast Horizon	-0.219 (-1.28)	-0.221 (-1.29)	-0.220 (-1.28)
Forecast Attitude	0.002 (0.03)	0.002 (0.03)	0.002 (0.03)
Forecast News	-0.029 (-0.47)	-0.023 (-0.37)	-0.026 (-0.42)
年度/行业	控制	控制	控制
R^2	0.1584	0.1587	0.1584
F/LR Chi2	1007.15 ***	1008.54 ***	1006.91 ***
N	3150	3150	3150

根据表6-8A可知，控制变量方面，公司净资产收益率和股权比例与业

绩预告精确度在1%水平下呈负向关系，这说明公司的净资产收益率较高，公司所面临的盈利波动性和不确定性风险也较大，此时高管为了能稳定地获得较高的薪酬，具有较强的动机进行向上的盈余管理，从而损害用于生成业绩预告信息的内部财务报告质量，这都会降低业绩预告的精确度。

根据表6-8B可知，控制变量方面，公司净资产收益率和股权比例与业绩预告精确度在1%水平下负向相关，同时开发支出和业绩预告精确度在5%水平下负向相关，这说明公司投入的研究费用越多，由于研究开发对业绩提升的作用具有较大的不确定性，这都会影响业绩预告的精确度。此外，董事会规模和业绩预告精确度在10%水平下正相关，这也体现了董事会规模对高管薪酬操纵权力的约束，公司治理对公司信息披露水平的提升。

表6-8B   高管薪酬、向下盈余操纵与业绩预告精确度回归分析结果

	(1)	(2)	(3)
常数	-2.729*** (-5.98)	-1.662*** (-4.69)	-1.756*** (-4.94)
Pay	-0.092*** (-3.70)		
Unpay1		-0.095*** (-3.87)	
Unpay2			-0.081*** (-3.37)
Size	-0.023 (-1.52)	-0.028* (-1.86)	-0.033** (-2.23)
Lev	0.020 (0.28)	0.019 (0.26)	0.085 (1.19)
Roa	-1.535*** (-5.08)	-1.795*** (-5.98)	-1.768*** (-5.89)
Loss	0.070 (1.51)	0.070 (1.52)	0.069 (1.51)

续表

	（1）	（2）	（3）
Sale	-0.030 （-0.66）	-0.029 （-0.65）	-0.030 （-0.66）
Rd	-0.005^* （-1.94）	-0.005^* （-1.94）	-0.005^* （-1.94）
Top	0.099 （0.98）	0.100 （0.97）	0.100 （0.99）
Equity	-65.750^{***} （-7.74）	-65.320^{***} （-7.68）	-65.350^{***} （-7.65）
Indd	-0.158 （-0.54）	-0.157 （-0.54）	-0.168 （-0.58）
Cac	-0.079 （-1.20）	-0.077 （-1.18）	-0.088 （-1.35）
Board	0.084^* （1.68）	0.084^* （1.70）	0.082 （1.64）
Forecast Institution	0.003 （0.88）	0.003 （0.89）	0.003 （0.90）
Bias	-28.840 （-0.98）	-29.080 （-0.99）	-28.720 （-0.98）
Forecast Horizon	0.019 （0.17）	0.020 （0.17）	0.019 （0.17）
Forecast Attitude	-0.030 （-0.81）	-0.030 （-0.82）	-0.030 （-0.80）
Forecast News	-0.024 （-0.51）	-0.021 （-0.43）	-0.024 （-0.50）
年度/行业	控制	控制	控制
R^2	0.1408	0.1409	0.1406
F/LR Chi2	1795.60^{***}	1797.11^{***}	1792.41^{***}
N	6313	6313	6313

注：*、**、*** 分别表示在10%、5%、1%水平下显著。

（三）稳健性检验

1. 自选择问题

高管在考虑是否发布业绩预告时具有私有信息，可能业绩较好或具有融资动机等其他动机的企业更愿意发布业绩预告，从而导致业绩预告的精确度较低。这样本书可能存在样本选择偏差，使回归模型由于遗漏变量而出现内生性问题。为了控制上述问题，本书借鉴赫克曼（Heckman，1979）所提出的两阶段回归法进行检验。本书选取了自 2005 年至 2013 年所有可获得数据的企业进行分析，共得到 18564 个观测数。首先，依据文献找到影响企业是否披露业绩预告的主要因素，进行 probit 回归；然后，根据回归结果计算逆米尔斯比率（Imr），即高管在选择业绩预告披露时所具有的私有信息；最后，将逆米尔斯比率加入模型（6.4）中进行回归。

借鉴冯等（Feng et al.，2009）、程等（Cheng et al.，2013）、古德曼等（Goodman et al.，2014）的研究，企业选择是否披露业绩预告时，较看重的因素包括审计单位是否为国际四大会计师事务所（Big4）、企业规模（Size）、企业风险（Beta）、资产增长率（Size Grow）、收入增长率（Sale Grow）、资产负债率（Lev）、总资产报酬变动率（Change Roa）、总资产报酬率（Roa）、开发支出（Rd）、收入波动性（Sale Volatility）、现金流波动性（Cash Volatility）、盈余波动性（Earn Volatility）、盈利预测机构数（Forecast Institution）、是否损失（Loss）等。本书将这些变量加入 probit 模型中，模型（6.5）和模型（6.4）分别构成了赫克曼（Heckman，1979）所提出的两阶段回归法，如下所示：

$$
\begin{aligned}
Guidance_{i,t} = {} & \beta_0 + \beta_1 Big4_{i,t} + \beta_2 Size_{i,t} + \beta_3 Beta_{i,t} + \beta_4 Sizegrow_{i,t} + \beta_5 Salegrow_{i,t} \\
& + \beta_6 Lev_{i,t} + \beta_7 Changeroa_{i,t} + \beta_8 Roa_{i,t} + \beta_9 Rd_{i,t} + \beta_{10} Salevolatility_{i,t} \\
& + \beta_{11} Cashvolatility_{i,t} + \beta_{12} Earnvolatility_{i,t} + \beta_{13} Forecastinstitution_{i,t} \\
& + \beta_{14} Loss_{i,t} + \sum Year_{i,t} + \sum Ind_{i,t} + \varepsilon_{i,t}
\end{aligned} \tag{6.5}
$$

表 6 - 9 是赫克曼（Heckman，1979）两阶段回归的主要结果。根据表
6 - 9 的第一列和第二列赫克曼（Heckman，1979）第一阶段回归结果可知，
企业风险（Beta）越大、资产增长率（Size Grow）越高、收入增长率（Sale
Grow）越高、总资产报酬变动率（Change Roa）越高、收入波动性（Sale
Volatility）越大、盈余波动性（Earn Volatility）越大、盈利预测机构数
（Forecast Institution）越多、企业发生损失（Loss）时，企业对外发布业绩预
告的可能性越高，这其中既有企业因为自身盈利能力较强、业绩较好而自愿
进行业绩预告信息披露的动机，也有由于企业自身的风险较大、收益率波动
性超过 50% 水平以及出现亏损等情况，符合监管部门对于业绩预告信息披露
规定的强制要求而进行强制披露。此外，企业的审计单位为国际四大会计师事
务所（Big4）、企业规模（Size）越大、企业资产负债率（Lev）、企业总资产
报酬率（Roa）越高，企业对外发布业绩预告的可能性越低，这其中既有企业
自身由于盈利能力较强，避免更多的市场潜在者进入该行业而自愿地不披露
业绩预告信息的专有成本动机，也有由于企业自身规模较大，对企业业绩评
估的难度较大而不披露业绩预告信息的客观原因。通过表 6 - 9 的第一列和第
二列赫克曼（1979）第一阶段 probit 回归得出影响企业是否披露业绩预告的主
要因素，并得出逆米尔斯比率（Imr），即高管在选择业绩预告披露时所具有
的私有信息，最终将逆米尔斯比率放入模型（6.4）中。

表 6 - 9　　　　　　　　　赫克曼两阶段回归估计结果

变量	(1)	变量	(1)	(2)	(3)
Big4	-0.129 ** (-2.66)	Pay	-0.068 *** (-3.02)		
Size	-0.171 *** (-14.13)	Unpay1		-0.072 *** (-3.22)	

续表

变量	(1)	变量	(1)	(2)	(3)
Beta	0.467*** (15.72)	Unpay2			-0.064*** (-2.90)
Size Grow	0.733*** (21.86)	Size	-0.011 (-0.87)	-0.015 (-1.17)	-0.019 (-1.50)
Sale Grow	0.133*** (4.04)	Lev	0.014 (0.23)	0.012 (0.20)	0.062 (1.07)
Lev	-0.749*** (-12.65)	Roa	-0.132 (-0.48)	-0.331 (-1.21)	-0.303 (-1.10)
Change Roa	5.000*** (25.18)	Loss	0.023 (0.65)	0.023 (0.65)	0.023 (0.65)
Roa	-5.904*** (-29.22)	Sale	-0.152*** (-3.88)	-0.151*** (-3.86)	-0.152*** (-3.87)
Rd	0.001 (0.23)	Rd	-0.003 (-1.43)	-0.003 (-1.42)	-0.003 (-1.43)
Sale Volatility	0.145** (1.99)	Top	0.110 (1.34)	0.109 (1.33)	0.111 (1.35)
Cash Volatility	-0.419 (-1.45)	Equity	-69.330*** (-9.74)	-68.950*** (-9.67)	-68.800*** (-9.61)
Earn Volatility	4.490*** (20.07)	Indd	0.072 (0.31)	0.074 (0.32)	0.068 (0.29)
Forecast Institution	0.308*** (23.11)	Cac	-0.031 (-0.55)	-0.029 (-0.51)	-0.035 (-0.62)
Loss	1.883*** (27.22)	Board	0.063 (1.58)	0.064 (1.60)	0.062 (1.56)
		Forecast Institution	0.001 (0.11)	0.001 (0.12)	0.001 (0.13)
		Bias	-21.690 (-0.88)	-21.790 (-0.89)	-21.720 (-0.88)

续表

变量	(1)	变量	(1)	(2)	(3)
		Forecast Horizon	-0.092 (-0.97)	-0.092 (-0.97)	-0.092 (-0.97)
		Forecast Attitude	-0.013 (-0.42)	-0.013 (-0.43)	-0.012 (-0.42)
		Forecast News	-0.000 (-0.01)	0.003 (0.07)	0.001 (0.02)
		Imr	-0.685*** (-12.93)	-0.684*** (-12.90)	-0.688*** (-12.98)
年度/行业	控制	控制	控制	控制	控制
N	18564	N	9463	9463	9463
LR Chi2	5846.55***	F	2971.73***	2973.46***	2970.5***
Adj. R^2	0.2315	Adj. R^2	0.156	0.156	0.155

注：*、**、***分别表示在10%、5%、1%水平下显著。

通过表6-9的第四列至第六列赫克曼（1979）第二阶段回归发现控制了高管披露业绩预告私有信息之后，高管薪酬（Pay）、高管超额薪酬（Unpay1）和高管超额薪酬（Unpay2）与业绩预告精确度的相关系数分别为-0.068、-0.072和-0.064，都在0.01的置信水平下依然显著为负，检验说明本书的研究结论保持不变。

2. 工具变量法

行业内对外披露业绩预告信息的公司数目一方面会通过行业平均效应影响公司设定的高管薪酬水平和业绩预告的精确度，且影响都是外生性的；另一方面行业的平均效应又不能完全决定高管的薪酬和业绩预告的精确度，由此，本书选取行业内对外披露业绩预告信息的公司数目的自然对数作为工具变量。本书首先做了豪斯曼检验，发现业绩预告精确度与三种度量高管薪酬方式都在 5% 水平下显著，并进一步做了异方差稳健的 DWH 检验，DWH 检验的 p 值为 0.054。此外，还使用了 ivreg2 来进行稳健的内生性检验，内生性检验的 χ^2（1）统计量为 3.617，其 p 值为 5.72%，接近上面"ivregress"Wu - Hausman F 检验的结果。因此，通过上述检验，说明业绩预告精确度与高管薪酬之间存在着很强的内生性，为了取得一致的参数估计，本书采用了二阶段最小二乘法（2SLS）进行多元回归估计。此外，其他变量之间的 VIF 值都没有大于 3，因此回归模型中并不存在明显的多重共线性。

根据表 6 - 10 的研究结果可知，在表 6 - 10A 二阶段最小二乘法（2SLS）的第一阶段回归结果中，企业规模、净资产收益率、研究开发支出、股权比例、独立董事比例、企业是否设置了薪酬委员会、董事会规模、业绩预告期间、业绩预告消息属性与高管薪酬均在 1% 的水平下显著正相关，企业资产负债率、第一大股东比例、预测机构数、业绩预测偏差、行业内对外披露业绩预告信息的公司数目与高管薪酬在 5% 水平下显著负相关。

表 6 - 10A　　　　　　二阶段最小二乘法（2SLS）的第一阶段

	Pay	Unpay1	Unpay2
Size	0.093 *** （12.53）	0.038 *** （4.97）	- 0.027 *** （- 3.41）
Lev	- 0.640 *** （- 18.94）	- 0.648 *** （- 18.74）	0.086 ** （2.33）
Roa	1.995 *** （15.28）	- 0.853 *** （- 6.14）	- 0.622 *** （- 4.50）
Loss	0.027 （1.23）	0.026 （1.15）	0.025 （1.12）
Sale	- 0.033 （- 1.56）	- 0.031 （- 1.47）	- 0.021 （- 0.98）

续表

	Pay	Unpay1	Unpay2
Rd	0. 003 *** (2. 58)	0. 004 *** (3. 32)	0. 003 ** (2. 38)
Top	- 0. 233 *** (-4. 81)	- 0. 235 *** (-4. 76)	- 0. 234 *** (-4. 81)
Equity	80. 857 *** (23. 58)	88. 399 *** (25. 30)	91. 787 *** (26. 63)
Indd	1. 310 *** (9. 53)	1. 299 *** (9. 15)	1. 314 *** (9. 34)
Cac	0. 752 *** (21. 16)	0. 766 *** (21. 24)	0. 729 *** (20. 28)
Board	0. 204 *** (9. 17)	0. 208 *** (9. 14)	0. 206 *** (9. 18)
Forecast Institution	- 0. 002 * (-1. 83)	- 0. 002 (-1. 58)	- 0. 002 * (-1. 75)
Bias	- 39. 593 *** (-3. 41)	- 47. 911 *** (-4. 14)	- 44. 061 *** (-3. 85)
Forecast Horizon	0. 190 *** (3. 77)	0. 204 *** (3. 96)	0. 188 *** (3. 69)
Forecast Attitude	- 0. 059 *** (-3. 18)	- 0. 065 *** (-3. 42)	- 0. 055 *** (-2. 95)
Forecast News	0. 067 *** (3. 23)	0. 116 *** (5. 42)	0. 085 *** (4. 06)
Logindenter	- 0. 075 *** (-6. 79)	- 0. 067 *** (-5. 93)	- 0. 080 *** (-7. 23)
年度/行业	控制	控制	控制
Adj – R^2	0. 246	0. 203	0. 163
F	177. 25 ***	139. 85 ***	100. 01 ***
N	9463	9463	9463

在表 6 - 10B 二阶段最小二乘法（2SLS）的第二阶段以行业内对外披露业绩预告信息的公司数目的自然对数作为工具变量的回归结果中，高管薪酬（Pay）、高管超额薪酬（Unpay1）和高管超额薪酬（Unpay2）与业绩预告精确度的相关系数分别为 - 0.290、- 0.325 和 - 0.270，其 T 值分别为 - 1.86、- 1.84 和 - 1.87，都在 10% 水平下依然显著为负，检验说明本书的研究结论保持不变，支持了本书的研究假设。

表 6 - 10B   二阶段最小二乘法（2SLS）的第二阶段

	(1)	(2)	(3)
Pay	- 0.290 * (- 1.86)		
Unpay1		- 0.325 * (- 1.84)	
Unpay2			- 0.270 * (- 1.87)
Size	0.030 * (1.87)	0.016 (1.58)	- 0.004 (- 0.43)
Lev	- 0.206 * (- 1.95)	- 0.231 * (- 1.92)	0.003 (0.08)
Roa	- 0.147 (- 0.44)	- 1.002 *** (- 5.17)	- 0.893 *** (- 5.86)
Loss	- 0.103 *** (- 4.53)	- 0.102 *** (- 4.42)	- 0.104 *** (- 4.61)
Sale	- 0.045 ** (- 2.21)	- 0.046 ** (- 2.21)	- 0.041 ** (- 2.06)
Rd	0.002 * (1.91)	0.003 ** (2.05)	0.002 * (1.86)
Top	- 0.057 (- 0.92)	- 0.066 (- 1.01)	- 0.053 (- 0.88)

续表

	（1）	（2）	（3）
Equity	13.600 (1.03)	18.913 (1.17)	14.925 (1.08)
Indd	0.433* (1.73)	0.476* (1.74)	0.408* (1.71)
Cac	0.226* (1.86)	0.257* (1.84)	0.204* (1.85)
Board	0.085** (2.14)	0.093** (2.13)	0.081** (2.14)
Forecast Institution	−0.002 (−1.11)	−0.002 (−1.09)	−0.002 (−1.07)
Bias	−108.071*** (−7.81)	−112.176*** (−7.46)	−108.481*** (−7.82)
Forecast Horizon	−0.955*** (−16.20)	−0.944*** (−14.94)	−0.960*** (−16.66)
Forecast Attitude	0.021 (1.00)	0.017 (0.76)	0.023 (1.14)
Forecast News	0.091*** (3.81)	0.109*** (3.68)	0.095*** (3.83)
年度/行业	控制	控制	控制
Adj − R^2	0.106	0.105	0.103
Wald Chi2	555.50***	542.60***	559.07***
N	9463	9463	9463

注：*、**、*** 分别表示在10%、5%、1%水平下显著。

为了检验工具变量不是弱工具变量的稳健性检验，进一步做了对弱工具变量更不敏感的有限信息最大似然法（LIML）检验，根据表6－11的回归结果可知，LIML的系数估计值和 p 值与2SLS的结果非常一致，从侧面也证实了不存在弱工具变量。

表6-11　　　　　　　有限信息最大似然法（LIML）检验的第二阶段

	（1）	（2）	（3）
常数	6.240 *** (3.96)	2.805 *** (8.66)	3.193 *** (18.47)
Pay	-0.290 * (-1.86)		
Unpay1		-0.325 * (-1.84)	
Unpay2			-0.270 * (-1.87)
Size	0.035 * (1.87)	0.016 (1.58)	-0.004 (-0.43)
Lev	-0.206 * (-1.95)	-0.231 * (-1.92)	0.003 (0.08)
Roa	-0.147 (-0.44)	-1.002 *** (-5.17)	-0.893 *** (-5.86)
Loss	-0.103 *** (-4.53)	-0.102 *** (-4.42)	-0.104 *** (-4.61)
Sale	-0.045 ** (-2.21)	-0.046 ** (-2.21)	-0.041 ** (-2.06)
Rd	0.002 * (1.91)	0.003 ** (2.05)	0.002 * (1.86)
Top	-0.057 (-0.92)	-0.066 (-1.01)	-0.053 (-0.88)
Equity	13.600 (1.03)	18.913 (1.17)	14.925 (1.08)
Indd	0.433 * (1.73)	0.476 * (1.74)	0.408 * (1.71)

续表

	（1）	（2）	（3）
Cac	0. 226 * （1. 86）	0. 257 * （1. 84）	0. 204 * （1. 85）
Board	0. 085 ** （2. 14）	0. 093 ** （2. 13）	0. 081 ** （2. 14）
Forecast Institution	− 0. 002 （− 1. 11）	− 0. 002 （− 1. 09）	− 0. 002 （− 1. 07）
Bias	− 108. 071 *** （− 7. 81）	− 112. 176 *** （− 7. 46）	− 108. 481 *** （− 7. 82）
Forecast Horizon	− 0. 955 ** （− 16. 20）	− 0. 944 *** （− 14. 94）	− 0. 960 *** （− 16. 66）
Forecast Attitude	0. 021 （1. 00）	0. 017 （0. 76）	0. 023 （1. 14）
Forecast News	0. 091 *** （3. 81）	0. 109 *** （3. 68）	0. 095 *** （3. 83）
年度/行业	控制	控制	控制
R^2			
Wald Chi2	555. 50 ***	542. 60 ***	559. 07 ***
N	9463	9463	9463

注：＊、＊＊、＊＊＊分别表示在10%、5%、1%水平下显著。

　　此外，为了进一步检验内生性对回归模型的影响，未对外披露业绩预告信息的行业内的上市公司依然对已披露业绩预告信息公司的高管薪酬和业绩预告精确度有一定的影响，且这部分影响是外生的，但对公司制定的高管薪酬和披露业绩预告精确度的作用并不明显。由此，本书又选取行业内所有企业数目的自然对数作为工具变量来控制回归模型的内生性（行业内所有企业数目既包括披露了业绩预告信息的企业，也包含了未披露业绩预告信息的企业）。

根据表 6 - 12 的研究结果可知，在表 6 - 12A 二阶段最小二乘法（2SLS）的第一阶段回归结果中，企业规模、净资产收益率、研究开发支出、股权比例、独立董事比例、企业是否设置了薪酬委员会、董事会规模、业绩预告期间、业绩预告消息属性与高管薪酬均在 10% 的水平下显著正相关，企业资产负债率、第一大股东比例、预测机构数、业绩预测偏差、行业内所有企业数目与高管薪酬在 10% 水平下显著负相关。

表 6 - 12A 　　　　　　　二阶段最小二乘法（2SLS）的第一阶段

	Pay	Unpay1	Unpay2
常数	10. 182 *** (63. 16)	- 1. 521 *** (- 9. 11)	- 0. 358 ** (- 2. 10)
Size	0. 093 *** (12. 54)	0. 038 *** (5. 00)	- 0. 026 *** (- 3. 37)
Lev	- 0. 643 *** (- 18. 99)	- 0. 650 *** (- 18. 78)	0. 084 ** (2. 26)
Roa	1. 999 *** (15. 30)	- 0. 850 *** (- 6. 11)	- 0. 618 *** (- 4. 46)
Loss	0. 027 (1. 29)	0. 028 (1. 23)	0. 026 (1. 18)
Sale	- 0. 033 (- 1. 39)	- 0. 027 (- 1. 26)	- 0. 017 (- 0. 81)
Rd	0. 003 ** (2. 55)	0. 004 *** (3. 25)	0. 003 ** (2. 36)
Top	- 0. 233 *** (- 4. 81)	- 0. 235 *** (- 4. 75)	- 0. 235 *** (- 4. 83)
Equity	81. 441 *** (23. 72)	88. 823 *** (25. 40)	92. 431 *** (26. 80)
Indd	1. 317 *** (9. 56)	1. 306 *** (9. 18)	1. 321 *** (9. 36)

续表

	Pay	Unpay1	Unpay2
Cac	0. 754 *** (21. 23)	0. 768 *** (21. 31)	0. 731 *** (20. 34)
Board	0. 204 *** (9. 16)	0. 208 *** (9. 14)	0. 206 *** (9. 17)
Forecast Institution	- 0. 003 * (- 1. 89)	- 0. 002 (- 1. 63)	- 0. 002 * (- 1. 82)
Bias	- 39. 192 *** (- 3. 37)	- 47. 007 *** (- 4. 05)	- 43. 718 *** (- 3. 81)
Forecast Horizon	0. 190 *** (3. 75)	0. 204 *** (3. 95)	0. 188 *** (3. 67)
Forecast Attitude	- 0. 059 *** (- 3. 23)	- 0. 066 *** (- 3. 46)	- 0. 056 *** (- 3. 01)
Forecast News	0. 067 *** (3. 22)	0. 115 *** (5. 38)	0. 085 *** (4. 05)
Logindenter1	- 0. 038 *** (- 3. 54)	- 0. 023 ** (- 2. 15)	- 0. 042 *** (- 3. 91)
年度/行业	控制	控制	控制
Adj - R^2	0. 243	0. 203	0. 162
F	174. 62 ***	137. 57 ***	97. 35 ***
N	9463	9463	9463

注：*、**、*** 分别表示在10%、5%、1%水平下显著。

在表6－12B 二阶段最小二乘法（2SLS）的第二阶段以行业内所有企业数目的自然对数作为工具变量的回归结果中，高管薪酬（Pay）、高管超额薪酬（Unpay1）和高管超额薪酬（Unpay2）与业绩预告精确度的相关系数分别为－1.714、－2.754 和－1.533，T 值分别为－3.07、－2.03 和－3.29，都在5% 的置信水平下依然显著为负，检验说明本书的研究结论保持不变。

表 6 - 12B　　　　二阶段最小二乘法（2SLS）的第二阶段

	（1）	（2）	（3）
常数	20. 597 *** (3. 66)	- 1. 041 (- 0. 47)	2. 600 *** (6. 99)
Pay	- 1. 714 *** (- 3. 07)		
Unpay1		- 2. 754 ** (- 2. 03)	
Unpay2			- 1. 533 *** (- 3. 29)
Size	0. 163 *** (3. 00)	0. 109 * (1. 92)	- 0. 037 ** (- 1. 97)
Lev	- 1. 120 *** (- 3. 06)	- 1. 809 ** (- 2. 04)	0. 109 (1. 42)
Roa	2. 701 ** (2. 33)	- 3. 063 ** (- 2. 57)	- 1. 673 *** (- 4. 60)
Loss	- 0. 059 (- 1. 27)	- 0. 032 (- 0. 41)	- 0. 068 (- 1. 60)
Sale	- 0. 079 * (- 1. 88)	- 0. 103 (- 1. 49)	- 0. 056 (- 1. 49)
Rd	0. 007 ** (2. 27)	0. 012 * (1. 91)	0. 006 ** (2. 24)
Top	- 0. 386 ** (- 2. 34)	- 0. 633 * (- 1. 79)	- 0. 346 ** (- 2. 41)
Equity	129. 057 *** (2. 81)	234. 133 * (1. 94)	131. 234 *** (3. 01)
Indd	2. 312 *** (2. 94)	3. 651 ** (2. 01)	2. 081 *** (3. 12)
Cac	1. 299 *** (3. 06)	2. 122 ** (2. 04)	1. 127 *** (3. 27)
Board	0. 376 *** (3. 06)	0. 599 ** (2. 06)	0. 342 *** (3. 26)

续表

	(1)	(2)	(3)
Forecast Institution	−0.005 * (−1.74)	−0.007 (−1.40)	−0.005 * (−1.72)
Bias	−160.979 *** (−5.18)	−223.284 *** (−3.17)	−160.857 *** (−5.60)
Forecast Horizon	−0.683 *** (−4.69)	−0.446 (−1.41)	−0.720 *** (−5.62)
Forecast Attitude	−0.065 (−1.33)	−0.143 (−1.37)	−0.048 (1.14)
Forecast News	0.183 *** (3.42)	0.385 ** (2.35)	0.198 *** (3.73)
年度/行业	控制	控制	控制
Adj − R^2	0.156	0.151	0.153
Wald Chi2	159.56 ***	70.78 ***	183.65 ***
N	9463	9463	9463

注：＊、＊＊、＊＊＊分别表示在10%、5%、1%水平下显著。

3. 样本选择

根据企业所有权的性质，企业可以分为国有企业和民营企业，而国有企业进一步又可以分为中央政府国有企业和地方政府国有企业。其中，中央政府国有企业的高管薪酬考核是由中组部来进行的，中央政府国有企业高管的薪酬考核与会计指标相联系较少，难以体现高管的薪酬操纵动机，这类样本并不符合常规市场化薪酬考核代理模型的要求。因此，为了保障研究结论的可靠性，需要在回归模型中删除所有权性质为中央政府控制的国有企业的研究样本。

对于地方政府国有企业而言，如果地方政府控制的国有企业的董事会代表股东和CEO来签，这个前提是董事会和董事长都是独立的，董事长能够充分代表股东的利益来跟 CEO 签约，CEO 拿薪酬，其他高管依据 CEO 的薪酬按照一定的系数来领取，这类样本才符合市场化薪酬的代理模型的要求。此外，有的地方政府国有企业的董事长是领取薪酬的，董事长能够代表股东和董事会的利益来签约，董事长代表上市公司和控股股东来签订薪酬契约，所签订的薪酬契约是根据业绩来考核的，该类型的董事长是 CEO 的角色，这类地方政府国有企业也是符合市场化薪酬的代理模型要求，而除了符合上述两类地方政府国有企业之外的地方政府所控制的国有企业的研究样本都需要在回归模型中删除。

民营企业应该按照市场化的标准来签订高管的薪酬契约，根据国外经典的契约理论，民营企业股东的代表是董事会，董事会通过薪酬委员会和高管来签订薪酬契约，但是民营企业高管薪酬研究中致命的问题是，民营企业中很多公司的高管都是两职合一的，即公司创始人是公司的董事长、CEO、大股东。另外一类民营企业是公司的创始人有好几个，并且同时都在公司任高管职位，这类薪酬契约也跟市场化经理人所签订的薪酬契约是不一样的。此外，还有将近一半的民营企业是家族企业的范畴，这类企业中的高管是家族中的亲属、创始人的夫人、创始人的子女等担任上市公司的核心高管职位，而此时的薪酬契约也不是市场化的标准。因此，按照标准的经典的薪酬契约文献的观点，民营企业中只有非家族企业、非实际控制人、非创业者的做公司 CEO 的才是符合市场化薪酬契约标准文献的要求。同样是为了保障回归分析的可靠性，在进行多元回归分析中需要将家族企业、两职合一的企业、有共同创始人以及创业者做公司 CEO 的研究样本进行删除。

综上所述，本书先前回归分析的总样本数为 9463 个，按照标准的经典的薪酬契约文献的要求，本书对 9463 个研究样本按照所有权性质进一步分类，将不符合标准的经典的市场化薪酬契约要求的研究样本删除，最终得到 3391 个研究样本，本书再重新对这 3391 个研究样本做高管薪酬与业绩预告精确度之间的回归分析以及高管薪酬、盈余操纵与业绩预告精确度之间的回归分析，具体的分析结果如表 6-13 所示。

根据表 6-13 可知，在将不符合标准的经典的市场化薪酬契约要求的研究样本删除后的高管薪酬与业绩预告精确度之间的回归结果分析中，高管薪酬（Pay）、高管超额薪酬（Unpay1）和高管超额薪酬（Unpay2）与业绩预告精确度的相关系数分别为 -0.078、-0.078 和 -0.066，T 值分别为 -2.27、-2.31 和 -1.94，都在 10% 的置信水平下依然显著为负，检验说明本书的研究结论保持不变，进一步支持了研究假设。

表 6-13　　　　删除样本后高管薪酬与业绩预告精确度之间的回归结果

	（1）	（2）	（3）
常数	-2.746 *** （-4.62）	-1.841 *** （-4.33）	-1.918 *** （-4.49）
Pay	-0.078 ** （-2.27）		
Unpay1		-0.078 ** （-2.31）	
Unpay2			-0.066 * （-1.94）
Size	-0.026 （-1.32）	-0.030 （-1.54）	-0.034 * （-1.76）
Lev	-0.015 （-0.16）	-0.015 （-0.16）	0.039 （0.41）
Roa	-1.827 *** （-4.60）	-2.046 *** （-5.21）	-2.024 *** （-5.15）
Loss	0.011 （0.19）	0.011 （0.19）	0.011 （0.19）

续表

	(1)	(2)	(3)
Sale	−0.060 (−1.26)	−0.060 (−1.25)	−0.060 (−1.25)
Rd	−0.004 (−1.14)	−0.004 (−1.13)	−0.004 (−1.12)
Top	0.091 (0.68)	0.091 (0.68)	0.093 (0.70)
Equity	−45.090*** (−3.56)	−44.890*** (−3.54)	−45.200*** (−3.56)
Indd	0.314 (0.80)	0.311 (0.79)	0.300 (0.76)
Cac	−0.022 (−0.26)	−0.021 (−0.25)	−0.032 (−0.38)
Board	−0.003 (−0.05)	−0.004 (−0.05)	−0.006 (−0.09)
Forecast Institution	0.00015 (0.00)	0.000 (0.01)	0.000 (0.02)
Bias	−36.070 (−1.03)	−36.080 (−1.03)	−36.090 (−1.03)
Forecast Horizon	0.051 (0.34)	0.050 (0.33)	0.051 (0.34)
Forecast Attitude	0.022 (0.45)	0.022 (0.44)	0.022 (0.44)
Forecast News	−0.016 (−0.29)	−0.012 (−0.22)	−0.015 (−0.28)
年度/行业	控制	控制	控制
R^2	0.0702	0.0702	0.0699
F/LR Chi2	507.80***	508.05***	505.81***
N	3391	3391	3391

注：*、**、***分别表示在10%、5%、1%水平下显著。

根据表6-14可知，在将不符合标准的经典的市场化薪酬契约要求的研究样本删除后的高管薪酬、盈余操纵与业绩预告精确度之间的回归结果分析中，表6-14A中第2列至第4列为企业向上盈余管理组，该组中共有1100个样本进行了向上盈余管理；根据表6-14B可知，表6-14B中第2列至第4列为企业向下盈余管理组，该组中共有2291个样本进行了向下盈余管理。从样本数量来看，向下盈余管理的样本明显多于向上盈余管理的样本，这反映出虽然删除了不符合代理模型要求的研究样本，但披露业绩预告的大部分企业的业绩都表现较好。

在表6-14A中，在企业向上盈余操纵组，高管薪酬（Pay）、高管超额薪酬（Unpay1）和高管超额薪酬（Unpay2）与业绩预告精确度的相关系数分别为-0.127、-0.127和-0.117，T值分别为-2.05、-2.03和-1.87，都在10%的置信水平下依然显著为负。

表6-14A　　删除样本后高管薪酬、向上盈余操纵与业绩预告精确度回归分析结果

	（1）	（2）	（3）
常数	-2.925 *** （-2.67）	-1.461 * （-1.75）	-1.588 * （-1.90）
Pay	-0.127 ** （-2.05）		
Unpay1		-0.127 ** （-2.03）	
Unpay2			-0.117 * （-1.87）
Size	0.003 （0.08）	-0.005 （-0.13）	-0.012 （-0.34）
Lev	-0.031 （-0.18）	-0.032 （-0.19）	0.061 （0.36）

续表

	(1)	(2)	(3)
Roa	-1.743*** (-2.83)	-2.106*** (-3.42)	-2.071*** (-3.36)
Loss	-0.085 (-0.84)	-0.085 (-0.85)	-0.084 (-0.83)
Sale	-0.083 (-1.01)	-0.082 (-1.01)	-0.082 (-1.00)
Rd	0.008 (1.17)	0.008 (1.19)	0.008 (1.18)
Top	0.052 (0.22)	0.053 (0.23)	0.055 (0.24)
Equity	-64.530*** (-3.27)	-64.080*** (-3.24)	-64.300*** (-3.25)
Indd	0.218 (0.29)	0.209 (0.28)	0.216 (0.29)
Cac	0.158 (0.88)	0.159 (0.89)	0.151 (0.84)
Board	-0.092 (-0.71)	-0.093 (-0.72)	-0.094 (-0.73)
Forecast Institution	-0.004 (-0.49)	-0.003 (-0.48)	-0.003 (-0.48)
Bias	-23.270 (-0.38)	-23.150 (-0.38)	-23.770 (-0.39)
Forecast Horizon	0.049 (0.17)	0.046 (0.16)	0.046 (0.16)
Forecast Attitude	0.029 (0.32)	0.029 (0.32)	0.028 (0.31)
Forecast News	0.015 (0.16)	0.023 (0.23)	0.019 (0.20)
年度/行业	控制	控制	控制

	（1）	（2）	（3）
R²	0.0842	0.0843	0.0839
F/LR Chi2	198.74***	198.92***	198.14***
N	1100	1100	1100

注：*、**、***分别表示在10%、5%、1%水平下显著。

在表6-14B中，在企业向下盈余操纵组，高管薪酬（Pay）、高管超额薪酬（Unpay1）和高管超额薪酬（Unpay2）与业绩预告精确度的相关系数分别为-0.055、-0.056和-0.041，T值分别为-1.46、-1.50和-1.10，都没有通过显著性检验。无论从相关系数来看，还是从T值来看，前者都明显大于后者，这说明在删除不符合代理模型要求的样本后，高管为获得高薪进行向上盈余管理对业绩预告精确度造成的负向影响更大，综合对比表6-14A和6-14B，检验说明本书的研究结论保持不变。

表6-14B　　删除样本后高管薪酬、向下盈余操纵与业绩预告精确度回归分析结果

	（1）	（2）	（3）
常数	-2.752*** （-4.02）	-2.112*** （-4.04）	-2.168*** （-4.14）
Pay	-0.055 （-1.46）		
Unpay1		-0.056 （-1.50）	
Unpay2			-0.041 （-1.10）
Size	-0.038 （-1.63）	-0.041* （-1.76）	-0.044* （-1.88）

	（1）	（2）	（3）
Lev	− 0. 046 （ − 0. 38）	− 0. 046 （ − 0. 39）	− 0. 010 （ − 0. 08）
Roa	− 1. 849 *** （ − 4. 04）	− 2. 003 *** （ − 4. 42）	− 1. 984 *** （ − 4. 38）
Loss	0. 062 （0. 86）	0. 063 （0. 87）	0. 062 （0. 86）
Sale	− 0. 043 （ − 0. 71）	− 0. 043 （ − 0. 70）	− 0. 043 （ − 0. 70）
Rd	− 0. 010 ** （ − 2. 35）	− 0. 010 ** （ − 2. 35）	− 0. 010 ** （ − 2. 34）
Top	0. 104 （0. 64）	0. 104 （0. 64）	0. 106 （0. 65）
Equity	− 34. 520 ** （ − 2. 29）	− 34. 380 ** （ − 2. 27）	− 34. 900 ** （ − 2. 31）
Indd	0. 208 （0. 43）	0. 208 （0. 43）	0. 188 （0. 38）
Cac	− 0. 076 （ − 0. 82）	− 0. 075 （ − 0. 81）	− 0. 087 （ − 0. 94）
Board	0. 019 （0. 24）	0. 019 （0. 24）	0. 016 （0. 20）
Forecast Institution	0. 002 （0. 34）	0. 002 （0. 34）	0. 002 （0. 35）
Bias	− 41. 460 （ − 0. 98）	− 41. 560 （ − 0. 98）	− 41. 260 （ − 0. 97）
Forecast Horizon	0. 064 （0. 35）	0. 064 （0. 35）	0. 065 （0. 36）
Forecast Attitude	0. 012 （0. 20）	0. 012 （0. 19）	0. 012 （0. 20）
Forecast News	− 0. 045 （ − 0. 68）	− 0. 043 （ − 0. 64）	− 0. 045 （ − 0. 68）

年度/行业	（1）	（2）	（3）
	控制	控制	控制
R^2	0.0702	0.0702	0.0699
F/LR Chi2	341.62***	341.74***	340.49***
N	2291	2291	2291

注：*、**、***分别表示在10%、5%、1%水平下显著。

4. 衡量高管未预期货币薪酬

本书借鉴弗思（Firth，2006）、辛清泉等（2007）、詹雷和王瑶瑶（2013）的研究，通过模型（6.6）回归度量高管未预期的货币薪酬。

$$Pay_{i,t} = \beta_0 + \beta_1 Size_{i,t} + \beta_2 Roa_{i,t} + \beta_3 Ia_{i,t} + \beta_4 Managerial\ Ownership_{i,t}$$
$$+ \beta_5 Central_{i,t} + \beta_6 West_{i,t} + \sum Ind_{i,t} + \sum Year_{i,t} + \varepsilon_{i,t} \quad (6.6)$$

模型（6.6）中，*Ia* 为公司无形资产占总资产的比例；*Managerial Ownership* 为高管持股数的比例；此外，模型（6.6）中的其他变量定义同模型（6.2）中相同。通过模型（6.6）回归得出的残差 ε 为高管未预期的货币薪酬（Unepay）。

根据表6-15的回归结果可知，高管未预期的货币薪酬（Unepay）与业绩预告精确度在1%的置信水平下通过了显著性检验，且系数为-0.095，T值为-4.12，同样支持了本书的研究结论。

表6-15　　　　高管未预期的货币薪酬与业绩预告精确度回归分析结果

	（1）
常数	-1.394*** (-4.62)

续表

	（1）
Unepay	−0.095 *** （−4.12）
Size	−0.019 （−1.50）
Lev	0.035 （0.61）
Roa	−1.662 *** （−6.46）
Loss	0.019 （0.52）
Sale	−0.044 （−1.17）
Rd	−0.003 （−1.41）
Top	0.098 （1.21）
Equity	−73.420 *** （−10.22）
Indd	0.076 （0.33）
Cac	−0.055 （−0.95）
Board	0.073 * （1.81）
Forecast Institution	−0.000 （−0.13）
Bias	−19.500 （−0.79）
Forecast Horizon	−0.068 （−0.72）

续表

	（1）
Forecast Attitude	-0.018 （-0.60）
Forecast News	-0.021 （-0.53）
年度/行业	控制
R^2	0.143
F	2739.20***
N	9463

注：*、**、***分别表示在10%、5%、1%水平下显著。

5. 强制披露的样本研究

程等（Cheng et al.，2013）研究发现，管理层存在例如内部人交易等动机对业绩预告披露的精确度进行战略性地选择，从而达到获取私人收益的目的。所以，本书选取强制性披露样本以规避管理层的某种激励动机，从而减少对业绩预告精确度的影响。根据业绩预告相关制度的规定，参照张然等（2011）和袁振超等（2014）的做法，将披露的备注类型为"预减"、"预增"、"扭亏"、"首亏"和"续亏"定义为强制性披露样本，重新检验本书的假设。

根据表6-16可知，在将披露的备注类型为"预减"、"预增"、"扭亏"、"首亏"和"续亏"定义为强制性披露样本进行回归结果的分析中，符合强制性披露的样本数为5588。高管薪酬（Pay）、高管超额薪酬（Unpay1）和高管超额薪酬（Unpay2）与业绩预告精确度的相关系数分别为-0.154、-0.155和-0.145，T值分别为-5.58、-5.73和-5.37，都在1%的置信水平下依然显著为负，检验说明本书的研究结论保持不变。

表 6 - 16 强制披露样本下高管薪酬与业绩预告精确度回归分析结果

	（1）	（2）	（3）
常数	- 3.337 *** (-7.13)	- 1.551 *** (-4.46)	- 1.710 *** (-4.91)
Pay	- 0.154 *** (-5.58)		
Unpay1		- 0.155 *** (-5.73)	
Unpay2			- 0.145 *** (-5.37)
Size	- 0.017 (-1.14)	- 0.026 * (-1.72)	- 0.035 ** (-2.33)
Lev	0.009 (0.13)	0.009 (0.12)	0.119 (1.64)
Roa	- 1.429 *** (-4.98)	- 1.876 *** (-6.59)	- 1.839 *** (-6.45)
Loss	0.048 (1.06)	0.049 (1.07)	0.049 (1.07)
Sale	0.055 (1.39)	0.056 (1.40)	0.056 (1.40)
Rd	- 0.004 (-1.50)	- 0.004 (-1.49)	- 0.004 (-1.52)
Top	0.132 (1.26)	0.131 (1.25)	0.132 (1.27)
Equity	- 61.300 *** (-6.39)	- 61.040 *** (-6.36)	- 60.650 *** (-6.30)
Indd	0.030 (0.10)	0.025 (0.08)	0.014 (0.05)
Cac	- 0.032 (-0.48)	- 0.031 (-0.46)	- 0.041 (-0.62)
Board	0.099 * (1.94)	0.100 * (1.95)	0.099 * (1.92)

续表

	（1）	（2）	（3）
Forecast Institution	0.002 （0.52）	0.002 （0.55）	0.002 （0.55）
Bias	-26.520 （-0.98）	-26.780 （-0.99）	-26.370 （-0.97）
Forecast Horizon	-0.032 （-0.27）	-0.033 （-0.28）	-0.032 （-0.27）
Forecast Attitude	-0.013 （-0.33）	-0.013 （-0.34）	-0.012 （-0.31）
Forecast News	-0.081 * （-1.90）	-0.072 * （-1.69）	-0.075 * （-1.78）
年度/行业	控制	控制	控制
R^2	0.068	0.068	0.068
F/LR Chi2	795.15 ***	797.09 ***	791.13 ***
N	5588	5588	5588

注：*、**、***分别表示在10%、5%、1%水平下显著。

6. 控制变量

我国的业绩预告制度主要以强制性为主，即对上市公司净利润出现大幅度变动或出现亏损等情况作出明确的强制披露的要求。本书借鉴袁振超等（2014）的研究，在多元回归分析模型中加入实际的盈余变动（定义为净利润的增长率）的控制变量，重新检验本书的假设。

根据表6-17可知，在多元回归分析模型中加入实际的盈余变动控制变量的回归结果分析中，高管薪酬（Pay）、高管超额薪酬（Unpay1）和高管超额薪酬（Unpay2）与业绩预告精确度的相关系数分别为-0.104、-0.107和-0.096，T值分别为-4.58、-4.79和-4.32，都在1%的置信水平下依然显著为负，检验说明本书的研究结论保持不变。

表 6 - 17　　　　控制实际盈余变动下高管薪酬与业绩预告精确度回归分析结果

	(1)	(2)	(3)
常数	- 2.674 *** (- 6.65)	- 1.469 *** (- 4.88)	- 1.577 *** (- 5.22)
Pay	- 0.104 *** (- 4.58)		
Unpay1		- 0.107 *** (- 4.79)	
Unpay2			- 0.096 *** (- 4.32)
Size	- 0.011 (- 0.90)	- 0.017 (- 1.36)	- 0.024 * (- 1.86)
Lev	0.016 (0.28)	0.015 (0.25)	0.090 (1.55)
Roa	- 1.415 *** (- 5.46)	- 1.711 *** (- 6.64)	- 1.682 *** (- 6.52)
Loss	0.019 (0.53)	0.019 (0.53)	0.019 (0.53)
Sale	- 0.044 (- 1.17)	- 0.043 (- 1.15)	- 0.043 (- 1.14)
Rd	- 0.003 (- 1.40)	- 0.003 (- 1.39)	- 0.003 (- 1.40)
Top	0.094 (1.15)	0.094 (1.15)	0.095 (1.16)
Equity	- 72.500 *** (- 10.09)	- 72.010 *** (- 10.01)	- 71.810 *** (- 9.94)
Indd	0.104 (0.44)	0.105 (0.45)	0.095 (0.41)
Cac	- 0.045 (- 0.77)	- 0.042 (- 0.73)	- 0.052 (- 0.89)
Board	0.073 * (1.83)	0.074 * (1.86)	0.072 * (1.80)

续表

	（1）	（2）	（3）
Forecast Institution	－0.000 （－0.15）	－0.000 （－0.13）	－0.000 （－0.12）
Bias	－19.690 （－0.80）	－19.850 （－0.81）	－19.740 （－0.80）
Forecast Horizon	－0.065 （－0.69）	－0.065 （－0.68）	－0.065 （－0.69）
Forecast Attitude	－0.018 （－0.59）	－0.018 （－0.59）	－0.017 （－0.58）
Forecast News	－0.020 （－0.52）	－0.016 （－0.40）	－0.019 （－0.49）
Earnings Change	$1.07e-13$ （1.21）	$1.07e-13$ （1.20）	$1.06e-13$ （1.19）
年度/行业	控制	控制	控制
R^2	0.144	0.144	0.144
F/LR Chi2	2746.74***	2749.48***	2742.96***
N	9463	9463	9463

注：*、**、***分别表示在10%、5%、1%水平下显著。

第四节　本章小结

在本章中，本书通过选取2005～2013年共9463个样本对高管薪酬、盈余操纵以及业绩预告精确度之间的关系分别进行了实证检验。实证结果表明：高管薪酬与业绩预告精确度成负相关关系。这一结果支持了高管为获得高额或超额薪酬，对企业会计业绩指标和财务信息具有强烈的操纵动机，盈余管理行为导致内部财务报告的会计指标和财务信息受到操纵，从而影响了用于生成业绩预告信息的内部财务报告质量，导致降低了以内部财务报告为预测基础的业绩预告精确度。高额的高管薪酬并没有对高管形成良好的激励机制，并没有来提升财务报告的质量，反而在一定程度上加大了企业内外部之间的信息不对称，此时的高管薪酬机制反而成为了企业代理成本中的一部分。

另外，相比向下盈余管理的企业，向上盈余管理的企业高管薪酬对业绩预告精确度的负向影响更大。虽然企业在高管薪酬制度中参照会计指标进行考核，但由于某些高管存在获取私人收益的动机，导致对薪酬进行操纵的后果，而高管为了保障最终能获得预期或超额的薪酬水平，即调高公司利润和业绩的动机更强，对企业盈余向上进行操纵的动机会更强。向上操纵盈余会明显降低用于生成业绩预告信息的内部财务报告的质量，同时这对业绩预告精确度的负向影响也会变得更大。此外，本章的研究结论在控制了自选择、选用行业内披露业绩预告信息的企业数目为工具变量来控制内生性、剔除不符合标准的经典的市场化薪酬代理模型要求的样本、采用高管未预期货币薪酬来度量高管薪酬、选择强制性披露样本以及控制实际盈余变动这一控制变量等多种稳健性检验后依然保持不变。

第七章

高管薪酬、企业所有权性质与业绩预告精确度

第一节 企业所有权性质调节作用的机理分析与研究假设

在我国特殊的制度背景下，要排除不同所有制企业经营目标、公司治理、外部环境等方面的干扰，来研究国有、民营企业中高管薪酬对业绩预告信息披露造成的差异，可以转变为研究高管薪酬、企业所有权性质与业绩预告精确度之间的关系。霍斯金森等（Hoskisson et al.，2013）研究证明政府和社会的作用在"新兴+转型"的市场明显强于成熟市场，王会娟和张然（2012）也表明不确定性主要源自不成熟和不断变化的市场环境。尽管我国的企业在模仿和借鉴欧美成熟市场的模式中建立起了自己的公司治理体系，并确立了作为公司核心的高管人员的决策作用；但是中国企业体制仍然未能摆脱深深根植其中的制度环境、法律背景、内部治理等的影响，国企、非国企在产生

高管的方式、激励机制以及市场约束等方面仍然存在很大差异。产权不同导致国有上市企业与非国有上市企业的委托代理关系不同，从而割裂了管理层激励与企业盈利能力的关系。周仁俊等（2010）研究表明，经理人的货币报酬正相关于企业经营业绩，且正相关性在非国有企业表现较为突出；经理人持股比例正相关于企业经营业绩，且正相关性在非国有企业更为明显；经理人在职消费程度负相关于企业经营业绩，且负相关程度在国有企业表现更为显著。

中国的公司治理环境具有转轨经济的特点，是从"行政型治理"转型过渡到"经济型治理"的特殊时期（李维安，2010），在双重治理机制下，企业高管的激励机制将发生两个变化：一是在高管选拔任免以政府委任为主的背景下，行政干预和政策负担让经营者的目标从利润最大化转变为目标多元化（Bai et al.，2006），导致业绩主导的薪酬体系有效性较低（辛清泉等，2007）；二是由于国有企业高管的薪酬属于政府的成本费用，而在减少地方政府赤字、保障社会公平稳定等政策目标下，我国的薪酬制度出现了市场割裂，二元特征明显（陈冬华等，2005）。对薪酬予以管制限制了高管人员决定自己薪酬的自主权，从而导致国企高管的薪酬体系没法和市场化"量体裁衣"式的薪酬制度相比拟。所以，由于给定了货币薪酬，管理层则会依据自身利益最大化来安排非货币化的薪酬激励。也就是说只要薪酬反映了政府干预以及多元化社会目标，那么单纯以业绩为基准的薪酬制度就难以发挥效果（徐细雄和刘星，2013）。彭和罗（Peng and Luo，2000）研究发现，国有企业享受的政策优势多于非国有企业，拥有的"官方关系"也较多。这模糊了国有企业经营绩效与企业负责人才能、努力程度之间的因果关系，从而降低了以业绩为基础的薪酬体系的有效性（陈冬华等，2005）。因为国有企业经理人需要承担增加就业、维护稳定等非盈利性的政策性目标，这降低了经理人努力程度与公司业绩的相关性，所以从这个角度看，业绩型的薪酬契约对国有控股企业负责人的激励效果大打折扣（苏东蔚和熊家财，2013）。陈孝勇和惠晓峰（2015）实证结果证明：（1）在民营企业中高管薪酬与业绩二者的敏感性可以通过创业投资来改变，但是对国有企业而言，创业投资并不能改变高管薪酬和业绩的敏感性。（2）创业投资在降低民营企业高管薪酬与会计业绩敏感性的同时，会提高高管薪酬与市场业绩的敏感性。

国有企业的领导层不仅有完成业绩指标的任务，还要负担政府派发的诸如提供就业机会、增加政府税收等社会目标，因为肩负过多行政干预和政策性负担，国有上市企业管理层的薪酬所受的外部制约必然比民营企业强（Chemmanur et al.，2011）。这种外部制约表现为企业经理人受到一定的薪酬管制，由于国有企业特定的决策规则，薪酬管制较为严格，难以改变。周黎安（2008）研究发现，国有企业不是一般意义的"企业"，它所承担的行政和社会责任已超出纯粹经济组织的范畴，国有企业领导人与行政部门领导在相同的"官场"流动，国有企业也更多地扮演着基层准行政组织的角色。此外，在我国的国有企业中，通过传统方式如行政提拔任命企业管理者的现象仍很普遍，也就是说高管有一定的行政职级，且存在政治晋升的可能性（逯东等，2014）。

政府通过牢牢控制国有企业领导层的任命权来维持对国有企业长期、持续的干预权（逯东等，2012），因此，相当部分的 CEO 是从中央政府、地方政府或者军队中行政选拔而来（Fan et al.，2007），这些高管过去的职业经历和行政背景决定了他们非常看重政治地位的升迁，从而一定程度上降低了薪酬激励市场化的政策效果。尽管已经开始逐步取消国企领导层的行政级别，但是高管的任命权仍在政府的掌握之中，地方政府和中央政府分别对本级国企的高管享有任免权（刘小玄，2001）。之所以地方政府继续保留对经理人的管制权，主要是政府通过控制地方国有企业使其更好地为政府目标服务（陈信元等，2009）。高管成为大股东的代言人，政治动机较强，因此他们的激励补偿不仅仅有货币薪酬和股权，还有职位带来的非货币收入。逯东等（2012）还指出，通过政治途径选拔任用的企业高管不同于一般的企业高管，他们除了考虑企业经营绩效、个人的私人利益外，还有政治地位方面的追求，面临多重利益选择。

在国有企业经理人与政府的薪酬契约关系中，政府处于信息不对称的劣势地位，体现在：一是政府不仅很难低成本获取国有企业的经营情况，而且尽管订立了薪酬激励契约，也很难监督履约情况。二是政治干预增加了国有企业的政策性负担，企业的目标不再是经济上的价值最大化，多元的企业目标模糊了管理者努力程度与企业业绩之间的因果逻辑，加剧了薪酬合约的信息不对称。为此，政府对国有企业采取薪酬管制的策略，也就是限定好企业高管薪酬的最大值（陈冬华等，2005），这样管理者得到的薪资差别不会太大，处于中等平均水平。尽管政府对国有企业的干涉在市场化改革进程中逐步减少，但是目前国有企业与政府之间依然一衣带水、政企一家，政府仍旧是国有企业的重要实际控制人（刘芍佳等，2003）。在信息不对称制约下，政府无法做到给每个国有企业"量体裁衣"订立薪酬合同，统一的薪酬管理制度自然而然成为政府的次优选择（陈冬华等，2005）。比如，国资委于2004年出台了规范高管薪酬的《中央企业负责人薪酬管制暂行办法》、人力资源和社会保障部在2008年制定了全国统一的全行业国企薪酬标准。这些规定的出台也证明了，国有企业中严格的薪酬管制正在掣肘市场化薪酬激励体制的发挥（缪毅和胡奕明，2014）。缪毅和胡奕明（2014）研究表明，国有企业中晋升的激励效果远远弱于民营企业，究其原因，一是政府对国有企业实施的薪酬管控制度"一刀切"，导致企业扩大薪酬层级差距的幅度较小，对员工的吸引力度不大。二是国有企业中不规范的晋升现象过于普遍，破坏了晋升激励的公平性和有效性，从而降低了晋升机制的实施效果。因此，缪毅和胡奕明（2014）建议，"一刀切"式的薪酬管控制度并不适合国有企业，监管机构应该根据公司的经营情况、所处行业、外部环境等确定不同的薪酬最高限；对于垄断性的低风险行业可以继续保持严格的薪酬管制，但是对于竞争性的风险高的行业则要允许拉大薪酬差距，从而让晋升机制发挥出应有的效果。此外，国有企业的去行政化改革仍将继续，对其考核实施的考核制度也应该拓宽维度。

政府改革加强了我国地方政府与企业的依赖关系，也增加了地方国企的政策性负担（林毅夫等，2004）。同时，也提高了国企高管对薪酬的影响力度，主要体现在两方面：一是政府干预、官员"廉价投票权"、企业预算软约束等为高管进行寻租提供了更大空间；二是高管在企业内部"独揽大权"，由于企业内部的薪酬管理委员会的独立性低，薪酬方案审批流于形式，高管自主决定薪酬的权力较大。基于这两点，在自利本性的驱动下，高管会利用各种手段来争取对自己最有利的薪酬条款。尽管目前在不断提高业绩和薪酬的相关度，但是部分企业仍未明确奖惩制度，这加剧了地方国企管理层的道德风险，其在以权牟利时会更加肆无忌惮，更加显性。唐松和孙铮（2014）研究发现，当控制住影响高管薪酬的其他因素（如经济因素、公司治理因素）后，国有企业和非国有企业中有政治关联的公司均获得显性的超额薪酬。但是，在国有企业里，政治关联带来的高管超额的薪酬负相关于公司未来的经营业绩，而非国有企业正好相反。非国有企业中，因政治关联导致的超额薪酬和公司未来的业绩是正相关的。结果表明，国有企业获得的超额薪酬完全是政治关联带来的，对企业来说是损企业利益补高管报酬的机会主义行为；非国有企业获得的高管高薪则是对其利用政治关系寻租的一种激励和补偿。刘浩等（2014）根据差分模型发现，中国上市公司高层的薪酬合约具有动态性、复杂性。动态性表现为，高管的薪酬不仅是事后结果，国企高管更倾向于事前谈判从而减轻考核对收入的影响。

在经济和社会转型的中国，法律监管、公司治理机制都不完善，特别是长期形成的"一把手"权力文化以及集权管理方式，为高管通过显性腐败方式寻租提供了较大的空间（徐细雄和刘星，2013）。徐莉萍等（2006）表示，中国国有控股企业管理层通过私立行动进行权力寻租的行为将在政府简政放权改革过程中更加突出。陈信元等（2009）研究发现，尽管国有企业、非国有企业面临的产权约束和契约要求不一致，但管理者的薪酬（即价格）都受到市场供求关系的制约。由于我国国有企业市场并不成熟，经理人的需求、供给，以及受此影响的薪酬（价格）也不同于成熟经济体。从需求来看，除了要求经理人有经营才能，还要求其有能满足多层政府和官员多重目标的才能；从供给看，市场供应被政府内部计划性的培养和选拔所替代；从价格看，由于货币薪酬受管制，非货币化支付较为流行，比如在职消费、晋升等，甚至伴有不同程度的腐败机会。权小锋等（2010）研究表明，国有企业高管的权力大小和其获取私利的高低成正比；中央性质的国有控股企业管理层更偏好谋取隐性的非货币性私利，而地方性质的国有控股企业管理人员则青睐显性的货币性私有利益。研究还表明，通过拓宽高管激励方式、转变内部治理的控制策略、聘用高质量审计服务、加强外部监管等方式对抑制国有企业管理层操控薪酬有明显效果。赵璨等（2013）研究认为，腐败可以分为显性和隐性两种。高额的薪酬可以在一定程度上对高管的显性腐败起到抑制作用，但因国有企业与政府之间的姻亲关系，抑制作用的发挥会大打折扣，显著低于非国有企业。然而，对于隐性腐败，高管高薪并不起作用。研究发现，高管薪酬正相关于隐性腐败，与管理者权力理论吻合；相对国企而言，高管薪酬与隐性腐败的这种正相关关系在非国有企业中更为显著。

由于中国上市公司特有的股权集中结构，经理人权力的产生方式也较为不同。从国有企业看，经理人权力主要来自"所有者缺位"和"内部人控制"的制度背景，国有企业经理人被赋予了较高的自由裁量权，在监管缺位的情况下，经理人操纵薪酬就变得随心所欲了。纵然国有企业的上级主管会通过设置监事会、驻派审计署等形式约束经理人活动，但在信息严重非对称的体制下，经理人员操纵薪酬的空间仍然很大。具体而言，国有企业的经理人会通过控制薪酬契约设计的全过程，来掌握薪酬数额、薪资结构、激励指标的安排，在薪酬契约制定之后还会对会计业绩和市场绩效进行调整。从非国有企业看，管理层权力的诞生一般有两种形式：一是对于家族企业来说，管理者本身对企业就有一定的股权，其管理权力来自公司股东和亲属的双重身份，这种权力弱化了公司治理机制，使公司治理倾向于家族血缘关系治理模式。二是对于民营企业来说，管理者中没有亲属关系的成员一般为创业元老，在企业成立、上市与发展的过程中功不可没，在企业内部也有较高的声誉和较强的知名度，能够影响到公司的重大决策。无论哪种形式的管理者权力，均会对非国有企业高管薪酬的设定构成影响。刘芍佳等（2003）、陈冬华等（2005）指出，根据政府管控方式的差异可以把国有企业划分为直接控制企业和间接控制企业两类。政府对直接控制的企业直接持有股份，且享有日常经营管理的权限，这种方式消除了政府和企业之间的阻隔，企业行为直接受制于政府，也更多体现为政府意志。此外，政府还掌握了直接控制企业的薪酬决策和实施，企业除了严格执行薪酬管制政策外，无话语权和选择权。而间接控制企业则有所不同，它与政府之间存在着诸如国有企业集团类型的中间单位，由于没有直接持股，政府并不能直接干预和监督企业，只能对企业产生间接影响。这也赋予了企业一定的自主权，使其能够更好地市场化，尽管也受薪酬管制政策的制约，但相较于直接控制企业而言，制约效果不可相提并论（缪毅和胡奕明，2014）。

非国有企业在市场化土壤中成长起来的背景，使其能够更好地按照经济规律配置生产要素。在私有产权能够得到有效保护的市场经济体制下，股东可以根据企业价值最大化的经营目标来设定经理人员报酬，因此高管的薪酬一般能反映真实的市场价格。但是国有企业面临的目标函数不同于非国有企业，由于产权因素，地方政府天生具有管制国有企业的意愿。睢国余和蓝一（2004）认为，政府的目标具有多元性（比如为社会提供产品和服务、建立重工业为基础的工业体系、充分就业、劳动者医疗保障、最快速度的资本累积、意外保险等），而国有企业则是他们实现这些多元目标的最为直接和重要的工具。政府在约束国有企业时，自身不仅仅是企业所有者，更是社会事务管理者。所以政府在控制国企时，既控制经理人市场，又控制经理人薪酬。既然国有企业管理者的薪酬制约来自企业多元化目标下的行政干预，那么薪酬管制本身就是多元化社会目标的反映与折射，因此薪酬管制必然和地方政府的施政约束条件相关联，这些约束条件涵盖了地方的贫富差距、失业率、政府赤字等。陈信元等（2009）研究证明了这一逻辑，他认为薪酬管制是政府"双重身份"的集中体现，既反映出股东追求企业价值最大化的目标，又折射出诸如社会公平、财政收支平衡、充分就业等政府目标。一旦薪酬体制受到行政干预和多元化目标约束时，纯粹地把高管薪酬与企业业绩相挂钩根本不能实现。因此，当货币化薪酬安排受到管制时，多元化的、非货币性质的薪酬体系就会替代产生。

综上所述，国有企业的高管薪酬受到政府的严格管制，同时管理层激励方式不仅体现在货币激励上，还体现在政治晋升机会上；相对非国有企业而言，高管薪酬水平的高低主要与企业会计业绩相挂钩。因而，相对国有企业而言，非国有企业为了获得满意的薪酬，对企业会计业绩和财务信息具有强烈的操纵动机，导致降低了用于生成业绩预告信息的内部财务报告的质量，从而降低了业绩预告的精确度。由此，提出以下研究假设 7.1：

假设 7.1：在其他条件不变下，相比国有企业，非国有企业的高管薪酬对业绩预告精确度的负向影响更大。

第二节　研究设计

一、变量设计

本书借鉴陈冬华等（2005）、周黎安（2008）、陈信元等（2009）、权小锋等（2010）、刘浩等（2014）根据上市公司所披露的年度报告中有关企业实际控制人性质来度量，其中将由中央政府直接控制或间接控制的、地方政府直接控制或间接控制的、国有资产经营公司直接控制或间接控制的国有企业取值为1；除国有企业之外的其他类型的企业实际控制人控制的企业为非国有企业，取值为0。

二、模型设计

为了验证假设7.1，本书构建了如下模型：

$$
\begin{aligned}
Forecast\ Precision_{i,t} = {} & \beta_0 + \beta_1 XPay_{i,t} + \beta_2 Ownership_{i,t} + \beta_3 Pay_{i,t} * Ownership_{i,t} \\
& + \beta_4 Size_{i,t} + \beta_5 Lev_{i,t} + \beta_6 Roa_{i,t} + \beta_7 Loss_{i,t} + \beta_8 Sale_{i,t} \\
& + \beta_9 R\&D_{i,t} + \beta_{10} Top_{i,t} + \beta_{11} Equity_{i,t} + \beta_{12} Indd_{i,t} \\
& + \beta_{13} Board_{i,t} + \beta_{14} Cac_{i,t} + \beta_{15} Forecast\ Institution_{i,t} \\
& + \beta_{16} Bias_{i,t} + \beta_{17} Forecast\ Horizon_{i,t} + \beta_{18} Forecast\ Attitude_{i,t} \\
& + \beta_{19} Forecast\ News_{i,t} + \sum Ind_{i,t} + \sum Year_{i,t} + \varepsilon_{i,t}
\end{aligned}
$$

$$(7.1)$$

模型（7.1）中，因变量 $Forecast\ Precision$ 表示上市公司对外发布年度业绩预告的精确度。自变量 *XPay* 为上市公司的高管货币薪酬水平，其中 *Pay* 为上市公司年报公开披露的前三名高级管理人员的薪酬总额的自然对数，Unpay1 为借鉴权小锋等（2010）模型回归出的高管超额薪酬，Unpay2 为借鉴吴育辉等（2010）模型回归出的高管超额薪酬。本书将企业所有权性质（Ownership）分为国有企业组和非国有企业组两组，分别进行多元回归，然后通过对比两组回归的系数和 T 值，检验所有权性质对高管薪酬与业绩预告精确度之间关系的调节影响。本书以上模型中的相关变量的定义如表 7 – 1 所示，控制变量设计与说明与表 6 – 1B 相同。

表 7 – 1　　　　　变量设计与说明（因变量、自变量、调节变量）

变量类型	变量名称	变量符号	变量说明
因变量	业绩预告精确度	Forecast Precision	点预测取值为 4，闭区间预测取值为 3，开区间预测取值为 2，定性预测取值为 1
自变量	高管货币薪酬	Pay	前三名高管薪酬总额取对数
	高管超额薪酬	Unpay1	高管实际薪酬与预期正常薪酬的差额（弗思等（Firth et al.，2006）；权小锋等，2010）
		Unpay2	高管实际薪酬与预期正常薪酬的差额（科尔等（Core et al.，2008）；吴育辉等，2010）
调节变量	所有权性质	Ownership	哑变量，国有企业取值为 1，否则为 0

注：表格内容由笔者根据相关资料整理所得。

第三节　实证模型检验与结果分析

一、描述性统计分析

本书分别对各年度对外披露业绩预告信息的企业所有权性质结果进行了

描述性统计，详细结果如表7-2所示。

表7-2　　　　披露了业绩预告信息的企业所有权性质结果的描述性统计

年度	样本总数	国有企业		非国有企业	
		公司数目	百分比（%）	公司数目	百分比（%）
2005	320	175	0.547	145	0.453
2006	443	215	0.485	228	0.515
2007	709	323	0.456	386	0.544
2008	807	353	0.437	454	0.563
2009	1012	428	0.423	584	0.577
2010	1321	546	0.413	775	0.587
2011	1544	602	0.390	942	0.610
2012	1616	574	0.355	1042	0.645
2013	1691	567	0.335	1124	0.665
合计	9463	3783	0.400	5680	0.600

根据表7-2可知，披露了业绩预告信息的企业为国有企业的公司数目在2005年至2013年分别为175、215、323、353、428、546、602、574、567，总计为3783个样本；所占比例分别为54.7%、48.5%、45.6%、43.7%、42.3%、41.3%、39%、35.5%和33.5%，其中最低的为2013年，比例为33.5%，最高的是2005年，比例为54.7%。根据表7-2可知，虽然披露业绩预告信息的国有企业的公司数目基本是逐年增加的，但占样本总数的比例是保持逐年下降的趋势，下降幅度最高的是2006年，下降幅度为6.2%，其他年份下降比例都比较小。披露了业绩预告信息的企业为非国有企业的公司数目在2005年至2013年分别为145、228、386、454、584、775、942、1042、1124，总计为5680个样本；所占比例分别为45.3%、51.5%、54.4%、

56.3%、57.7%、58.7%、61%、64.5%和66.5%，其中最低的2005年，比
例为45.3%，最高的是2013年，比例为66.5%。根据表7-2可知，披露业
绩预告信息的非国有企业的公司数目以及占样本总数的比例都是逐年保持稳
定的上升趋势，上升幅度最高的是2006年，上升幅度为6.2%，其他年份上
升比例都比较小。根据表7-2可知，国有企业占样本总数的比例只有在2005
年才高于非国有企业占样本总数的比例，在其他的年份里都是低于非国有企
业占样本总数的比例，这可能是2005年实施了股权分置改革以及国家大力推
动民营企业发展的综合结果。此外，这也说明从2005年后，非国有企业对外
披露业绩预告信息的比例和意愿都在加大。

二、假设检验

（一）高管薪酬、所有权性质与业绩预告精确度回归分析结果

为了验证企业所有权性质对高管薪酬和业绩预告精确度之间关系的调节
效应，本书将企业所有权性质分为国有企业组和非国有企业组两组，然后分
别研究国有企业组和非国有企业组中高管薪酬与业绩预告精确度之间的关系。
详细的分析结果如表7-3所示。

表7-3A　　　　　　高管薪酬、所有权性质与业绩预告精确度回归

分析结果（国有企业总样本）

	（1）	（2）	（3）
常数	-2.250*** (-3.98)	-1.207*** (-2.75)	-1.294*** (-2.95)
Pay	-0.090*** (-2.74)		

续表

	(1)	(2)	(3)
Unpay1		-0.092^{***} (-2.82)	
Unpay2			-0.083^{**} (-2.56)
Size	-0.003 (-0.16)	-0.008 (-0.43)	-0.013 (-0.71)
Lev	-0.030 (-0.31)	-0.030 (-0.32)	0.027 (0.28)
Roa	-2.006^{***} (-5.48)	-2.258^{***} (-6.20)	-2.232^{***} (-6.14)
Loss	-0.010 (-0.19)	-0.010 (-0.19)	-0.010 (-0.18)
Sale	-0.028 (-0.48)	-0.028 (-0.48)	-0.029 (-0.50)
Rd	0.0000 (0.07)	0.000 (0.08)	0.000 (0.08)
Top	0.084 (0.67)	0.084 (0.67)	0.085 (0.68)
Equity	-75.410^{***} (-7.13)	-75.010^{***} (-7.08)	-74.720^{***} (-7.01)
Indd	-0.044 (-0.11)	-0.045 (-0.12)	-0.056 (-0.14)
Cac	-0.126 (-1.42)	-0.125 (-1.40)	-0.133 (-1.49)
Board	0.033 (0.48)	0.034 (0.48)	0.033 (0.48)
Forecast Institution	-0.002 (-0.45)	-0.002 (-0.45)	-0.002 (-0.43)
Bias	11.570 (0.32)	11.750 (0.32)	11.900 (0.33)

续表

	（1）	（2）	（3）
Forecast Horizon	0.090 (0.60)	0.090 (0.60)	0.091 (0.61)
Forecast Attitude	-0.021 (-0.42)	-0.021 (-0.43)	-0.021 (-0.43)
Forecast News	0.003 (0.06)	0.007 (0.12)	0.004 (0.07)
年度/行业	控制	控制	控制
R^2	0.1464	0.1465	0.1462
F/LR Chi2	1136.35***	1137.08***	1134.98***
N	3783	3783	3783

注：*、**、***分别表示在10%、5%、1%水平下显著。

表7-3B　　　　　高管薪酬、所有权性质与业绩预告精确度回归

分析结果（非国有企业总样本）

	（1）	（2）	（3）
常数	-2.887*** (-5.43)	-1.702*** (-3.91)	-1.830*** (-4.22)
Pay	-0.102*** (-3.49)		
Unpay1		-0.107*** (-3.68)	
Unpay2			-0.093*** (-3.21)
Size	-0.020 (-1.02)	-0.025 (-1.31)	-0.033* (-1.71)
Lev	0.067 (0.85)	0.065 (0.82)	0.142* (1.82)
Roa	-0.932*** (-2.89)	-1.227*** (-3.84)	-1.197*** (-3.74)

续表

	(1)	(2)	(3)
Loss	0.042 (0.88)	0.042 (0.88)	0.041 (0.87)
Sale	-0.062 (-1.29)	-0.061 (-1.27)	-0.060 (-1.24)
Rd	-0.00477* (-1.75)	-0.00476* (-1.75)	-0.00477* (-1.75)
Top	0.081 (0.74)	0.081 (0.74)	0.081 (0.73)
Equity	-71.240*** (-8.34)	-70.730*** (-8.27)	-70.680*** (-8.23)
Indd	0.241 (0.82)	0.243 (0.83)	0.236 (0.80)
Cac	0.023 (0.29)	0.026 (0.33)	0.016 (0.21)
Board	0.090* (1.83)	0.091* (1.85)	0.088* (1.79)
Forecast Institution	0.000 (0.02)	0.000 (0.04)	0.000 (0.03)
Bias	-49.500 (-1.47)	-49.970 (-1.49)	-49.960 (-1.49)
Forecast Horizon	-0.166 (-1.34)	-0.165 (-1.33)	-0.167 (-1.34)
Forecast Attitude	-0.016 (-0.42)	-0.016 (-0.42)	-0.016 (-0.41)
Forecast News	-0.035 (-0.71)	-0.031 (-0.62)	-0.034 (-0.68)
年度/行业	控制	控制	控制
R^2	0.1458	0.1460	0.1456
F/LR Chi2	1650.53***	1652.38***	1648.56***
N	5680	5680	5680

注：*、**、***分别表示在10%、5%、1%水平下显著。

根据表 7 - 3 中国有企业组和非国有企业组的回归结果可知，两组中高管薪酬（Pay）、高管超额薪酬（Unpay1）和高管超额薪酬（Unpay2）与业绩预告精确度在 0.01 的置信水平上均显著负相关。但是在国有企业组内，模型（1）、模型（2）和模型（3）中，高管薪酬（Pay）、高管超额薪酬（Unpay1）和高管超额薪酬（Unpay2）的系数分别为 - 0.090、- 0.092 和 - 0.083，T 值分别为 - 2.74、- 2.82 和 - 2.56；而在非国有企业组，高管薪酬（Pay）、高管超额薪酬（Unpay1）和高管超额薪酬（Unpay2）的系数分别为 - 0.102、- 0.107 和 - 0.093，T 值分别为 - 3.49、- 3.68 和 - 3.21，后者的系数和 T 值的绝对值都明显大于前者，反映出在非国有企业中高管为获得高薪对业绩预告精确度造成的负向影响更大，支持了研究假设 7.1。

（二）高管薪酬、所有权性质与业绩预告精确度的补充性分析

2002 年，中国政府对国有企业高管的薪酬予以限制，规定高管年收入不得高于职工平均工资的 12 倍；2009 年，财政部颁布《金融类国有及国有控股企业负责人薪酬管理办法》，其中规定金融类国有企业负责人的年薪最多为 208 万元人民币。2009 年 9 月 16 日，人力资源和社会保障部、财政部等六部门联合出台的《关于进一步规范中央企业负责人薪酬管理的指导意见》，这是政府首次明确对所有行业的央企高管发出的限薪声明，其中所涉及的行业范围广、权威性高，被称为中国版的限薪令。该指导意见明确将中央企业高管的薪酬划分为三个部分，分别为基本薪酬、绩效年薪和中长期激励收益。限薪令的颁布，虽然在一定程度上对国有企业高管的薪酬上限做出了规定与要求，但限薪令的宗旨并不是一味地要求高管的绝对薪酬出现大幅的下降，而是更加强调高管的薪酬与企业会计业绩相匹配，实现薪酬激励的效应。此外，从管理层权力理论看，由于存在薪酬管制，国有企业领导层获取非货币性薪酬（如超额在职消费等）的动机会变得强烈。因而，有必要检验限薪令颁布

后，国有企业的高管薪酬是否因与会计业绩相挂钩而增大了盈余操纵动机，从而导致国有企业高管薪酬对业绩预告精确度的差异变化。此外，检验限薪令对非国有企业是否同样具有指导性？从而影响高管薪酬对业绩预告精确度的差异变化。本书做了以下补充性分析，将颁布限薪令前（2005～2008年）再次分为国有企业组和非国有企业组，颁布限薪令后（2009～2013年）再次分为国有企业组和非国有企业组，然后分别检验限薪令这一制度背景对不同所有权性质的高管薪酬与业绩预告精确度之间的关系。

综合对比表7–4A限薪令颁布前国有企业组和表7–4B限薪令颁布后国有企业组可知，在限薪令颁布前，国有企业组中高管薪酬（Pay）、高管超额薪酬（Unpay1）和高管超额薪酬（Unpay2）与业绩预告精确度在5%的置信水平下通过显著性检验，系数分别为–0.089、–0.094和–0.089，T值分别为–2.42、–2.46和–1.97；在限薪令颁布后，国有企业组中高管薪酬（Pay）、高管超额薪酬（Unpay1）和高管超额薪酬（Unpay2）与业绩预告精确度在5%的置信水平下均显著负相关，系数分别为–0.085、–0.087和–0.086，T值分别为–2.08、–2.14和–2.14，前者的系数和T值的绝对值之和大于后者，这说明限薪令的实施对国有企业高管薪酬具有重大的影响，限薪令颁布后，国有企业中高管薪酬对业绩预告精确度的负向影响降低了，同时也反映出限薪令降低了国有企业高管对会计业绩的操纵动机。

综合对比表7–4C限薪令颁布前非国有企业组和表7–4D限薪令颁布后非国有企业组可知，在限薪令颁布前，非国有企业组中高管薪酬（Pay）、高管超额薪酬（Unpay1）和高管超额薪酬（Unpay2）与业绩预告精确度在5%的置信水平下均显著负相关，系数分别为–0.090、–0.098和–0.093，T值分别为–2.50、–2.63和–2.55；在限薪令颁布后，非国有企业组中高管薪酬（Pay）、高管超额薪酬（Unpay1）和高管超额薪酬（Unpay2）与业绩预告精确度在1%的置信水平下均显著负相关，系数分别为–0.105、–0.116和

－0.107，T值分别为 －3.18、－3.55 和 －3.28，后者的系数和 T 值的绝对值
之和远大于前者，这说明限薪令的实施对非国有企业高管薪酬没有什么影响，
限薪令颁布后，非国有企业中高管薪酬对业绩预告精确度的负向影响变大了，
说明非国有企业高管对会计业绩的操纵动机也变大了。

表7－4A　　　　高管薪酬、所有权性质与业绩预告精确度回归结果（限薪前国企）

	（1）	（2）	（3）
Pay	－ 0.089 ** （ － 2.42 ）		
Unpay1		－ 0.094 ** （ － 2.46 ）	
Unpay2			－ 0.089 ** （ － 1.97 ）
Size	0.061 * （1.85）	0.054 * （1.65）	0.046 （1.42）
Lev	0.058 （0.31）	0.060 （0.32）	0.134 （0.70）
Roa	－ 2.671 *** （ － 4.66 ）	－ 3.022 *** （ － 5.29 ）	－ 2.970 *** （ － 5.21 ）
Loss	－ 0.002 （ － 0.03 ）	－ 0.003 （ － 0.03 ）	－ 0.001 （ － 0.01 ）
Sale	0.185 ** （2.47）	0.185 ** （2.47）	0.183 ** （2.45）
Rd	－ 0.003 （ － 0.36 ）	－ 0.003 （ － 0.35 ）	－ 0.003 （ － 0.37 ）
Top	0.097 （0.38）	0.0959 （0.38）	0.098 （0.39）
Equity	－ 53.590 （ － 1.54 ）	－ 53.370 （ － 1.53 ）	－ 55.690 （ － 1.59 ）

续表

	（1）	（2）	（3）
Indd	−0.443 （−0.55）	−0.449 （−0.56）	−0.489 （−0.61）
Cac	−0.180 （−1.41）	−0.180 （−1.41）	−0.201 （−1.57）
Board	−0.011 （−0.08）	−0.007 （−0.05）	−0.009 （−0.07）
Forecast Institution	0.010 （1.34）	0.010 （1.33）	0.011 （1.35）
Bias	16.280 （0.47）	16.640 （0.48）	17.080 （0.49）
Forecast Horizon	0.196 （0.77）	0.192 （0.76）	0.198 （0.79）
Forecast Attitude	0.008 （0.08）	0.008 （0.08）	0.008 （0.08）
Forecast News	−0.436 *** （−4.19）	−0.431 *** （−4.15）	−0.434 *** （−4.18）
年度/行业	控制	控制	控制
R^2	0.0818	0.0818	0.0810
F/LR Chi2	188.12 ***	188.27 ***	186.25 ***
N	1066	1066	1066

注：*、**、*** 分别表示在10%、5%、1%水平下显著。

表7−4B　　高管薪酬、所有权性质与业绩预告精确度回归结果（限薪后国企）

	（1）	（2）	（3）
Pay	−0.085 ** （−2.08）		
Unpay1		−0.087 ** （−2.14）	

续表

	（1）	（2）	（3）
Unpay2			-0.086^{**} (-2.14)
Size	-0.030 (-1.32)	-0.034 (-1.54)	-0.039^{*} (-1.76)
Lev	-0.025 (-0.22)	-0.026 (-0.23)	0.030 (0.26)
Roa	-1.146^{**} (-2.35)	-1.387^{***} (-2.90)	-1.369^{***} (-2.86)
Loss	-0.051 (-0.72)	-0.050 (-0.72)	-0.051 (-0.72)
Sale	-0.227^{***} (-2.93)	-0.228^{***} (-2.93)	-0.229^{***} (-2.94)
Rd	0.001 (0.21)	0.001 (0.22)	0.001 (0.21)
Top	0.101 (0.68)	0.102 (0.69)	0.102 (0.69)
Equity	-74.400^{***} (-6.25)	-74.040^{***} (-6.20)	-73.210^{***} (-6.08)
Indd	0.095 (0.20)	0.093 (0.20)	0.090 (0.19)
Cac	-0.014 (-0.12)	-0.012 (-0.11)	-0.014 (-0.12)
Board	0.063 (0.78)	0.063 (0.79)	0.063 (0.78)
Forecast Institution	-0.009^{**} (-2.08)	-0.009^{**} (-2.07)	-0.009^{**} (-2.06)
Bias	-29.000 (-0.38)	-29.620 (-0.39)	-29.280 (-0.38)

续表

	（1）	（2）	（3）
Forecast Horizon	- 0. 067 (- 0. 36)	- 0. 066 (- 0. 35)	- 0. 065 (- 0. 34)
Forecast Attitude	- 0. 014 (- 0. 25)	- 0. 015 (- 0. 26)	- 0. 015 (- 0. 26)
Forecast News	0. 264 *** (3. 56)	0. 268 *** (3. 61)	0. 266 *** (3. 58)
年度/行业	控制	控制	控制
R^2	0. 1387	0. 1388	0. 1388
F/LR Chi2	679. 10 ***	679. 48 ***	679. 32 ***
N	2717	2717	2717

表 7 - 4C 高管薪酬、所有权性质与业绩预告精确度回归结果（限薪前非国企）

	（1）	（2）	（3）
Pay	- 0. 090 ** (- 2. 50)		
Unpay1		- 0. 098 ** (- 2. 63)	
Unpay2			- 0. 093 ** (- 2. 55)
Size	0. 044 (1. 14)	0. 040 (1. 04)	0. 035 (0. 94)
Lev	0. 018 (0. 11)	0. 027 (0. 16)	0. 074 (0. 47)
Roa	- 2. 157 *** (- 3. 41)	- 2. 335 *** (- 3. 77)	- 2. 305 *** (- 3. 72)
Loss	0. 069 (0. 72)	0. 069 (0. 72)	0. 070 (0. 73)

续表

	（1）	（2）	（3）
Sale	0. 097 （1. 09）	0. 098 （1. 10）	0. 099 （1. 12）
Rd	− 0. 010 （ − 1. 28）	− 0. 010 （ − 1. 29）	− 0. 010 （ − 1. 31）
Top	0. 105 （0. 42）	0. 101 （0. 40）	0. 096 （0. 39）
Equity	− 100. 100 *** （ − 3. 00）	− 101. 300 *** （ − 3. 03）	− 103. 700 *** （ − 3. 09）
Indd	− 1. 167 * （ − 1. 76）	− 1. 180 * （ − 1. 78）	− 1. 208 * （ − 1. 82）
Cac	0. 044 （0. 40）	0. 038 （0. 35）	0. 024 （0. 22）
Board	0. 140 （1. 18）	0. 137 （1. 15）	0. 131 （1. 10）
Forecast Institution	0. 003 （0. 40）	0. 003 （0. 40）	0. 003 （0. 40）
Bias	− 31. 940 （ − 1. 00）	− 32. 530 （ − 1. 02）	− 32. 840 （ − 1. 03）
Forecast Horizon	− 0. 137 （ − 0. 60）	− 0. 134 （ − 0. 59）	− 0. 134 （ − 0. 59）
Forecast Attitude	0. 088 （1. 00）	0. 088 （0. 99）	0. 089 （1. 00）
Forecast News	− 0. 405 *** （ − 4. 14）	− 0. 403 *** （ − 4. 13）	− 0. 406 *** （ − 4. 16）
年度/行业	控制	控制	控制
R^2	0. 0611	0. 0609	0. 0607
F/LR Chi2	155. 47 ***	155. 06 ***	154. 39 ***
N	1213	1213	1213

注： * 、 ** 、 *** 分别表示在 10% 、 5% 、 1% 水平下显著。

表7-4D 高管薪酬、所有权性质与业绩预告精确度回归结果（限薪后非国企）

	(1)	(2)	(3)
Pay	-0.105 *** (-3.18)		
Unpay1		-0.116 *** (-3.55)	
Unpay2			-0.107 *** (-3.28)
Size	-0.048 ** (-2.09)	-0.053 ** (-2.34)	-0.061 *** (-2.71)
Lev	0.077 (0.84)	0.072 (0.79)	0.156 * (1.72)
Roa	-0.336 (-0.89)	-0.644 * (-1.71)	-0.612 (-1.63)
Loss	0.014 (0.26)	0.014 (0.27)	0.014 (0.26)
Sale	-0.111 ** (-2.12)	-0.109 ** (-2.08)	-0.108 ** (-2.05)
Rd	-0.005 (-1.47)	-0.005 (-1.47)	-0.005 (-1.47)
Top	0.116 (0.94)	0.116 (0.95)	0.117 (0.95)
Equity	-68.490 *** (-7.26)	-67.700 *** (-7.16)	-67.250 *** (-7.08)
Indd	0.628 * (1.87)	0.633 * (1.89)	0.633 * (1.89)
Cac	0.045 (0.46)	0.051 (0.52)	0.044 (0.45)
Board	0.080 (1.40)	0.082 (1.44)	0.080 (1.40)

续表

	（1）	（2）	（3）
Forecast Institution	-0.001 (-0.29)	-0.001 (-0.27)	-0.001 (-0.27)
Bias	-109.700 (-1.32)	-109.900 (-1.32)	-110.200 (-1.32)
Forecast Horizon	-0.231 (-1.54)	-0.229 (-1.52)	-0.229 (-1.52)
Forecast Attitude	-0.049 (-1.12)	-0.049 (-1.12)	-0.049 (-1.12)
Forecast News	0.116 ** (2.03)	0.121 ** (2.11)	0.118 ** (2.05)
年度/行业	控制	控制	控制
R^2	0.1210	0.1214	0.1211
F/LR Chi2	965.27 ***	968.22 ***	966.12 ***
N	4467	4467	4467

注：*、**、*** 分别表示在10%、5%、1%水平下显著。

三、稳健性检验

与第六章相一致，本书将重点针对样本选择方面做相关的稳健性检验。根据第四章对企业所有权的性质的分析，按照标准的经典的薪酬契约文献的观点，为了保障研究结论的可靠性，需要在回归模型中删除所有权性质为中央政府控制的国有企业的研究样本和不符合市场化契约要求的地方政府所控制的国有企业的研究样本。此外，按照标准的经典的薪酬契约文献的观点，非国有企业中只有非家族企业、非实际控制人、非创业者做公司 CEO 的才是符合市场化薪酬契约标准文献的要求。同样是为了保障回归分析的可靠性，在进行多元回归分析中需要将家族企业、两职合一的企业、有共同创始人以及创业者做公司 CEO 的研究样本进行删除。

综上所述，本书先前回归分析的总样本数为 9463 个，按照标准的经典的薪酬契约文献的要求，本书对 9463 个研究样本按照所有权性质进一步分类，将不符合标准的经典的市场化薪酬契约要求的研究样本删除，最终得到 1485 个国有企业研究样本和 1906 个非国有企业研究样本，本书再重新对这些研究样本分国有企业组和非国有企业组分别做高管薪酬与业绩预告精确度之间的回归分析，具体的分析结果如表 7-5 所示。

表 7-5A　　　删除样本后高管薪酬、所有权性质与业绩预告精确度
之间的回归结果（国企组）

	（1）	（2）	（3）
常数	-2.358 *** (-2.79)	-1.597 ** (-2.38)	-1.678 ** (-2.50)
Pay	-0.066 (-1.42)		
Unpay1		-0.067 (-1.44)	
Unpay2			-0.046 (-0.99)
Size	-0.007 (-0.24)	-0.011 (-0.36)	-0.015 (-0.50)
Lev	0.061 (0.47)	0.060 (0.47)	0.105 (0.81)
Roa	-0.918 * (-1.89)	-1.111 ** (-2.33)	-1.083 ** (-2.26)
Loss	0.029 (0.34)	0.028 (0.34)	0.029 (0.35)
Sale	-0.100 * (-1.65)	-0.099 (-1.64)	-0.097 (-1.61)

	（1）	（2）	（3）
Rd	−0.009* （−1.93）	−0.009* （−1.92）	−0.009* （−1.91）
Top	−0.194 （−1.03）	−0.193 （−1.03）	−0.194 （−1.04）
Equity	−50.550*** （−3.37）	−50.310*** （−3.35）	−50.860*** （−3.38）
Indd	0.355 （0.68）	0.353 （0.68）	0.338 （0.65）
Cac	−0.049 （−0.42）	−0.047 （−0.40）	−0.063 （−0.55）
Board	0.025 （0.30）	0.025 （0.29）	0.020 （0.24）
Forecast Institution	−0.002 （−0.30）	−0.002 （−0.29）	−0.002 （−0.31）
Bias	−75.070 （−1.50）	−75.240 （−1.50）	−75.720 （−1.51）
Forecast Horizon	−0.016 （−0.08）	−0.016 （−0.08）	−0.016 （−0.08）
Forecast Attitude	0.011 （0.17）	0.011 （0.17）	0.011 （0.17）
Forecast News	−0.049 （−0.70）	−0.045 （−0.65）	−0.049 （−0.71）
年度/行业	控制	控制	控制
R^2	0.0692	0.0693	0.0689
F	278.87***	279.02***	277.74***
N	1485	1485	1485

注：*、**、***分别表示在10%、5%、1%水平下显著。

表7-5B 删除样本后高管薪酬、所有权性质与业绩预告精确度

之间的回归结果（非国企组）

	（1）	（2）	（3）
常数	-2.893 *** （-3.56）	-1.785 *** （-2.94）	-1.878 *** （-3.09）
Pay	-0.095 ** （-1.96）		
Unpay1		-0.092 * （-1.91）	
Unpay2			-0.084 * （-1.74）
Size	-0.032 （-1.17）	-0.037 （-1.37）	-0.042 （-1.57）
Lev	-0.027 （-0.17）	-0.026 （-0.17）	0.032 （0.21）
Roa	-2.785 *** （-5.12）	-3.038 *** （-5.60）	-3.014 *** （-5.56）
Loss	-0.010 （-0.12）	-0.001 （-0.11）	-0.010 （-0.12）
Sale	-0.014 （-0.18）	-0.014 （-0.19）	-0.016 （-0.21）
Rd	0.003 （0.48）	0.003 （0.50）	0.003 （0.49）
Top	0.410 ** （2.15）	0.410 ** （2.15）	0.412 ** （2.16）
Equity	-33.440 * （-1.86）	-33.580 * （-1.87）	-33.570 * （-1.86）
Indd	0.352 （0.56）	0.344 （0.55）	0.335 （0.54）
Cac	0.015 （0.12）	0.013 （0.10）	0.006 （0.05）

续表

	(1)	(2)	(3)
Board	−0.055 (−0.50)	−0.055 (−0.50)	−0.057 (−0.52)
Forecast Institution	−0.001 (−0.17)	−0.001 (−0.16)	−0.001 (−0.14)
Bias	−7.558 (−0.15)	−7.351 (−0.15)	−7.191 (−0.14)
Forecast Horizon	0.181 (0.78)	0.180 (0.78)	0.183 (0.79)
Forecast Attitude	0.025 (0.32)	0.024 (0.31)	0.024 (0.31)
Forecast News	0.022 (0.26)	0.026 (0.31)	0.023 (0.28)
年度/行业	控制	控制	控制
R^2	0.0823	0.0822	0.0819
F	263.16 ***	262.88 ***	262.02 ***
N	1906	1906	1906

注：* 、** 、*** 分别表示在10%、5%、1%水平下显著。

根据表7−5A可知，在将不符合标准的经典的市场化薪酬契约要求的研究样本删除后的高管薪酬与业绩预告精确度之间的回归结果分析中，在国有企业组中，高管薪酬（Pay）、高管超额薪酬（Unpay1）和高管超额薪酬（Unpay2）与业绩预告精确度的相关系数分别为−0.066、−0.067和−0.046，T值分别为−1.42、−1.44和−0.99，没有通过显著性检验。

根据表7−5B可知，在非国有企业组中，高管薪酬（Pay）、高管超额薪酬（Unpay1）和高管超额薪酬（Unpay2）与业绩预告精确度的相关系数分别为−0.095、−0.092和−0.084，T值分别为−1.96、−1.91和−1.74，在

10%的置信水平下显著负相关，且后者的系数和 T 值的绝对值之和远大于前者，检验说明本书的研究结论保持不变，支持了研究假设。

第四节　本章小结

在本章中，本书通过选取 2005～2013 年共 9463 个样本对高管薪酬、所有权性质以及业绩预告精确度之间的关系分别进行了检验。考察了将企业所有权性质分为国有企业组和非国有企业组两组不同的公司，其高管薪酬与业绩预告精确度之间的关系是否也有所差异。通过实证研究发现，相比国有企业而言，非国有企业高管薪酬对业绩预告精确度的负向影响更大。这一结果表明非国有企业的高管相比国有企业的高管，为了获得高额或超额的薪酬，对企业会计业绩指标操纵的动机更大，从而影响了非国有企业中用于生成业绩预告信息的内部财务报告的质量，最终降低了非国有企业对外披露的业绩预告的精确度。此外，研究还发现限薪令对国有企业高管的薪酬管制有较大的影响，限薪令的颁布对国有企业高管的最高薪酬进行了管制，降低了国有企业高管通过操纵会计盈余指标来获取高额薪酬或超额薪酬的动机，从而降低了国有企业高管薪酬对业绩预告精确度的负向影响；但限薪令对非国有企业高管的薪酬管制影响较小，并未对非国有企业高管薪酬随着时间的推移对业绩预告精确度增大的负向关系产生影响。

第八章

高管薪酬、机构投资者与
业绩预告精确度

第一节　机构投资者调节作用的机理分析与研究假设

从 20 世纪 80 年代开始，法律对机构投资者的行为逐渐放宽了投资限制，机构投资者力量也顺势壮大起来，英美等主要资本主义国家的机构投资者出现大规模持股，促使上市公司股权的集中度提高，机构对管理者的监督行为也倾向于更加积极、更为直接的方式（Shleifer and Vishny，1986）。自 1998 年以来，中国机构投资者的力量也不断壮大，发展较为迅猛，对资本市场的影响日益凸显，已成为推动市场发展的新兴动力。在国外成熟的资本市场上，机构投资者成为投资的主要力量，他们通过购买、持有或卖出公司股票等行为影响资本市场，尤其是被投资公司的治理机制，如股东提议权（Gillan and Starks，2000）、管理层薪酬（Hartzell and Starks，2003）、股东投票权（Li et al.，2008）、并购（Chen et al.，2007）等方方面面。机构投资者对公司的监督影响，既包括"用手投票"，即直接参与公司决策（伊志宏和李艳丽，2013）；也包括"用脚投票"，即通过股票交易间接影响经理人的行为（Hartzell and Starks，2003）。

关于机构投资者对公司治理的作用，学术界主要有两种看法。一种观点认为，机构投资者的交易较为频繁，由于他们主要关注公司的当期盈余，会刺激被投资的企业注重短期收益，对公司不能产生积极的治理效应；尤其在当前不完善的市场体系、不牢靠的市场基础、不成熟的机构投资者的背景之下，机构投资者反而会加大管理层操纵盈余的水平，进一步模糊财务报告信息的真实性（Graves and Waddock，1990；Porter，1992；杨海燕等，2012）。另一种观点认为，机构投资者对管理层是有效的监管，能通过减少管理层的盈余管理提升公司信息的透明度（Bushee，1998；Chung et al.，2002；Koh，2003；Mitra and Cready，2005；Rajgopal et al.，2002），也就是机构投资者对公司治理有积极的作用。布希（Bushee，1998）研究证明，机构投资者能有效监督管理者的短视操作，作为成熟的投资者能降低管理层操控盈余。布希（1998）研究发现，机构投资者可以分为三类，分别是短暂型、勤勉型和准指数型投资者；短暂型机构投资者会刺激经理人减少研发支出以增加短期盈余，而勤勉型机构投资者对抑制经理人的短视活动有重要作用。鲍尔萨姆等（Balsam et al.，2002）研究发现，与个人投资者相比，机构投资者更善于将财务报告中的盈余部分拆分为可操纵和不可操纵部分，从而能及时发现管理者的盈余操控行为。高雷和张杰（2008）研究发现，机构投资者对公司治理有一定影响，机构投资者掌握的股权越多，越有利于公司治理水平的提升；实证还表明，公司治理水平和盈余管理之间是负相关的，那么机构的持股比例和盈余管理也负相关，也就是说机构投资者对经理人的盈余操纵方式也有一定的抑制作用。夏冬林和李刚（2008）结果显示，机构投资者持股利于盈余质量的提高，机构持有股份的企业的会计盈余质量明显比其他企业高，而且持股比例越多，会计盈余的质量也越高；同时，机构持股还能够在一定程度上起到制衡大股东恶化信息含量的作用。

机构投资者参与公司治理有多种方式，比如有效利用投票权来行使自身投票的权利，参与董事会治理，利用敌意收购来监管经理人，通过公司提案、研发支出、并购活动的否决权来施加影响，在媒体上定期披露公司的治理目标等（张敏和姜付秀，2010）。机构投资者持有的股份达到一定比例后有权提名为董事，成为公司权力机构的代言人之一（吴晓晖和姜彦福，2006）。李维安和李滨（2008）运用面板数据（Panel Data）和截面数据（Cross Section Data）模型研究机构投资者（比个人投资者更加专业、更有资金和信息优势）对公司治理的影响，研究样本来自 CCGINK（南开公司治理指数）2004～2006年沪深两市的3470家企业，研究表明，机构投资者的数量及持股市值不断提高，参与公司治理的动机也随之增强；机构有效地提高了上市公司的治理水平，在降低代理成本上发挥了重要作用；机构持股的份额同公司财务价值、市场价值之间的正相关关系显著。刘志远等（2009）研究认为机构投资者积极参与公司治理（称为积极主义）的动机和能力不断提高，抑制了大股东侵占公司资本，起到了保护投资者利益的作用。唐松莲和袁春生（2010）研究发现按持股比例高低来看，机构持股较高时，可以用有效监督假说解释机构对提高业绩的作用；机构持股较低时，可以用利益冲突假说和战略结盟假说来解释机构降低了公司业绩的原因。研究结果说明，机构持股比例的高低决定了其在公司治理中扮演的角色，持股比例高时机构为有效监督者，持股比例低时机构主要攫取公司利益。叶松勤和徐经长（2013）发现，无论是国有性质还是非国有性质的企业，机构持股水平的变动与无效率投资显著负相关，也就是机构投资者对大股东的无效率的投资行为有抑制作用。普彻塔等（Pucheta et al.，2014）发现机构投资者是积极有效的监督者，机构投资者能代表董事在董事会和审计委员会中给上市公司带来更高质量的财务报告。

先前大量文献表明机构投资者参与公司治理还有一大动机，即可以获得对 CEO 薪酬、董事股权、董事限制条件等提案表决时更多的支持，从而可以向管理层施加较多压力，并在一定程度上影响资本市场。机构投资者对高管薪资的影响主要是薪酬的数额和薪酬与绩效的敏感度两点（Hartzell and Starks，2003；Khan et al.，2005）。实证表明，机构的监督作用能降低薪资水平，增大薪资与业绩的敏感程度。但是，机构投资者的监督作用受制于代理成本和隐性监督成本，只有机构投资者的隐性监督成本较小时，其对经理人的"薪酬—业绩"敏感度及补偿水平的影响才越高（Almazan et al.，2005）。张敏和姜付秀（2010）研究表明，中国机构投资者对公司治理的作用取决于治理环境。对民营企业来说，机构投资者持股增加对提高"薪酬—业绩"敏感度、降低高管薪酬"黏性"有显著效果，因此机构投资者能对民营企业发挥较好的治理作用；但对国有企业来说，机构投资者的治理作用并不显著。伊志宏等（2011）研究表明，压力抵制型机构投资者对高管"薪酬—业绩"的敏感性存在正向作用，也就是说压力抵制型的机构能够改善公司的治理结果，但其积极治理的效果受到市场化进程的制约。市场化进程是非常重要的公司治理外部影响因素，对于市场化进程高的地区，压力抵制型机构能促进上市公司提高"薪酬—业绩"敏感性；对于市场化进程缓慢的地区，压力抵制型机构和管理者的"薪酬—业绩"敏感性关系不大。

此外，机构持有的股权越高，盈余信息披露得越及时。同时合理的公司治理水平、及时的盈利信息披露，能够有效地吸引机构来投资。持股比例同盈余管理是负向关系，机构的持股比例越大，在避免管理人员操控应计利润等盈余管理手段上越有力度，公司对外公布的盈利信息也更为真实，也就是通过机构持股参与公司的治理，能够让上市企业更加规范、治理结构更加完善。王亚平等（2009）研究发现，公司信息披露的透明度与股价同步性正相关，持股比例越高对正向关系的抵销越大；在中国市场，股价同步性与股票市场的信息效率正相关，而机构投资者对提高股价的定价效率有重要作用。唐松莲和胡奕明（2011）实证结果显示，信息透明度级别高的企业，机构的种类和持股份额越多；当企业的信息透明度上升时，投资者进入种类增多、持股份额增大，短线机构会增加持股数量，长线机构并不会改变持股策略。余等（Yu et al.，2012）发现公司的机构持股比例越高，公司受到机构投资者的监督力度越大，同时公司的财务报告也会更稳健。尤其是在公司准备实施股票期权时和处在较高的信息不对称环境中，机构持股比例与公司财务报告的稳健性成正相关关系。牛建波等（2013）研究显示，机构投资者整体持股与自愿披露信息负相关，但机构中稳健型的投资者持股份额的提升有助于提高信息自愿性披露的水平；在股权较集中的企业，机构对自愿性的信息披露呈正向影响；股权集中且机构为稳健型时，机构投资者提高持股份额对信息的自愿性披露程度的正面作用更明显。孔东民等（2015）研究表明，增加机构的持股比例或提高流动性水平，都有助于提高信息效率。但是进一步引入机构持股与流动性的交互因素，会发现中国证券市场的有趣现象：在不断提高流动性水平的背景下，增加机构投资者的持股水平反而降低了信息效率。究其原因，在于交易量提高后，机构利用非公开信息增持股份的行为会被更多投资者快速获取并模仿，造成股价的羊群效应，股价承载的非公开信息减少，信息效率也随之降低。布恩和怀特（Boonea and White，2015）研究发现随着机构持股比例的上升，跟踪公司的分析师人数也增多，公司股票的流动性变大，最终显著降低公司信息的不对称程度和交易成本。

机构投资者的投资决策一般都是经验丰富的专家深入调查分析后的决策，因此，机构对企业目前经营状况和未来经营规划的了解都比较清楚，也能够准确评估出盈余管理对企业带来的损失程度（Roychowdhury，2006；Zang，2012），并且可以得出真实盈余管理水平花费的成本明显高于应计盈余管理（Zang，2012）。机构持有的股份越多，他们与企业整体的利益就越趋向一致，这激发了他们对高管行为监督、评价、考察的积极性，一旦发现有损于公司价值的经营行为就会及时制止（高丽和胡艳，2011），从而在一定程度制止了真实的盈余操控行为，保证了企业的经营决策尽可能的处于最优水平。桑福德等（Sanford et al.，1980）研究发现，监督耗费的成本较高，小投资者因股份少难以承担监督成本，只有机构投资者等大股东才能负担高昂的监督成本并通过成本分散获取收益。施莱费尔和维希尼（1986）认为一方面通过监督能让机构获得更高的企业收益，另一方面机构持股较高投票权也多，更容易让高管纠正行为。与中小投资者相比，机构具有信息上的天然优势，他们更愿意加大搜寻信息的支出，也更容易获取到非公开的信息。

机构拥有专业的信息队伍，多元化的信息渠道，对信息的解读和评估能力强于普通投资者，对上市公司会计制度的合理性与否更有辨析能力。此外机构投资者还可以利用媒体（报纸、网络、电视）等渠道向社会传播公司的经营信息，加大了公司信息对外披露的透明度，也容易被外部投资者接受。基于此，机构投资者对公司信息披露有较强的监督作用（杨海燕等，2012）。尤其是中国的信息披露机制（公司披露、媒体披露）不太健全，小股东的利益保护不善，机构投资者的监督角色显得极为必要（夏冬林和李刚，2008）。德肖等（Dechow et al.，1996）发现机构持股比例高的企业发生财务欺诈的可能性极低。当公司中机构投资者的持股数量超过流通股股东5%后，管理层事前操纵盈余的概率降低（DeFond and Jiambalvo，1991）。钟等（Chung et al.，2002）研究证明了机构投资者持有股份对经理人员操纵应计利润的盈余管理行为有明显的抑制作用。埃辛卡亚等（Ajinkya et al.，2005）研究显示，在机构持股比例高的企业中，经理人发布预测信息的可能性、频繁度、信息质量都越高，且乐观高估的可能性降低。麦卓等（Mitra et al.，2005）研究显示，机构持有股份能显著抑制管理者操纵应计项目的程度，尤其对于规模小、外部信息不透明的公司而言，这种抑制效果更加显著。

各国不同的历史环境和制度背景导致了对机构投资者界定的差异，比如在美国，养老基金、保险公司、共同基金、投资基金、银行基金、基金会基金都是机构投资者的范畴；而在英国，机构投资者主要是由保险公司、指数基金、养老基金、信托投资公司等构成，范围要小于美国。不同机构的投资理念和投资偏好有差异，所以并非所有的机构投资者都能对管理层发挥监管作用（伊志宏和李艳丽，2013）。毛磊等（2009）从经理人的薪酬水平、薪酬与业绩的敏感程度两个维度分析中国机构投资者对管理层薪资的影响，分类考察了机构整体，以及涵盖基金、证券、保险、信托公司、社保基金、QFII在内的等不同机构主体对薪酬的差异影响。从不同机构主体看，只有基金投资者对管理层的薪酬水平及薪酬业绩敏感性产生了明显的影响，QFII、证券、保险、社保基金、信托公司等机构主体，与管理者的薪酬水平、薪酬业绩敏感度并不相关，或者相关度较低。高敬忠等（2011）的研究发现：（1）机构投资者持股比例与盈余预告精确性正相关，持股比例增加，盈余预告的信息更加精确（指形式更具体、误差更小），也更及时有效；（2）相对于养老机构、保险公司等机构对管理者的盈余预告治理作用，银行、财务类公司等机构对盈余预告精确性的作用要强很多；（3）管理者披露盈余预告的精确性与及时性正相关于机构整体的持股规模，但是机构持股比例越高，管理层越倾向于披露乐观的盈余预告；（4）股权分置改革提高了机构投资者对管理层披露盈余预告的有效治理作用；（5）对国外成熟的市场进行实证发现，机构投资者通过两方面提高市场的有效性，一是机构通过持股变化向市场传递出有效信息，二是机构通过监督管理层参与到公司治理。机构投资者的监督角色更是受到广大学者的关注。杨海燕等（2012）研究发现，全体机构投资者持股在降低财务报告可靠度的同时，提高了财务信息的透明性。从类别看，证券投资基金、社保基金、QFII、保险机构等持股对财务质量的可靠度没有影响，还能增加财务信息的透明度；一般法人机构持股虽影响不到披露信息的透明性，却使财务报告的可靠度下降，刺激管理层负向盈余管理；信托公司持股对财务信息的可靠性、透明性都没有影响。结果表明，机构投资者对会计信息质量的影响方式不仅在不同类型的机构中表现渠道存在差异，而且机构总体对会计信息质量不同层面的影响也不同。袁知柱等（2014）的研究结果显示，从机构分类看，投资基金公司、证券企业、保险公司、QFII、社保基金这五类机构投资者持股的比例与企业的应计盈余管理正相关，负相关于企业的实际盈余管理水平；而企业年金、信托公司、银行、财务类公司这四类机构投资者的持股并不能影响到企业的盈余管理程度。从机构持股规模和股权分置改革分组看，投资者持股比例同应计盈余管理表现出正向关系，同真实盈余管理水平表现出负向关系；从企业最终控制人性质看，非国有上市企业对真实盈余管理程度的抑制作用要强于国有上市企业。

综上所述，作为企业外部最重要影响因素的机构投资者会积极参与公司的治理，有助于公司更加地规范、治理结构更加地完善。一方面，机构投资者通过对高管薪酬提案施加压力，从而抑制高管获得"天价"薪酬，进一步提高高管薪酬与企业业绩之间的敏感性，同时机构投资者对高管的盈余操控方式也有一定的抑制作用。另一方面，机构投资者在实施对公司的监督效应时，会促进公司自愿披露更多的消息，提高盈余信息的可靠性和及时性，有助于降低公司的信息不对称程度，提高公司对外披露信息的透明度和信息含量，最终提升公司财务报告的质量。由此，提出以下研究假设8.1：

假设8.1：在其他条件不变下，相比低机构持股比例企业，高机构持股比例企业的高管薪酬对业绩预告精确度的负向影响更小。

第二节 研究设计

一、变量设计

本书借鉴李维安和李滨（2008）、夏冬林和李刚（2008）、张敏和姜付秀（2010）、孔东民等（2015）、科赫（Koh，2007）、布恩和怀特（Boonea and White，2015）等方法，使用机构投资者持股占该公司流通股的比例来衡量机构投资者持股比例（Lnst）。本书的机构投资者主要是指证券投资公司、基金公司以及保险公司等。其中机构投资者持有上市公司的持股比例数据来源于国泰安数据库（CSMAR）和 Wind 金融数据库。

二、模型设计

为了验证假设 6.1，本书构建了如下模型：

$$
\begin{aligned}
Forecast\ Precision_{i,t} = {}& \beta_0 + \beta_1 XPay_{i,t} + \beta_2 Lnst_{i,t} + \beta_3 Pay_{i,t} \times Lnst_{i,t} + \beta_4 Size_{i,t} \\
& + \beta_5 Lev_{i,t} + \beta_6 Roa_{i,t} + \beta_7 Loss_{i,t} + \beta_8 Sale_{i,t} + \beta_9 R\&D_{i,t} \\
& + \beta_{10} Top_{i,t} + \beta_{11} Equity_{i,t} + \beta_{12} Indd_{i,t} + \beta_{13} Board_{i,t} \\
& + \beta_{14} Cac_{i,t} + \beta_{15} Forecast\ Institution_{i,t} + \beta_{16} Bias_{i,t} \\
& + \beta_{17} Forecast\ Horizon_{i,t} + \beta_{18} Forecast\ Attitude_{i,t} \\
& + \beta_{19} Forecast\ News_{i,t} + \sum Ind_{i,t} + \sum Year_{i,t} + \varepsilon_{i,t}
\end{aligned}
$$

$$(8.1)$$

模型（8.1）中，因变量 *Forecast Precision* 表示上市公司对外发布年度业绩预告的精确度。自变量 $XPay$ 为上市公司的高管货币薪酬水平，其中 Pay 为上市公司年报公开披露的前三名高级管理人员的薪酬总额的自然对数，Unpay1 为借鉴权小锋等（2010）模型回归出的高管超额薪酬，Unpay2 为借鉴吴育辉等（2010）模型回归出的高管超额薪酬。本书将机构投资者持股比例（Lnst）分为高机构投资者持股比例组和低机构投资者持股比例组两组，分别进行多元回归，然后通过对比两组回归的系数和 T 值，检验机构投资者对高管薪酬与业绩预告精确度之间关系的调节效应。本书以上模型中的相关变量的定义如表 8 - 1 所示，控制变量设计与说明与表 6 - 1B 相同。

表 8 - 1　　　　　　　　　　　变量设计与说明

变量类型	变量名称	变量符号	变量说明
因变量	业绩预告精确度	Forecast Precision	点预测取值为 4，闭区间预测取值为 3，开区间预测取值为 2，定性预测取值为 1
自变量	高管货币薪酬	Pay	前三名高管薪酬总额取对数
	高管超额薪酬	Unpay1	高管实际薪酬与预期正常薪酬的差额［弗思等（Firth et al.，2006）；权小锋等，2010］
		Unpay2	高管实际薪酬与预期正常薪酬的差额［科尔等（Core et al.，2008）；吴育辉等，2010］
调节变量	机构投资者	Lnst	机构投资者持股占该公司流通股的比例

注：表格内容由笔者根据相关资料整理所得。

第三节　实证模型检验与结果分析

一、描述性统计分析

本书分别对各年度对外披露业绩预告信息企业的机构投资者持股比例结

果进行了描述性统计，详细结果如表8－2所示。

表8－2　　　披露了业绩预告信息的企业机构投资者持股比例结果的描述性统计

年份	样本数	均值	中位数	标准差	最小值	最大值
2005	320	0.219	0.146	0.223	0	0.872
2006	443	0.245	0.184	0.226	0	0.902
2007	709	0.278	0.239	0.238	0	0.951
2008	807	0.281	0.222	0.242	0	0.902
2009	1012	0.299	0.257	0.241	0	0.963
2010	1321	0.282	0.239	0.233	0	0.947
2011	1544	0.294	0.260	0.229	0	0.914
2012	1616	0.303	0.280	0.236	0	0.948
2013	1691	0.308	0.278	0.241	0	0.968

　　根据表8－2可知，披露了业绩预告信息企业的机构持股比例从2005～2013年的均值分别为0.219、0.245、0.278、0.281、0.299、0.282、0.294、0.303、0.308，中位数分别为0.146、0.184、0.239、0.222、0.257、0.239、0.260、0.280、0.278，标准差分别为0.223、0.226、0.238、0.242、0.241、0.233、0.229、0.236、0.241。从机构持股比例的均值来看，整体上保持逐年上升的趋势，只有在2010年出现了一定幅度的下降，其他年份都是逐年增长的，其中2007年上升幅度最大，幅度为0.033。机构持股比例均值从2005年增长到2013年，在2013年达到最高值为0.308，9年里增长了近40%。从机构持股比例的中位数来看，机构持股比例从2005年一直上升到2007年后出现下降，然后从2010年一直上升到2012年后出现下降，整体趋势仍然是上升的，机构持股比例中位数的最大值在2012年为0.280。从机构持股比例的

标准差来看，样本的机构持股比例存在一定的差异。从机构持股比例的最小值和最大值来看，样本的机构持股比例之间也存在明显的差异，机构持股比例每年的极差较大，大的极差达到了 0.968，出现在 2013 年；小的极差也有0.872，出现在 2005 年。

二、高管薪酬、机构投资者与业绩预告精确度回归分析

为了验证机构投资者对高管薪酬和业绩预告精确度之间关系的调节效应，本书将机构投资者分为高机构持股比例组和低机构持股比例组，然后分别研究高机构持股比例组和低机构持股比例组中高管薪酬与业绩预告精确度之间的关系。详细的分析结果如表 8 - 3 所示。

根据表 8 - 3 中高机构持股比例组和低机构持股比例组的回归结果可知，两组中高管薪酬（Pay）、高管超额薪酬（Unpay1）和高管超额薪酬（Unpay2）与业绩预告精确度在 0.01 的置信水平上均显著负相关。根据表 8 - 3A 可知，在高机构持股比例组内，模型（1）、模型（2）和模型（3）中，高管薪酬（Pay）、高管超额薪酬（Unpay1）和高管超额薪酬（Unpay2）的系数分别为 - 0.084、- 0.087 和 - 0.079，T 值分别为 - 2.62、- 2.74 和 - 2.47；根据表 8 - 3B 可知，在低机构持股比例组内，高管薪酬（Pay）、高管超额薪酬（Un-pay1）和高管超额薪酬（Unpay2）的系数分别为 - 0.107、- 0.111 和 - 0.096，T 值分别为 - 3.59、- 3.76 和 - 3.32，前者的系数和 T 值的绝对值都明显小于前者，反映出在高机构持股比例组中高管薪酬对业绩预告精确度造成的负向影响更小，支持了假设 8.1，说明机构投资者在公司治理中发挥了积极的监督效应。

表 8 - 3A　　　高管薪酬、机构投资者与业绩预告精确度回归分析结果

（高机构持股比例组）

	（1）	（2）	（3）
常数	− 2. 133 *** （ − 3. 79）	− 1. 162 *** （ − 2. 87）	− 1. 215 *** （ − 2. 99）
Pay	− 0. 084 *** （ − 2. 62）		
Unpay1		− 0. 087 *** （ − 2. 74）	
Unpay2			− 0. 079 ** （ − 2. 47）
Size	− 0. 004 （ − 0. 21）	− 0. 008 （ − 0. 48）	− 0. 012 （ − 0. 69）
Lev	0. 021 （0. 24）	0. 020 （0. 23）	0. 071 （0. 84）
Roa	− 1. 270 *** （ − 3. 63）	− 1. 513 *** （ − 4. 31）	− 1. 487 *** （ − 4. 25）
Loss	0. 039 （0. 75）	0. 039 （0. 75）	0. 039 （0. 75）
Sale	− 0. 013 （ − 0. 23）	− 0. 012 （ − 0. 22）	− 0. 013 （ − 0. 22）
Rd	− 0. 002 （ − 0. 59）	− 0. 002 （ − 0. 59）	− 0. 002 （ − 0. 60）
Top	0. 020 （0. 18）	0. 020 （0. 18）	0. 020 （0. 18）
Equity	− 83. 980 *** （ − 9. 12）	− 83. 570 *** （ − 9. 06）	− 83. 280 *** （ − 8. 97）
Indd	0. 159 （0. 47）	0. 158 （0. 47）	0. 151 （0. 44）
Cac	− 0. 056 （ − 0. 56）	− 0. 055 （ − 0. 55）	− 0. 059 （ − 0. 58）

续表

	（1）	（2）	（3）
Board	0.094 * （1.77）	0.095 * （1.78）	0.094 * （1.76）
Forecast Institution	−0.003 （−0.92）	−0.003 （−0.91）	−0.003 （−0.90）
Bias	−49.280 （−1.43）	−49.450 （−1.44）	−49.330 （−1.43）
Forecast Horizon	−0.051 （−0.39）	−0.050 （−0.39）	−0.050 （−0.38）
Forecast Attitude	−0.017 （−0.41）	−0.017 （−0.41）	−0.017 （−0.41）
Forecast News	−0.021 （−0.38）	−0.017 （−0.32）	−0.019 （−0.36）
年度/行业	控制	控制	控制
R^2	0.1505	0.1506	0.1504
F/LR Chi2	1457.53 ***	1458.46 ***	1456.49 ***
N	4820	4820	4820

注：*、**、*** 分别表示在10%、5%、1%水平下显著。

表8－3B　　高管薪酬、机构投资者与业绩预告精确度回归分析结果

（低机构持股比例组）

	（1）	（2）	（3）
常数	−2.525 *** （−4.34）	−1.280 *** （−2.77）	−1.409 *** （−3.04）
Pay	−0.107 *** （−3.59）		
Unpay1		−0.111 *** （−3.76）	

	(1)	(2)	(3)
Unpay2			-0.096^{***} (-3.32)
Size	0.000 (0.00)	-0.006 (-0.30)	-0.013 (-0.66)
Lev	0.000 (0.00)	-0.002 (-0.02)	0.085 (1.10)
Roa	-1.602^{***} (-4.63)	-1.903^{***} (-5.56)	-1.871^{***} (-5.47)
Loss	-0.002 (-0.03)	-0.002 (-0.04)	-0.002 (-0.03)
Ale	-0.071 (-1.43)	-0.070 (-1.42)	-0.069 (-1.40)
Rd	-0.004 (-1.36)	-0.004 (-1.36)	-0.004 (-1.36)
Top	0.158 (1.35)	0.158 (1.34)	0.162 (1.38)
Equity	-61.340^{***} (-6.39)	-60.840^{***} (-6.33)	-60.870^{***} (-6.31)
Indd	0.075 (0.23)	0.079 (0.24)	0.061 (0.19)
Cac	-0.012 (-0.16)	-0.009 (-0.13)	-0.021 (-0.30)
Board	0.064 (1.09)	0.066 (1.12)	0.063 (1.07)
Forecast Institution	0.003 (0.78)	0.003 (0.79)	0.003 (0.79)
Bias	9.245 (0.26)	9.082 (0.26)	9.190 (0.26)

续表

	(1)	(2)	(3)
Forecast Horizon	−0.090 (−0.66)	−0.091 (−0.67)	−0.092 (−0.67)
Forecast Attitude	−0.020 (−0.46)	−0.020 (−0.47)	−0.019 (−0.45)
Forecast News	−0.012 (−0.22)	−0.008 (−0.14)	−0.012 (−0.21)
年度/行业	控制	控制	控制
R^2	0.1415	0.1417	0.1413
F/LR Chi2	1331.63 ***	1333.12 ***	1329.15 ***
N	4643	4643	4643

注：*、**、*** 分别表示在 10%、5%、1% 水平下显著。

三、稳健性检验

与第六章和第七章相一致，本章将重点针对模型中的样本选择方面做相关的稳健性检验。本章根据标准的经典的市场化薪酬契约文献的要求，将研究样本中是中央政府控制的、地方政府控制的不符合市场化薪酬代理模型的、家族企业、两职合一的企业、有共同创始人以及创业者做公司 CEO 的样本进行剔除。最终总共得到 3391 个符合标准的经典的薪酬契约代理模型的样本。本书再重新对这些研究样本分高机构持股比例组和低机构持股比例组分别做高管薪酬与业绩预告精确度之间的回归分析，具体的分析结果如表 8 - 4 所示。

根据表 8 - 4 可知，在将不符合标准的经典的市场化薪酬契约要求的研究样本删除后的高管薪酬与业绩预告精确度之间所做的回归结果分析中，在高机构持股比例组中，高管薪酬（Pay）、高管超额薪酬（Unpay1）和高管超额

薪酬（Unpay2）与业绩预告精确度的相关系数分别为 - 0.037、- 0.039 和
- 0.025，T 值分别为 - 0.74、- 0.79 和 - 0.50，没有通过显著性检验。在低
机构持股比例组中，高管薪酬（Pay）、高管超额薪酬（Unpay1）和高管超额
薪酬（Unpay2）与业绩预告精确度的相关系数分别为 - 0.100、- 0.099 和
- 0.084，T 值分别为 - 2.24、- 2.23 和 - 1.92，在 10% 的置信水平下显著负
相关。通过对比表 8 - 4A 和表 8 - 4B 可知，前者的系数和 T 值的绝对值之和
远小于后者，检验说明本章的研究结论保持不变。

表 8 - 4A　　　　删除样本后高管薪酬、机构投资者与业绩预告精确度的回归结果
（高机构持股比例）

	（1）	（2）	（3）
常数	- 2.410 *** (- 2.82)	- 1.982 *** (- 3.42)	- 1.988 *** (- 3.41)
Pay	- 0.037 (- 0.74)		
Unpay1		- 0.039 (- 0.79)	
Unpay2			- 0.025 (- 0.50)
Size	- 0.036 (- 1.40)	- 0.038 (- 1.48)	- 0.039 (- 1.50)
Lev	0.021 (0.16)	0.021 (0.15)	0.039 (0.28)
Roa	- 2.098 *** (- 3.63)	- 2.207 *** (- 3.80)	- 2.187 *** (- 3.78)
Loss	0.156 * (1.76)	0.156 * (1.76)	0.157 * (1.77)

续表

	（1）	（2）	（3）
Sale	−0.034 （−0.45）	−0.033 （−0.44）	−0.034 （−0.46）
Rd	−0.006 （−1.21）	−0.006 （−1.21）	−0.006 （−1.21）
Top	−0.047 （−0.24）	−0.047 （−0.24）	−0.048 （−0.24）
Equity	−47.950 *** （−2.99）	−47.790 *** （−2.98）	−48.300 *** （−3.01）
Indd	0.625 （1.05）	0.626 （1.05）	0.613 （1.03）
Cac	−0.006 （−0.04）	−0.005 （−0.03）	−0.012 （−0.08）
Board	−0.025 （−0.29）	−0.025 （−0.29）	−0.027 （−0.31）
Forecast Institution	−0.002 （−0.30）	−0.002 （−0.29）	−0.001 （−0.27）
Bias	−64.560 （−1.25）	−64.600 （−1.25）	−64.770 （−1.26）
Forecast Horizon	−0.085 （−0.40）	−0.086 （−0.40）	−0.084 （−0.39）
Forecast Attitude	0.052 （0.72）	0.052 （0.72）	0.052 （0.72）
Forecast News	0.054 （0.69）	0.055 （0.71）	0.053 （0.69）
年度/行业	控制	控制	控制
R^2	0.0826	0.0826	0.0825
F	296.14 ***	296.24 ***	295.73 ***
N	1697	1697	1697

注：＊、＊＊、＊＊＊分别表示在10%、5%、1%水平下显著。

表 8 - 4B　　删除样本后高管薪酬、机构投资者与业绩预告精确度的回归结果

（低机构持股比例）

	（1）	（2）	（3）
常数	-2.189 ** (-2.53)	-1.026 (-1.51)	-1.141 * (-1.67)
Pay	-0.100 ** (-2.24)		
Unpay1		-0.099 ** (-2.23)	
Unpay2			-0.084 * (-1.92)
Size	0.008 (0.25)	0.002 (0.08)	-0.004 (-0.12)
Lev	-0.058 (-0.45)	-0.057 (-0.43)	0.019 (0.15)
Roa	-1.599 *** (-3.35)	-1.872 *** (-3.96)	-1.844 *** (-3.90)
Loss	-0.106 (-1.37)	-0.106 (-1.37)	-0.108 (-1.38)
Sale	-0.087 (-1.38)	-0.087 (-1.38)	-0.086 (-1.36)
Rd	-0.0024 (-0.45)	-0.002 (-0.43)	-0.002 (-0.43)
Top	0.230 (1.24)	0.231 (1.24)	0.238 (1.28)
Equity	-40.980 ** (-2.36)	-40.760 ** (-2.34)	-41.230 ** (-2.37)
Indd	0.127 (0.25)	0.119 (0.23)	0.104 (0.20)
Cac	0.008 (0.08)	0.007 (0.07)	-0.005 (-0.05)

续表

	(1)	(2)	(3)
Board	0.035 (0.35)	0.035 (0.35)	0.031 (0.31)
Forecast Institution	0.002 (0.30)	0.002 (0.30)	0.002 (0.29)
Bias	-11.640 (-0.24)	-11.560 (-0.24)	-11.410 (-0.24)
Forecast Horizon	0.230 (1.09)	0.229 (1.09)	0.229 (1.09)
Forecast Attitude	0.005 (0.07)	0.004 (0.05)	0.004 (0.06)
Forecast News	-0.074 (-0.98)	-0.069 (-0.91)	-0.073 (-0.96)
年度/行业	控制	控制	控制
R^2	0.0699	0.0699	0.0695
F	254.28***	254.28***	252.75***
N	1694	1694	1694

注：*、**、***分别表示在10%、5%、1%水平下显著。

第四节　本章小结

在本章中，本书通过选取2005~2013年共9463个样本对高管薪酬、机构投资者以及业绩预告精确度之间的关系分别进行了检验。考察了将机构持股比例分为高机构持股比例组和低机构持股比例组两组不同的公司，其高管薪酬与业绩预告精确度之间的关系是否也有所差异。通过实证研究发现，相比低机构持股比例的公司而言，高机构持股比例的公司高管薪酬对业绩预告精确度的负向影响更小，同时这一结果在剔除了不符合标准的经典的薪酬契约代理模型样本后仍然是稳健的。这说明机构投资者在公司治理中是积极的参与者，在实施对公司监督效应时发挥了积极的作用，有力地抑制了高管攫取高额薪酬和对会计盈余进行操控的动机，进一步提升了高管薪酬业绩敏感性，此外，机构投资者还促进了公司自愿披露更多信息，提高了盈余信息披露的透明性和及时性，进一步完善了公司治理的结构。

第九章

研究结论、政策建议与
未来研究展望

本章对全书进行一个概括性的总结。首先，对本书检验得出的研究结果和启示进行归纳和总结，并结合当前的相关政策，提出政策建议；然后，深入分析研究过程中可能存在的局限性和不足，并进一步指出未来有研究价值的问题和方向。

第一节　研究结论与政策建议

一、研究结论

与先前主要研究高管激励与业绩预告精确度文献不同的是，本书从高管薪酬的绝对衡量水平和相对衡量水平为视角探讨其能否以及如何影响公司对外披露业绩预告的精确度，并进一步考察了当企业所有权性质和机构投资者持股比例不同时，高管薪酬与业绩预告精确度之间的关系是否也会发生差异性的变化。本书选取了 2005 ~ 2013 年共 9463 个研究样本，在控制了内生性、样本自选择问题以及进行了多方面稳健性检验后，实证得出了以下研究结论：

一是在当前我国仍然处于特殊转轨中的新兴市场制度环境下，上市公司管理层对会计盈余和薪酬进行操纵的机会主义动机仍然普遍存在，管理层为了追求私人收益的最大化而做出损害委托人及股东的合法权益。由于我国目前法律制度建设仍然欠缺和投资者权益保护较弱，在企业实际经营过程中，为了获得薪酬绝对数额上的高薪或相对数额上的超额薪酬，受到薪酬契约中设定好的会计业绩指标的捆绑与约束，管理层为了获得预期薪酬往往对企业的会计盈余指标具有强烈的操纵动机，这会显著影响用于生成业绩预告信息的内部财务报告的质量，即此时的内部财务报告中关键的财务指标被高管进行了机会主义行为操纵，其质量受到了严重的影响，导致降低了以内部财务报告为预测基础的业绩预告精确度。此外，相比向下盈余管理的企业，向上盈余管理的企业高管薪酬对业绩预告精确度的负向影响会变得更大。虽然企业在高管薪酬制度中参照会计指标进行考核，但由于某些高管存在追求私人收益的动机，导致对薪酬进行操纵的后果，而高管为了保障最终能获得预期或超额的薪酬水平，存在调高利润的动机更大，即对企业盈余向上进行操纵的动机会更大，向上操纵盈余会明显降低用于生成业绩预告信息的内部财务报告的质量，同时这对业绩预告精确度的负向影响也会变得更大。实证的结果表明，虽然我国上市公司都已经建立了较为规范的公司治理体系，但公司治理的有效性仍需要大力地推进与发展。高管激励作为公司治理环节中的重要一环，更需要给予重视，相比高管股权或持股激励，给予高管货币性薪酬激励往往容易造成高管形成短视的目光，导致高管只关注企业短期内会计盈余的变化，而忽略企业长远的发展方向和目标，并没有构建成良好的激励机制和提升财务报告的质量，反而在一定程度上加大了企业内外部之间的信息不对称。这都与我国监管部门出台的《公司法》《证券法》等其他高管薪酬激励制度的要求与意旨相背离，因此，对于如何提升高管货币性薪酬激励的有效性以及完善高管薪酬制度等也都是我国未来公司治理改革应该重点关注的主题，监管部门应充分结合短期与长期高管激励的互补性与互动性，充分调动高管激励的积极性与自主性。

二是企业所有权性质在高管薪酬与业绩预告精确度之间起着一定的调节效应。通过实证研究发现，相比国有企业而言，非国有企业高管薪酬对业绩预告精确度的负向影响更大。由于中国所存在的特有的二元体制，国有企业在日常经营过程中承担着许多民生工程、社会稳定和更大的社会责任，在享受更多优惠扶持性政策的同时，高管的薪酬也受到监管部门的诸多管制，甚至高管的任命与职务变迁也是由上级领导部门所决定，与企业会计业绩的关联不大。国有企业的这些特性都与主要追求经济利润最大化的非国有企业有着本质的不同，在非国有企业中，高管的薪酬契约通常与企业的会计业绩相挂钩，而不采用其他非财务指标主要是由于非财务指标存在前后考核不一致以及相关性较低的问题，高管为了获得高额或超额的薪酬，对企业会计业绩指标操纵的动机更大，从而影响了非国有企业中用于生成业绩预告信息的内部财务报告的质量，最终降低了非国有企业对外披露的业绩预告的精确度。此外，研究还发现限薪令对国有企业高管的薪酬管制有较大的影响，限薪令的颁布对国有企业高管的最高薪酬进行了管制，降低了国有企业高管通过操纵会计盈余指标来获取高额薪酬或超额薪酬的动机，从而导致降低了国有企业高管薪酬对业绩预告精确度的负向影响；但限薪令对非国有企业高管的薪酬管制影响较小，并没有影响非国有企业高管薪酬随着时间的推移而对业绩预告精确度增大的负向影响。2005年10月，第十届全国人大第十八次会议通过了修订后的《公司法》和《证券法》，消除了上市公司实施股权激励的部分法律障碍，同年次月，证监会发布了《上市公司股权激励管理规范意见》，对上市公司的股权激励进行了规范和推进。一系列的政策变化表明监管部门已经意识到单一的货币性薪酬激励存在着一定的短视动机，只有对高管的薪酬激励进行多元化的改革，在货币性薪酬激励的基础上结合股权激励等较为长远、有效的激励形式，最终才能达到高管激励相容，实现高管收益与股东价值最大化的目标。

三是机构投资者在高管薪酬与业绩预告精确度之间起着一定的调节效应。通过实证研究发现，相比低机构持股比例的公司而言，高机构持股比例的公司高管薪酬对业绩预告精确度的负向影响更小。这一结果表明虽然机构投资者作为企业外部的财务投资者，不参与企业的日常生产经营，但机构投资者会通过他们的股权和资本市场的力量，积极参与和规范公司的治理，在实施对公司的监督效应时发挥积极的作用，可以对高管提出的不合理的薪酬提案施加压力，从而有力地抑制了高管攫取高额薪酬和对会计盈余进行操控的动机，同时进一步提升了高管薪酬业绩敏感性。此外，机构投资者还促进了公司自愿披露更多信息，提高了盈余信息披露的透明性和及时性，进一步完善了公司治理的结构。本章的实证结果表明，积极、稳健的外部投资者对于公司内部的治理具有重要的影响，其行为可以有效地提升公司治理水平和规范公司的治理结构，积极、稳健的机构投资者也能够进一步壮大与发展。同时，监管部门应大力推动稳健型机构投资者在资本市场中的作用，积极发挥机构投资者的力量来维护资本市场的稳定与价值发现功能，并进一步通过依法来规范机构投资者的投资行为。

二、政策建议

（一）完善公司内部治理机制

一是完善公司管理层的聘任及选拔机制。上市公司的管理层是公司对外信息披露的直接决策者，尤其是上市公司的执行总监和财务总监直接决定着公司对外披露信息的多寡及质量。因此，管理者个人能力及自身素质的高低，也在很大程度上影响了上市公司对外信息披露的程度，同时也决定了公司对外披露的业绩预告的精确度。因此，要提高高管薪酬对业绩预告精确度的正向激励作用，首先就要加强高管人员的专业化能力建设，尤其是财务决策能力。选拔任用财务背景的管理者，有助于增强公司对外披露的信息的质量，也能提高业绩预告的精确度。另外，完善公司管理层的聘任选拔机制，还有助于在众多精英中遴选出最适合的高素质人才，这也能在一定程度上缓解高管通过操控业绩及个人薪酬的不良动机。所以说，高管选拔是关系公司治理的首要大事，也是促进高管薪酬对业绩预告精确度正向作用的有力武器。

二是完善公司治理结构。研究发现，上市公司管理层对会计盈余和薪酬进行操纵的机会主义动机仍然普遍存在，管理层为了追求私人收益的最大化而做出损害委托人及股东的合法权益时有发生，很多公司普遍存在"一股独大""内部人控制"等现象，这些都是因为公司治理结构不健全、制衡机制不完善造成的。就高管薪酬管理和信息披露来说，公司治理有效是保证高管薪酬机制良好运转、信息披露质量提高的基本条件。因此，要不断完善公司的治理结构，通过加强内部控制和内部管理，减少公司管理层自利性披露的行为。同时还要建立好权利的约束和保障机制，既要对高管人员进行一定的约束监督，又要能为高管发挥自身能力和专业优势提供相应的保障条件，促进信息披露质量的提高。

三是完善信息披露机制，尤其是业绩预告披露机制。从一般意义来讲，信息披露机制对高管薪酬能够有效地发挥出监督和调控的积极作用。因为严格的信息披露能够让股东掌握到的公司相关信息更为全面，特别是有助于降低获取高管薪酬信息的成本，从而使股东能够更好地监督董事会、薪酬委员会，并对不合理的薪酬计划及时发挥制约的作用。但信息披露机制并不能有效降低高管的薪酬水平，严格的信息披露会增强高管薪酬与经营业绩的相关性，在无形中会增加高管的个人风险，而且可能助长高管进一步操纵业绩的动机。因此，需要进一步补充和完备高管的信息披露，比如应当要求董事会及薪酬委员会就高管薪酬的具体结构、比例、标准、实施方法以及高管薪酬与业绩预告的关联性等问题对外公布。此外，还可以考虑将业绩预告的精确度纳入到高管薪酬考核体系，在规范高管对外披露信息机制的同时，进一步增强信息含量。

（二）规范国企高管薪酬决定机制

一是在国有企业中建立并完善现代法人治理结构。企业法人治理结构是保证企业内部高效运转的核心机制，由于能够缓解内部人控制，现代法人治理结构决定着高管的薪酬制度。在国有资产"所有者缺位"的背景下，建立和完善企业治理机制，是解决基于委托代理问题带来的国有企业经营者"道德风险"的最佳方案。只有让国有企业高管的薪酬更多地由市场决定，在董事会下设薪酬与考核委员会专门考核负责薪酬的制定和考核，而当前对国有企业经理人薪酬起决定性作用的国资委退居二线，职能转变为主要负责薪酬的监督，这样才能更好地解决目前企业自定薪酬，以及薪酬"一刀切"带来的国企高管积极性不高等困难。

二是理顺国有企业收入分配机制，实现公平分配。理顺国有企业的收入分配机制是一块难啃的大骨头，实施起来任重道远、困难重重，这不仅涉及到管理层的薪酬计划如何设置，还涉及普通员工的激励计划；关键是要避免国企"大锅饭"的平均主义，提高员工的工作积极性。为此，我们建议，首先要对国有企业管理层的薪酬进行规制，特别是一些垄断性行业的高管进行薪酬限制，缩小与普通员工的薪酬差距；其次可以通过员工持股等多种方式激励员工，拓宽员工的收入渠道。比如在高管薪酬的决策上，让员工通过职工董事、职工监事、职工代表大会等方式参与进来。让员工参与到公司的决策之中，不仅能增强员工的责任感，更能强化员工对高管的监督意识，更好杜绝一些高管操纵薪酬或操纵业绩预告的现象发生。

三是对国有垄断企业高管薪酬实行行业分类管理。比如对部分行业的国有企业高管可以实行"准公务员制"，许多国有企业高管基于政治升迁上的诉求，会倾向于操纵个人薪酬，或者对业绩预告的精确度进行所谓的"调节"。对国有企业高管薪酬进行分类管理，有助于缓解国企高管薪酬激励机制与行政任命制度之间的冲突和矛盾，尤其是那些公用性、垄断性的具有公共服务职能的国企高管的薪酬，可以参照公务员体制，控制在比公务员稍高的范围之内。对于其他公共服务职能稍弱的国有企业，其高管薪酬建议采用市场化机制和市场薪酬确定其薪酬水平。

（三）建立有效市场监管体制

事实证明，政府部门虽负有监管的主要职责，但要实现保护投资者的监管目标，光靠政府监管部门的力量是远远不够的，市场上"监管失灵"的普遍现象不得不让监管部门思考如何引入市场监管力量，建立开放式监管体系，最终实现保护投资者的利益。

一是优化监管顶层设计。优化监管顶层设计是整合各方监管力量的前提保障，有效市场监管体系的建立，首先需要政府监管部门做好顶层设计，为多方监管的参与创造良好环境。具体而言，一方面，要建立和健全法律规范，尤其是要建立上市公司高管披露信息的法律保障体系，完善目前的业绩预告披露制度，促使管理层披露更多的前瞻性信息。另一方面，要建立科学的评级体系。监管部门可以单独成立或联合成立考察委员会，组织相关专家对上市公司对外披露的业绩预告信息进行全面考核，持续动态地监测预测性信息的披露质量水平，尤其要重视对实际业绩与预测性业绩之间差距的监测考评。

在考核过程中，监管部门还可以要求上市公司管理层、投资者、财务分析师等多方参与，对该类信息的披露提出建议与评论。此外，还应将上市公司历年的信息披露状况进行信息综合评级，建立起信用等级档案，加强管理层对信用评级的重视。

二是整合各方监管力量。将各方监管力量纳入整个监管体系，可以有效弥补政府监管失灵带来的不足。一方面，要充分发挥审计师的监管作用。注册会计师作为独立的第三方机构，对公司进行财务等方面的全面审核，既发挥了对公司高管信息披露的有效监督，又在很大程度上减轻了投资者对公司管理层的信任危机。目前，审计师主要负责对年报及一些公告的审计，业绩预告则不在审计范围，给上市公司操纵披露财务报表数据信息以很大的自由空间，建议可以适当将审计师纳入对业绩预告信息披露的审计中来。另一方面，尽可能整合其他监管力量。与成熟的国际市场相比，我国属于典型的个人投资者主导型市场。个人投资者由于缺乏经验和风险承受力较弱，从上市公司获取信息的成本较高，更多地依赖于专业咨询机构，以媒体和分析师推荐为主的中介机构正成为中小投资者获取信息的主要途径。因此，要加强媒体声誉机制和监督机制形成的治理功能，同时还要提高分析师的独立性，确保其有效发挥对上市公司的预测和监督作用。

第二节　研究局限与未来展望

一、研究局限

本书的研究局限主要体现在以下两个方面：

首先，本书只研究了狭义的高管薪酬体系，即仅仅考虑了高管的货币性薪酬，没有考虑股票期权、在职消费等方式的薪酬对业绩预告精确度的影响。作为完整的高管薪酬体系，在职消费、福利报酬、职位晋升等方面的薪酬激励对高管的机会主义盈余管理动机均有一定程度的影响。因此，在未来的研究中可以进一步更加深入地研究高管其他薪酬激励方式对业绩预告精确度的影响。

其次，在检验机构投资者对高管薪酬与业绩预告精确度之间关系时，没有进一步考虑不同类型的机构投资者对高管薪酬与业绩预告精确度之间关系所产生的差异影响。因为不同机构的投资理念和投资偏好都存在一定程度上的差异，基金、证券、保险、信托公司、社保基金、QFII 在内的不同机构主体对高管薪酬和业绩预告精确度都有着不同的影响，各类机构投资者对公司治理的作用也不同。这可能会对本书关于机构投资者所发挥的调节效应的实证结果造成一定的影响，有待于进一步研究解决。杨海燕等（2012）、袁知柱等（2014）从机构分类来看，投资基金公司、证券企业、保险公司、QFII、社保基金者这五类机构投资者对于上市公司的信息披露行为和盈余管理行为有着不同的影响，这可能为以后更加准确地评价机构投资者在高管薪酬与业绩预告精确度之间的关系中所起的作用提供了一个很好的借鉴思路。

二、未来研究展望

尽管当前国内外诸多学者围绕上市公司高管薪酬激励的有效性以及影响业绩预告精确度的各类因素进行了大量的分析和检验，在研究内容的深度上和研究方法的多样性上，都进行了大量的尝试，取得了较为重要的理论价值和实践指导意义，但在具体的研究中仍然存在一些问题和不足，有待学者在今后进一步地完善和更加深入地探索。具体如下：

一是积极探索准确衡量高管薪酬激励有效性的方法。现阶段学者围绕高管薪酬是否符合最优有效契约进行了诸多检验，但由于各类检验对于高管薪酬激励有效性的衡量方法和评价内容均存在一定的不一致性，导致检验的结果存在一定的差异甚至是相反的结论，这些都表明当前衡量和评价高管薪酬的方法并不是最有效的，对研究结论的解释力和可鉴证性都造成了损害。因此，将来学者研究高管薪酬激励有效性的首要关注点应该是积极寻找更加有效的评价方法，这些都将对高管薪酬研究结论的可靠性和可信性有着重要的影响。

二是通过本书对企业所有权性质调节效应的检验，发现尽管相比国有企业，非国有企业的高管薪酬对业绩预告的精确度负向影响更大，其中国有企业的高管薪酬对业绩预告精确度的负向影响仍然存在。这说明国有企业虽然面临着一些政府管制，但国有企业的高管仍然存在着基于会计盈余操纵的薪酬动机。针对国有企业和非国有企业性质的差异，对于高管薪酬契约的设计和激励机制的评价，都应该采用与之相适应的原则以及更加市场化的标准来考核。

三是机构投资者作为资本市场中的重要参与者，其对公司的治理、价值的发现等方面的作用得到了大量文献的检验和理论的支持。近年来，我国机构投资者的力量和规模在资本市场中都取得了较大的发展，其投资理念也发生了变化，有些机构投资者参与到对上市公司的投资中，不仅仅作为独立的财务投资者，有些机构投资者通过定增、举牌等方式获取上市公司大量的股权甚至成为公司的控股股东，从而介入到上市公司的日常生产经营中，这些机构投资者或许在最初的投资中，参与公司治理的动机就较为强烈。此外，不同类型的机构投资者在对同一公司进行投资时，各类机构投资者可能也存在一定的利益冲突，那么这一利益冲突又会对公司的治理造成怎样的影响呢？这个问题或许是未来重要的研究方向之一。

　　四是在研究方法上，现阶段围绕检验高管薪酬激励有效性和业绩预告精确度影响因素的研究大多从二手数据采用档案方法入手，鲜有使用行为实验研究等其他研究方式。针对高管的薪酬操纵动机，目前也是通过高管进行会计盈余的操纵方式间接来衡量，并没有直接衡量出该动机。对于这种情景，可以尝试心理学主导的行为实验方法，或许可以通过贴近现实的情景模拟，从而得出更为直接检验高管薪酬操纵的动机和行为表现的结果。

　　五是在研究理论上，现阶段围绕高管薪酬和业绩预告精确度的研究文献大多是在委托代理理论、契约理论、信息披露理论的基础上分析和检验高管薪酬激励有效性和影响业绩预告精确度的因素，但这几种理论的实践都有不同的适用前提。例如运用契约理论时，根据标准的经典的代理模型下的契约理论，公司的高管薪酬契约必须符合市场化的要求，而对于由中央政府控制的企业、家族企业、两职合一的企业、有共同创始人以及创业者做公司 CEO 的企业均不符合标准的经典的代理模型下的契约理论的要求，因为这些高管的薪酬都不是市场化的结果，但是这些不符合标准契约理论要求的样本又占据市场中的大多数，且这些公司高管的行为和动机都存在差异性，所以引入或新建用于指导研究并解决实践问题的理论模型显得尤为迫切。

附　录　一

中国相关薪酬与业绩法规列表

高管薪酬法规汇总			
时间	发布单位	文件名称	发布的内容
高管薪酬制度萌芽与发展时期			
1986 年 12 月	国务院	《国务院关于深化企业改革增强企业活力的若干规定》	凡全面完成任期年度目标的经营者个人收入可以高出职工收入的 1～3 倍，做出突出贡献的还可以再高一些
1988 年 2 月	国务院	《全民所有制工业企业承包经营责任制暂行条例》	全面完成任期内承包经营合同年度指标的；经营者年收入可高于本企业职工年人均收入，一般不超过 1 倍；达到省内同行业先进水平或超过本企业历史最好水平的，可高于 1～2 倍；居全国同行业领先地位的，可高于 2～3 倍
1990 年 1 月	国家统计局	《关于工资总额组成的规定》	工资总额由计时工资、计件工资、奖金、津贴、补贴、加班加点工资和特殊情况下支付的工资构成
1992 年	劳动部、国务院经济贸易办公室	《关于改进完善全民所有制企业经营者收入分配办法的意见》	同《全民所有制工业企业承包经营责任制暂行条例》所示
1992 年	国务院	《企业经营者年薪试行办法》	实施高管薪酬年薪制，进一步完善公司高管薪酬信息披露的透明度
1998 年	全国人民代表大会常务委员会	《证券法》	国有资产管理局并入财政部，国企改革全面展开

续表

高管薪酬法规汇总

时间	发布单位	文件名称	发布的内容
1999 年 5 月	证监会	《关于上市公司总经理及高层管理人员不得在控股股东单位兼职的通知》	要求国有控股上市公司严格股权激励的实施条件，加快完善公司法人治理结构；完善股权激励业绩考核体系，科学设置业绩指标和水平；合理控制股权激励收益水平，实行股权激励收益与业绩指标增长挂钩浮动；进一步强化股权激励计划的管理，科学规范实施股权激励

企业效绩评价机制演变

时间	发布单位	文件名称	发布的内容
1999 年 6 月	财政部、国家经济贸易委员会、人事部、国家发展计划委员会四部委	《国有资本金效绩评价规则》《国有资本金效绩评价操作细则》	为完善国有资本金监管工作，促进强化企业激励与约束机制，有计划地建立国有资本金效绩评价制度，科学评判企业经营绩效起到了很好的作用
2002 年 6 月	财政部	《企业集团内部效绩评价指导意见》、《委托社会中介机构开展企业效绩评价业务暂行办法》	推动了企业效绩评价工作深入开展，规范指导企业集团内部开展绩效评价工作，进一步完善国有资本监管体系，促进提高国有资本营运效益，正确引导子公司经营行为
2002 年 8 月	财政部等五部委	《企业效绩评价操作细则（修订）》	由于出资人不到位，国有企业普遍存在负责人薪酬自定的现象，缺乏必要的规范。一方面，不同国有企业以及企业负责人之间的薪酬差距不合理，该高的不高、该低的不低，经营者薪酬水平与其承担的责任不相适应，与经营业绩挂钩不紧，缺乏严格的考核奖惩；另一方面，职务消费缺乏有效的管理、监督和约束

中央企业负责人业绩考核机制的演进过程

时间	发布单位	文件名称	发布的内容
2003 年 10 月	国资委	《中央企业负责人经营业绩考核暂行办法》	依据该办法对 2004～2006 年第一个业绩考核任期内的中央企业负责人进行了考核。国资委一成立，就抓紧组建机构，逐步制定完善国有资产监管法律法规。同时，积极开展了清产核资，初步摸清了中央企业的家底，在此基础上，对中央企业负责人进行了年度和任期经营业绩考核，突出了对企业关键绩效指标的考核，并将业绩考核与收入分配挂钩

高管薪酬法规汇总

时间	发布单位	文件名称	发布的内容
2003 年 12 月	国务院	《关于进一步加强人才工作的决定》	将经营者薪酬与其责任、风险和经营业绩直接挂钩
2007 年 1 月	国资委	《中央企业负责人经营业绩考核暂行办法》	较修订前 2004 年的办法相比，大力增加了关于技术投入（含 R&D）、创新方面的考核
2011 年 1 月	国资委	《关于认真做好 2011 年中央企业负责人经营业绩考核工作有关事项的通知》	要根据本企业及所属企业实际情况，逐步扩大经济增加值考核的企业范围，逐步加大经济增加值在考核指标体系中的权重。要研究经济增加值目标的分解落实办法，科学合理地设定所属企业的考核目标和工作任务。要积极探索建立与现行薪酬管理制度相衔接、与中央企业实际情况相适应、以经济增加值为核心的中长期激励机制
2014 年 1 月	国资委	《关于以经济增加值为核心加强中央企业价值管理的指导意见》	价值管理与完善激励约束机制有效衔接。以经济增加值考核为切入点，积极探索以经济增加值创造水平的改善状况与绩效薪酬或中长期激励挂钩的有效做法，建立长效激励约束机制，最大限度调动企业负责人和员工的积极性、创造性

中央企业负责人薪酬管理与业绩考核机制

时间	发布单位	文件名称	发布的内容
2007 年 12 月	国资委	《关于加强中央企业负责人第二业绩考核任期薪酬管理的意见》	提出在央企负责人第二任期业绩考核中进行中长期激励试点，并要合理拉开企业主要负责人与其他负责人之间，以及其他负责人相互之间的薪酬差距。《意见》同时明确，央企负责人薪酬增长应与企业效益增长相一致。企业效益下降，企业负责人年度薪酬不得增长，并视效益降幅适当调减；企业负责人年度薪酬增长幅度不得高于本企业效益增长幅度。《意见》还将加强对央企负责人薪酬水平的规范管理，规定央企负责人原则上不得在子企业兼职取酬，其他负责人经国资委批准在子企业兼职取酬的，其年度薪酬水平不能超过本企业主要负责人，以岗定薪，岗变薪变

高管薪酬法规汇总

时间	发布单位	文件名称	发布的内容
2010 年 1 月	国资委	《中央企业负责人经营业绩考核暂行办法》	按照权责利相统一的要求，建立企业负责人经营业绩同激励约束机制相结合的考核制度，即业绩上、薪酬上，业绩下、薪酬下，并作为职务任免的重要依据。根据企业负责人经营业绩考核得分，年度经营业绩考核和任期经营业绩考核最终结果分为 A、B、C、D、E 五个级别，完成全部考核目标值（经济增加值指标除外）为 C 级进级点。国资委依据年度经营业绩考核结果和任期经营业绩考核结果对企业负责人实施奖惩，并把经营业绩考核结果作为企业负责人任免的重要依据。对企业负责人的奖励分为年度绩效薪金奖励和任期激励或者中长期激励。企业负责人年度薪酬分为基薪和绩效薪金两个部分
2010 年 1 月	国资委	《关于进一步加强中央企业全员业绩考核工作的指导意见》	坚持按照岗位职责考核。以目标管理为重点，针对企业管理人员和职工各自的岗位、职责，紧紧抓住出资人最为关注和影响企业可持续发展的关键绩效指标和工作目标进行考核
2010 年 8 月	国资委	《中央企业全员业绩考核情况核查计分办法》	核查内容重点包括考核机构、考核制度、考核结果应用、监督检查、考核范围五项
2012 年 2 月	国资委	《关于进一步加强中央企业负责人副职业绩考核工作的指导意见》	中央企业负责人副职业绩考核工作应遵循以下原则：一是坚持正确考核导向。通过业绩考核促进企业战略目标实现和年度工作任务完成。二是坚持实现全员覆盖，督促企业落实每一位副职的岗位职责。三是坚持依法依规考核，切实做到公开、公平、公正。四是坚持做到科学有效，加强目标管理，定量考核和定性评价相结合、短期目标和长期目标相统一、组织绩效和个人绩效相协调
2013 年 1 月	国资委	《中央企业负责人经营业绩考核暂行办法》（国资委令第30 号）	企业负责人经营业绩考核，实行年度考核与任期考核相结合、结果考核与过程评价相统一、考核结果与奖惩相挂钩的制度。进一步强化业绩考核的价值导向，绝大多数中央企业 EVA 考核指标权重提高到 50%，利润总额指标权重下降为 20%

续表

<table>
<tr><td colspan="5" align="center">高管薪酬法规汇总</td></tr>
<tr><td>时间</td><td>发布单位</td><td>文件名称</td><td colspan="2">发布的内容</td></tr>
<tr><td colspan="5" align="center">股权激励机制的演进</td></tr>
<tr><td>1999 年
9 月</td><td>党的十五届四中全会</td><td>《国有企业改革和发展若干重大问题的决定》</td><td colspan="2">明确"建立和健全国有企业经营管理者的激励和约束机制。少数企业试行经理（厂长）年薪制、持有股权等分配方式"</td></tr>
<tr><td>1999 年
12 月</td><td>国务院</td><td>《中共中央国务院关于加强技术创新，发展高科技，实现产业化的决定》</td><td colspan="2">在一些国家控股公司中实行股权激励</td></tr>
<tr><td>2001 年
3 月</td><td>国家经贸委、人事部、劳动和社会保障部</td><td>《关于深化国有企业内部人事、劳动、分配制度改革的意见》</td><td colspan="2">对专业技术人员采用技术折价入股和股票期权等激励形式</td></tr>
<tr><td>2005 年
8 月</td><td>证监会、国资委、财政部、中国人民银行、商务部</td><td>《关于上市公司股权分置改革的指导意见》</td><td colspan="2">完成股权分置改革的上市公司可以实施管理层股权激励</td></tr>
<tr><td>2005 年
9 月</td><td>国务院</td><td>《国务院批转证监会关于提高上市公司质量意见的通知》</td><td colspan="2">上市公司要规范激励机制，通过股权激励等多种方式调动高管及员工积极性</td></tr>
<tr><td>2005 年
10 月</td><td>第十届全国人民代表大会常务委员会第十八次会议</td><td>修订后的《公司法》和《证券法》</td><td colspan="2">破除实施股权激励的部分法律障碍</td></tr>
<tr><td>2006 年
1 月</td><td>国资委</td><td>《国有控股上市公司（境外）实施股权激励试行办法》</td><td colspan="2">完成股权分置改革的上市公司，可实施股权激励</td></tr>
<tr><td colspan="5" align="center">股权激励机制的规范与监督</td></tr>
<tr><td>2000 年
4 月</td><td>劳动和社会保障部</td><td>《进一步深化企业内部分配制度改革的指导意见》</td><td colspan="2">规定经营者持股数额</td></tr>
</table>

高管薪酬法规汇总

时间	发布单位	文件名称	发布的内容
2002年10月	财政部和科技部	《关于国有高新技术企业开展股权激励试点的指导意见》	对股权激励的条件、对象、程序等进行了规定
2005年11月	证监会	《上市公司股权激励管理规范意见》	对上市公司的股权激励进行规范
2006年2月	财政部	新企业会计准则第11号——股利支付	对激励对象范围、股票来源、激励额度、授予价格、禁售期及解锁期、申报程序等进行了细致规定
2008年5月	证监会	《股权激励有关事项备忘录1号》和《股权激励有关事项备忘录2号》	对股权激励与重大事件间隔期、股权激励的股权定价以及主要股东、实际控制人成为激励对象等问题进行严格规定
2008年9月	证监会	《股权激励有关事项备忘录3号》	上市公司股权激励计划应明确：1. 股票期权等待期或限制性股票锁定期内的净利润水平；2. 不得设置上市公司发生控制权变更、合并、分立等情况下激励对象可以加速行权或提前解锁的条款；3. 采用股票期权和限制性股票激励方式的上市公司，应当聘请独立财务顾问对其方案发表意见；4. 明确说明股权激励会计处理方法，测算并列明实施股权激励计划对各期业绩的影响；5. 明确规定授予权益条件的，应当在授予条件成就后30日内完成；6. 董事、高级管理人员、核心技术人员以外人员成为激励对象的，应说明其作为激励对象的合理性。7. 叫停了"股东转让股票"和"上市公司提取激励基金买入流通A股"两种激励方式
2008年10月	国资委	《关于规范国有控股上市公司实施股权激励制度有关问题的通知》	要求国有控股上市公司严格股权激励的实施条件，加快完善公司法人治理结构：完善股权激励业绩考核体系，科学设置业绩指标和水平；合理控制股权激励收益水平，实行股权激励收益与业绩指标增长挂钩浮动；进一步强化股权激励计划的管理，科学规范实施股权激励

续表

高管薪酬法规汇总			
时间	发布单位	文件名称	发布的内容
高管人员任职管理制度			
1999 年 5 月	证监会	《关于上市公司总经理及高层管理人员不得在控股股东单位兼职的通知》	要求上市公司总经理必须专职，不得在集团等控股股东单位担任除董事以外的其他行政职务；要求总经理及高层管理人员（副总经理、财务主管和董事会秘书）必须在上市公司领薪，不得由控股股东代发薪水，以保证上市公司与控股股东在人员、资产、财务上严格分开
2006 年 6 月	国资委	《关于规范中央企业负责人职务消费的指导意见》	中央企业职务消费的有关制度规章
2008 年 6 月	中纪委	《国有企业领导人员违反廉洁自律"七项要求"适用〈中国共产党纪律处分条例〉若干问题的解释》	第七条明确规定"不准违规自定薪酬、兼职取酬、滥发补贴和奖金"，情节严重的将被开除党籍
2011 年 10 月	国资党委纪检	《中央企业贯彻落实〈国有企业领导人员廉洁从业若干规定〉实施办法》	中央企业各级领导人员应当严格执行国资委和本企业的薪酬管理规定，严格履行薪酬管理的批准、备案程序。不得有下列行为：（一）自定薪酬、奖励、津贴、补贴和其他福利性货币收入等，超出出资人或董事会核定的薪酬项目和标准发放薪酬、支付福利保障待遇；（二）除国家另有规定或经出资人或董事会同意外，领取年度薪酬方案所列收入以外的其他货币性收入；（三）擅自分配各级地方政府或有关部门给予中央企业的各种奖励
国有企业高管薪酬管理基本机制			
2004 年 6 月	国务院	《中央企业负责人薪酬管理暂行办法》	规定了中央企业负责人的薪酬构成、水平、发放时间、方式及考核方法
2009 年 9 月	人力资源和社会保障部、中组部、监察部、财政部、审计署、国资委	《关于进一步规范中央企业负责人薪酬管理的指导意见》	从适用范围、薪酬结构和水平、支付方式、补充保险和职务消费、监督管理、组织实施等方面进一步对中央企业负责人薪酬管理作出了规范

高管薪酬法规汇总			
时间	发布单位	文件名称	发布的内容
2009 年 11 月	国资委	《董事会试点中央企业专职外部董事管理办法（试行)》	第十六条专职外部董事的薪酬标准由国资委制定。第十七条专职外部董事薪酬由基本薪酬、评价薪酬、中长期激励等部分构成。第十八条专职外部董事的基本薪酬每三年（与中央企业负责人经营业绩考核任期相同）核定一次。基本薪酬按月支付
2012 年 2 月	国资委	《加强中央企业有关业务管理防治"小金库"若干规定》	中央企业及其各级子企业应当根据国家有关薪酬管理政策和规定，进一步完善内部薪酬管理体系，规范基层单位绩效薪酬（奖金）分配，可采取基层单位制订分配方案、劳资管理部门审核、财务部门依据明细表直接发放至职工个人的方式操作，纪检监察、审计部门应当加强对绩效薪酬（奖金）分配情况的监督，不得单独留存、二次分配或挪作他用
2013 年 11 月	中国共产党第十八届中央委员会	《中共中央关于全面深化改革若干重大问题的决定》	健全工资决定和正常增长机制，完善最低工资和工资支付保障制度，完善企业工资集体协商制度。改革机关事业单位工资和津贴补贴制度，完善艰苦边远地区津贴增长机制。健全资本、知识、技术、管理等由要素市场决定的报酬机制
国有企业高管薪酬的约束机制			
2006 年 3 月	国资委	《国有控股上市公司（境外）实施股权激励试行办法》	境外国有控股上市公司的激励上限是薪酬总水平的 40%
2006 年 9 月	国资委	《国有控股上市公司（境内）实施股权激励试行办法》	对激励幅度作出了明确界定，境内国有控股上市公司的激励幅度相对略低，即不得超过薪酬总水平的 30%
分行业的高管薪酬的约束机制			
2008 年 2 月	国资委	《中央企业负责人年度经营业绩考核补充规定》	首次提出了"行业对标"原则，实施对标管理，引导企业以同行业先进企业的指标为标杆，通过持续改进，逐步达到标杆企业的先进水平。具体而言，对于石油石化、电信、矿业开采等企业规模大、国内同类企业户数较少的中央企业，将与国际大型企业开展对标；对于军工、冶金、建筑、商贸、电力、科研等行业的中央企业，将开展中央企业间的相互对标；其他中央企业依据 2008 年国资委制定的《企业绩效评价标准值》开展行业对标

高管薪酬法规汇总			
时间	发布单位	文件名称	发布的内容
2009 年 1 月	财政部	《金融类国有及国有控股企业负责人薪酬管理办法（征求意见稿）》	拟根据企业总资产规模、业务收入规模等将金融企业划分不同职位等级，并设置一个基本年薪的最大值及最小值。规定金融企业负责人绩效年薪与金融企业绩效评价结果挂钩，以基本年薪为基数，其绩效年薪一般控制在基本年薪的 3 倍以内。金融企业负责人的最高基本年薪不得超过年度定额工资的 5 倍，金融企业负责人基本年薪与绩效年薪之和的增长幅度一般不超过本企业在岗职工平均工资的增长幅度
2009 年 4 月	财政部	《关于国有金融机构高管薪酬分配有关问题的通知》	对国有金融机构高管人员薪酬水平增长及差距调整进行了规定

业绩预告制度法规汇总			
时间	发布单位	文件名称	发布的内容
建立预亏制度			
1998 年 12 月 9 日	中国证监会	《关于做好上市公司1998 年年度报告有关问题的通知》	如果上市公司发生可能导致连续三年亏损或当年重大亏损的情况，应当根据《股票发行与交易管理暂行条例》第六十条的规定，及时履行信息披露义务
2000 年 12 月 18 日	上海证券交易所	《关于做好上市公司2000 年年度报告工作的通知》	在 2000 年会计年度结束后，如果上市公司预计可能发生预亏，应当在两个月内发布预亏公告，如果预计出现连续三年亏损，应当在两个月内发布三次预亏公告
建立预警制度			
2001 年 7 月 4 日	沪深证券交易所	《关于做好 2001 年中期报告工作的通知》	如果预计 2001 年中期将出现亏损或盈利水平出现大幅下降的，上市公司应在 7 月 31 日前及时刊登预亏公告或业绩预警公告，如果预计出现连续三年亏损的，上市公司应在 2001 年会计年度结束后两个月内发布三次提示公告

业绩预告制度法规汇总			
时间	发布单位	文件名称	发布的内容
建立预增制度、豁免条款制度			
2001年12月21日	深圳证券交易所	《关于做好2001年年度报告工作的通知》	在2001年会计年度结束后，如果上市公司预计可能发生亏损或者盈利水平较上年出现大幅变动的（利润总额增减50%以上），上市公司应当在年度结束后30个工作日内及时刊登预亏公告或业绩预警公告。比较基数较小的公司（一般指上年每股收益的绝对值在0.05元以下的公司）可以豁免披露业绩预警公告
建立前一季度预告后一季度业绩制度			
2002年6月27日	深圳证券交易所	《2002年第一季度报告工作通知》	上市公司预计2002年上半年度可能发生亏损或者盈利水平较上年同期大幅增长或下滑，应当在第一季度报告中做出专门说明
2003年1月6日	沪深证券交易所	《关于做好上市公司2002年年度报告工作的通知》	公司管理层如果预测下一报告期的经营成果可能为亏损或者与上年同期相比发生大幅度变动，应当予以警示
建立业绩预告信息披露修正公告制度			
2003年1月8日	沪深证券交易所	《关于做好上市公司2003年季度报告工作的通知》	公司在披露2002年年报前发现实际情况与已披露的预测不符，或虽未披露过预测但实际情况属于前款规定需要警示的情形的，应当在第一时间内做出补充公告
2003年6月27日		《关于做好2003年半年度报告工作的通知》	上市公司在披露2003年半年度报告前发现半年度净利润为负，或者与上年同期相比发生上升或下降50%以上（含50%）的大幅度变动情形，但未在2003年第一季度季报或其后的公告中进行行业业绩警示，或业绩警示与实际情况不符，应当在第一时间内做出补充公告
2003年12月30日		《关于做好2003年年度报告工作的通知》	上市公司应当在而未在2003年第三季度报告中预计2003年度经营成果可能为亏损或者与上年同期相比发生大幅度变动的（一般指净利润与上年同期相比上升或下降50%或50%以上），或者实际情况与预计不符的，上市公司应当在第一时间作出补充公告
建立业绩快报制度			
2004年	沪深证券交易所	2004年年报	沪深交易所先后发布通知，鼓励上市公司发布业绩快报

业绩预告制度法规汇总			
时间	发布单位	文件名称	发布的内容
规定了业绩预告和修正公告的期限			
2004 年 12 月 27 日	沪深证券交易所	《关于做好 2004 年年度报告工作的通知》	上市公司预计 2004 年度净利润为负值或者业绩与 2003 年度相比大幅度变动（一般指净利润与 2003 年度相比上升或下降 50% 以上），但未在 2004 年第三季报中进行业绩预告，或者预计 2004 年业绩与已披露的业绩预告差异较大的，应当及时公告，但公告时间最迟不得晚于 2005 年 1 月 31 日
2005 年 12 月 9 日		《关于做好 2005 年年度报告工作的通知》	上市公司预计 2005 年净利润为负值或与上年同期相比出现业绩大幅变动，且未在 2005 年第三季度报告中对全年业绩进行预告，或者预计全年业绩完成情况与已披露的业绩预告差异较大的，应当及时披露业绩预告修正公告，业绩预告修正公告的披露时间最迟不得晚于 2006 年 1 月 25 日
2006 年 12 月 28 日		《关于做好 2006 年年度报告工作的通知》	上市公司预计 2006 年净利润为负值，且未在 2006 年第三季度报告中对全年业绩进行预告，或者预计全年业绩完成情况与已披露的业绩预告差异较大的，应当及时披露业绩预告公告或业绩预告修正公告，公告的披露时间最迟不得晚于 2007 年 1 月 31 日
业绩预告信息的强制更正与更新			
2007 年 12 月 28 日	沪深证券交易所	《关于做好 2007 年年度报告工作的通知》	上市公司预计 2007 年度净利润为负值或者与上年同期相比出现大幅变动，且未在此前进行业绩预告的，应当按照本所《上市公司信息披露工作指引第 1 号——业绩预告和业绩快报》的要求及时发布业绩预告，公告时间最迟不得晚于 2008 年 1 月 31 日。已发布业绩预告的公司，如预计 2007 年度业绩与已披露的业绩预告存在较大差异的，应当及时披露业绩预告修正公告
2008 年 12 月 31 日	沪深证券交易所	《关于做好 2008 年年度报告工作的通知》	上市公司预计 2008 年度净利润为负值、实现扭亏为盈或者与上年同期相比出现大幅变动且未在此前进行业绩预告的，应当按照本所《股票上市规则》、《上市公司信息披露工作指引第 1 号——业绩预告和业绩快报》等要求及时发布业绩预告，公告时间最迟不得晚于 2009 年 1 月 31 日。已发布业绩预告的公司，如预计 2008 年度业绩与已披露的业绩预告存在较大差异的，应当及时按相关规定披露业绩预告修正公告

业绩预告制度法规汇总

时间	发布单位	文件名称	发布的内容
2009 年 12 月 31 日	沪深证券交易所	《关于做好 2009 年年度报告工作的通知》	上市公司在年报披露前预计 2009 年度归属于上市公司普通股股东的净利润为负值、净利润与上年相比上升或下降 50% 以上或者扭亏为盈但未进行业绩预告，或预计 2009 年度经营业绩与已披露的业绩预告或盈利预测差异较大的，应按照本所《股票上市规则》《创业板股票上市规则》等有关规定，在 2010 年 1 月 31 日前及时披露业绩预告、业绩预告修正公告或盈利预测修正公告
2010 年 12 月 31 日		《关于做好上市公司 2010 年年度报告披露工作的通知》	上市公司在年度报告披露前预计 2010 年度归属于上市公司普通股股东的净利润（以下简称"净利润"）为负值、净利润与上年相比上升或下降 50% 以上或者扭亏为盈但未进行业绩预告，或预计 2010 年度经营业绩与已披露的业绩预告或盈利预测差异较大的，应按照本所《股票上市规则》《创业板股票上市规则》等有关规定，在 2011 年 1 月 31 日前及时披露业绩预告、业绩预告修正公告或盈利预测修正公告

业绩预告信息的强制更正与更新

| 2011 年 12 月 31 日 | 沪深证券交易所 | 《关于做好上市公司 2011 年年度报告披露工作的通知》 | 主板、中小企业板上市公司在本次年报披露前预计 2011 年度归属于上市公司普通股股东的净利润（以下简称"净利润"）为负值、实现扭亏为盈、净利润与上年相比上升或下降 50% 以上但未进行业绩预告，或者预计 2011 年度经营业绩与已披露的业绩预告或盈利预测差异较大的，应按照本所《股票上市规则》的有关规定，在 2012 年 1 月 31 日前及时披露业绩预告、业绩预告修正公告或盈利预测修正公告。上市公司审计委员会应按照相关规定及时与公司及审计注册会计师进行沟通，关注公司的业绩预告及业绩预告更正情况。创业板上市公司无论是否出现《创业板股票上市规则》第 11.3.1 条所述应进行业绩预告的情形，均应在 2012 年 1 月 31 日前披露 2011 年度业绩预告。公司预计 2011 年度经营业绩与已披露的业绩预告或盈利预测差异较大的，应按照本所《创业板股票上市规则》的有关规定，在 2012 年 1 月 31 日前及时披露业绩预告修正公告或盈利预测修正公告 |

业绩预告制度法规汇总

时间	发布单位	文件名称	发布的内容
2012 年 12 月 31 日	沪深证券交易所	《关于做好上市公司 2012 年年度报告披露工作的通知》	主板、中小企业板上市公司在本次年报披露前预计 2012 年度归属于上市公司普通股股东的净利润为负值、实现扭亏为盈、净利润与上年相比上升或下降 50% 以上但未进行业绩预告，或者预计 2012 年度经营业绩与已披露的业绩预告或盈利预测差异较大的，应按照《股票上市规则》的有关规定，在 2013 年 1 月 31 日前及时披露业绩预告、业绩预告修正公告或盈利预测修正公告。上市公司审计委员会应按照相关规定及时与公司及年审注册会计师进行沟通，关注公司的业绩预告及业绩预告更正情况。创业板上市公司无论是否出现《创业板股票上市规则》第 11.3.1 条所述应进行业绩预告的情形，均应在 2013 年 1 月 31 日前披露 2012 年度业绩预告。已经在 2012 年第三季度报告或其他公开披露的信息中对 2012 年度业绩进行过预告或披露，且相关财务数据预计不会发生重大变化的公司，可以不再重复披露。公司预计 2012 年度经营业绩与已披露的业绩预告或盈利预测差异较大的，应按照《创业板股票上市规则》的有关规定，在 2013 年 1 月 31 日前及时披露业绩预告修正公告或盈利预测修正公告
2013 年 12 月 31 日	上海证券交易所	《关于做好上市公司 2013 年年度报告披露工作的通知》	上市公司应当按照《股票上市规则》第 11.3.1 条、第 11.3.2 条的规定，于 2014 年 1 月 31 日前进行业绩预告。上市公司审计委员会及独立董事应当按照相关规定及时与公司及年审注册会计师进行沟通，关注公司的业绩预告及业绩预告更正情况

附　录　二

中央企业负责人经营业绩考核暂行办法

2009 年 12 月 31 日　国务院国有资产监督管理委员会令第 22 号

（2003 年 10 月 21 日国务院国有资产监督管理委员会第 8 次委主任办公会议审议通过　2006 年 12 月 30 日国务院国有资产监督管理委员会第 46 次委主任办公会议修订　2009 年 12 月 28 日国务院国有资产监督管理委员会第 84 次委主任办公会议第二次修订）

第一章　总　　则

第一条　为切实履行企业国有资产出资人职责，维护所有者权益，落实国有资产保值增值责任，建立有效的激励和约束机制，根据《中华人民共和国企业国有资产法》《企业国有资产监督管理暂行条例》等有关法律法规，制定本办法。

第二条　本办法考核的中央企业负责人是指经国务院授权由国务院国有资产监督管理委员会（以下简称国资委）履行出资人职责的国家出资企业（以下简称企业）的下列人员：

（一）国有独资企业的总经理（总裁）、副总经理（副总裁）、总会计师；

（二）国有独资公司的董事长、副董事长、董事，列入国资委党委管理的总经理（总裁）、副总经理（副总裁）、总会计师；

（三）国有资本控股公司国有股权代表出任的董事长、副董事长、董事，列入国资委党委管理的总经理（总裁）、副总经理（副总裁）、总会计师。

第三条　企业负责人的经营业绩，实行年度考核与任期考核相结合、结果考核与过程评价相统一、考核结果与奖惩相挂钩的考核制度。

第四条　年度经营业绩考核和任期经营业绩考核采取由国资委主任或者其授权代表与企业负责人签订经营业绩责任书的方式进行。

第五条　企业负责人经营业绩考核工作应当遵循以下原则：

（一）按照国有资产保值增值和股东价值最大化以及可持续发展的要求，依法考核企业负责人经营业绩。

（二）按照企业所处的不同行业、资产经营的不同水平和主营业务等不同特点，实事求是，公开公正，实行科学的分类考核。

（三）按照权责利相统一的要求，建立企业负责人经营业绩同激励约束机制相结合的考核制度，即业绩上、薪酬上，业绩下、薪酬下，并作为职务任免的重要依据。建立健全科学合理、可追溯的资产经营责任制。

（四）按照科学发展观的要求，推动企业提高战略管理、价值创造、自主创新、资源节约、环境保护和安全发展水平，不断增强企业核心竞争能力和可持续发展能力。

（五）按照全面落实责任的要求，推动企业建立健全全员业绩考核体系，增强企业管控力和执行力，确保国有资产保值增值责任层层落实。

第二章　年度经营业绩考核

第六条　年度经营业绩考核以公历年为考核期。

第七条　年度经营业绩责任书包括下列内容：

（一）双方的单位名称、职务和姓名；

（二）考核内容及指标；

（三）考核与奖惩；

（四）责任书的变更、解除和终止；

（五）其他需要规定的事项。

第八条 年度经营业绩考核指标包括基本指标与分类指标。

（一）基本指标包括利润总额和经济增加值指标。

1. 利润总额是指经核定的企业合并报表利润总额。利润总额计算可以加上经核准的当期企业消化以前年度潜亏，并扣除通过变卖企业主业优质资产等取得的非经常性收益。

2. 经济增加值是指经核定的企业税后净营业利润减去资本成本后的余额（考核细则见附件1，略）。

（二）分类指标由国资委根据企业所处行业特点，针对企业管理"短板"，综合考虑企业经营管理水平、技术创新投入及风险控制能力等因素确定，具体指标在责任书中明确。

第九条 确定军工企业和主要承担国家政策性业务等特殊企业的基本指标与分类指标，可优先考虑政策性业务完成情况，具体指标及其权重在责任书中确定。

第十条 确定科研类企业的基本指标与分类指标，突出考虑技术创新投入和产出等情况，具体指标及其权重在责任书中确定。

第十一条 年度经营业绩责任书按照下列程序签订：

（一）报送年度经营业绩考核目标建议值。每年第四季度，企业负责人按照国资委年度经营业绩考核要求和企业发展规划及经营状况，对照同行业国际国内先进水平，提出下一年度拟完成的经营业绩考核目标建议值，并将考核目标建议值和必要的说明材料报送国资委。考核目标建议值原则上不低于上年考核指标实际完成值或者前三年考核指标实际完成值的平均值。

（二）核定年度经营业绩考核目标值。国资委根据"同一行业、同一尺度"原则，结合宏观经济形势、企业所处行业发展周期、企业实际经营状况等，对企业负责人的年度经营业绩考核目标建议值进行审核，并就考核目标值及有关内容同企业沟通后加以确定。凡企业年度利润总额目标值低于上年目标值与实际完成值的平均值的，最终考核结果原则上不得进入 A 级（处于行业周期性下降阶段但与同行业其他企业相比仍处于领先水平的企业除外）。

（三）由国资委主任或者其授权代表同企业负责人签订年度经营业绩责任书。

第十二条　国资委对年度经营业绩责任书执行情况实施动态监控。

（一）年度经营业绩责任书签订后，企业负责人每半年必须将责任书执行情况报送国资委，同时抄送派驻本企业的监事会。国资委对责任书的执行情况进行动态跟踪。

（二）建立重大生产安全事故、环境污染事故和质量事故、重大经济损失、重大法律纠纷案件、重大投融资和资产重组等重要情况的报告制度。企业发生上述情况时，企业负责人应当立即向国资委报告，同时向派驻本企业监事会报告。

第十三条　年度经营业绩责任书完成情况按照下列程序进行考核：

（一）每年 4 月底前，企业负责人依据经审计的企业财务决算数据，对上年度经营业绩考核目标的完成情况进行总结分析，并将年度总结分析报告报送国资委，同时抄送派驻本企业的监事会。

（二）国资委依据经审计并经审核的企业财务决算报告和经审查的统计数据，结合企业负责人年度总结分析报告并听取监事会对企业负责人的年度评价意见，对企业负责人年度经营业绩考核目标的完成情况进行考核（计分细则见附件 2，略），形成企业负责人年度经营业绩考核与奖惩意见。

（三）国资委将最终确认的企业负责人年度经营业绩考核与奖惩意见反馈各企业负责人及其所在企业。企业负责人对考核与奖惩意见有异议的，可及时向国资委反映。

第三章　任期经营业绩考核

第十四条　任期经营业绩考核以三年为考核期。

第十五条　任期经营业绩责任书包括下列内容：

（一）双方的单位名称、职务和姓名；

（二）考核内容及指标；

（三）考核与奖惩；

（四）责任书的变更、解除和终止；

（五）其他需要规定的事项。

第十六条　任期经营业绩考核指标包括基本指标和分类指标。

（一）基本指标包括国有资本保值增值率和主营业务收入平均增长率。

1. 国有资本保值增值率是指企业考核期末扣除客观因素（由国资委核定）后的国有资本及权益同考核期初国有资本及权益的比率。计算方法为：任期内各年度国有资本保值增值率的乘积。企业年度国有资本保值增值率以国资委确认的结果为准。

2. 主营业务收入平均增长率是指企业任期内三年主营业务的平均增长情况。计算公式为：

总资产周转率＝三年主营业务收入之和/三年平均资产总额之和

（二）分类指标由国资委根据企业所处行业特点，综合考虑企业技术创新能力、资源节约和环境保护水平、可持续发展能力及核心竞争力等因素确定，具体指标在责任书中确定。

第十七条　确定军工企业和主要承担国家政策性业务等特殊企业的基本

指标与分类指标，可优先考虑政策性业务完成情况，具体指标及其权重在责任书中确定。

第十八条　任期经营业绩责任书按照下列程序签订：

（一）报送任期经营业绩考核目标建议值。考核期初，企业负责人按照国资委任期经营业绩考核要求和企业发展规划及经营状况，对照同行业国际国内先进水平，提出任期经营业绩考核目标建议值，并将考核目标建议值和必要的说明材料报送国资委。考核目标建议值原则上不低于前一任期的考核指标实际完成值，或者不低于目标值与实际完成值的平均值。

（二）核定任期经营业绩考核目标值。国资委根据"同一行业、同一尺度"原则，结合宏观经济形势、企业所处行业发展周期及企业实际经营状况等，对企业负责人的任期经营业绩考核目标建议值进行审核，并就考核目标值及有关内容同企业沟通后加以确定。

（三）由国资委主任或者其授权代表同企业负责人签订任期经营业绩责任书。

第十九条　国资委对任期经营业绩责任书执行情况实施年度跟踪和动态监控。

第二十条　任期经营业绩责任书完成情况按照下列程序进行考核：

（一）考核期末，企业负责人对任期经营业绩考核目标的完成情况进行总结分析，并将总结分析报告报送国资委，同时抄送派驻本企业的监事会。

（二）国资委依据任期内经审计并经审核的企业财务决算报告和经审查的统计数据，结合企业负责人任期经营业绩总结分析报告并听取监事会对企业负责人的任期评价意见，对企业负责人任期经营业绩考核目标的完成情况进行综合考核（计分细则见附件3，略），形成企业负责人任期经营业绩考核与奖惩意见。

（三）国资委将最终确认的企业负责人任期经营业绩考核与奖惩意见反馈

各企业负责人及其所在企业。企业负责人对考核与奖惩意见有异议的，可及时向国资委反映。

第四章　奖　　惩

第二十一条　根据企业负责人经营业绩考核得分，年度经营业绩考核和任期经营业绩考核最终结果分为 A、B、C、D、E 五个级别，完成全部考核目标值（经济增加值指标除外）为 C 级进级点。

第二十二条　国资委依据年度经营业绩考核结果和任期经营业绩考核结果对企业负责人实施奖惩，并把经营业绩考核结果作为企业负责人任免的重要依据。

第二十三条　对企业负责人的奖励分为年度绩效薪金奖励和任期激励或者中长期激励。

第二十四条　企业负责人年度薪酬分为基薪和绩效薪金两个部分。绩效薪金与年度考核结果挂钩。绩效薪金 = 绩效薪金基数 × 绩效薪金倍数。具体计算公式为：

当考核结果为 E 级时，绩效薪金为 0；

当考核结果为 D 级时，绩效薪金按照"绩效薪金基数 ×（考核分数 – D 级起点分数)/（C 级起点分数 – D 级起点分数）"确定，绩效薪金在 0 ~ 1 倍绩效薪金基数之间；

当考核结果为 C 级时，绩效薪金按照"绩效薪金基数 ×［1 + 0.5 ×（考核分数 – C 级起点分数)/（B 级起点分数 – C 级起点分数）］"确定，绩效薪金在 1 倍绩效薪金基数到 1.5 倍绩效薪金基数之间；

当考核结果为 B 级时，绩效薪金按照"绩效薪金基数 ×［1.5 + 0.5 ×（考核分数 – B 级起点分数)/（A 级起点分数 – B 级起点分数）］"确定，绩效薪金在 1.5 倍绩效薪金基数到 2 倍绩效薪金基数之间；

当考核结果为 A 级时，绩效薪金按照"绩效薪金基数×［2 +（考核分数 − A 级起点分数)/（A 级封顶分数 − A 级起点分数）］"确定，绩效薪金在 2 倍绩效薪金基数到 3 倍绩效薪金基数之间。

但对于利润总额低于上一年的企业，无论其考核结果处于哪个级别，其绩效薪金倍数应当低于上一年。

第二十五条 被考核人担任企业主要负责人的，其分配系数为 1，其余被考核人的系数由企业根据各负责人的业绩考核结果，在 0.6 ~ 0.9 确定，报国资委备案后执行。

第二十六条 绩效薪金的 60% 在年度考核结束后当期兑现；其余 40% 根据任期考核结果等因素，延期到任期考核结束后兑现。对于离任的法定代表人，还应当根据经济责任审计结果，确定延期绩效薪金兑现方案。

第二十七条 对于任期经营业绩考核结果为 A 级、B 级和 C 级的企业负责人，按期兑现延期绩效薪金。根据考核结果、经济增加值改善情况等，给予企业负责人相应的任期激励或者中长期激励。

第二十八条 对于任期经营业绩考核结果为 D 级和 E 级的企业负责人，根据考核分数扣减延期绩效薪金。

具体扣减绩效薪金的公式为：

$$扣减延期绩效薪金 = 任期内积累的延期绩效薪金×（C 级起点分数 − 实得分数)/C 级起点分数$$

第二十九条 未完成任期经营业绩考核目标或者连续两年未完成年度经营业绩考核目标，且无重大客观原因的，对企业负责人予以调整。

第三十条 对业绩优秀及在自主创新、管理增效、节能减排方面取得突出成绩的，给予任期特别奖（实施细则见附件 4，略）。对承担国家重大结构性调整任务且取得突出成绩的，年度考核给予加分奖励。

第三十一条 实行企业负责人经营业绩考核谈话制度。对于年度考核结

未加引用

果为 D 级和 E 级、发生重大生产安全责任事故和重大环境污染责任事故、严重违规经营和存在重大经营风险等情形的企业，经国资委主任办公会议批准，由国资委业绩考核领导小组与企业主要负责人进行谈话，帮助企业分析问题、改进工作。

第三十二条　对于全员业绩考核工作开展不力的企业，扣减经营业绩考核得分（计分细则见附件 2，略）。

第三十三条　企业违反《中华人民共和国会计法》《企业会计准则》等有关法律法规规章，虚报、瞒报财务状况的，国资委根据具体情节给予降级或者扣分处理，并相应扣发企业法定代表人及相关负责人的绩效薪金、任期激励或者中长期激励；情节严重的，给予纪律处分或者对企业负责人进行调整；涉嫌犯罪的，依法移送司法机关处理。

第三十四条　企业法定代表人及相关负责人违反国家法律法规和规定，导致重大决策失误、重大安全与质量责任事故、重大环境污染责任事故、重大违纪和法律纠纷案件，给企业造成重大不良影响或者造成国有资产流失的，国资委根据具体情节给予降级或者扣分处理，并相应扣发其绩效薪金、任期激励或者中长期激励；情节严重的，给予纪律处分或者对企业负责人进行调整；涉嫌犯罪的，依法移送司法机关处理。

第五章　附　　则

第三十五条　对于在考核期内企业发生清产核资、改制重组、主要负责人变动等情况的，国资委可以根据具体情况变更经营业绩责任书的相关内容。

第三十六条　国有独资企业、国有独资公司和国有资本控股公司党委（党组）书记、副书记、常委（党组成员）、纪委书记（纪检组长）的考核及其奖惩依照本办法执行。

第三十七条　国有资本参股公司、被兼并破产企业中由国资委党委管理的企业负责人，其经营业绩考核参照本办法执行。具体经营业绩考核事项在经营业绩责任书中确定。

第三十八条 对符合下列条件的国有独资公司，国资委授权董事会对高级管理人员的经营业绩进行考核：

（一）公司法人治理结构完善；

（二）经营业绩考核制度健全；

（三）外部董事人数超过董事会全体成员半数；

（四）薪酬与考核委员会成员全部由外部董事担任。

国资委依据有关规定和规范性文件，对董事会业绩考核工作进行指导和监督。

第三十九条 各省、自治区、直辖市国有资产监督管理机构，设区的市、自治州级国有资产监督管理机构对国家出资企业负责人的经营业绩考核，可参照本办法执行。

第四十条 本办法由国资委负责解释。

第四十一条 本办法自 2010 年 1 月 1 日起施行。

参 考 文 献

[1] 布鲁斯·奥弗顿（Bruce Overton），苏珊·E·斯托弗（Susan E. Stoffer）. 高级管理人员薪酬构成解答（英文版）［M］. 北京：中信出版社，2003.

[2] 蔡宁. 信息优势、择时行为与大股东内幕交易［J］. 金融研究，2012（5）：179 - 192.

[3] 曹廷求，李晋. CEO 零薪酬：示好还是作秀［J］. 山西财经大学学报，2014（7）：81 - 90.

[4] 陈冬华，陈信元，万华林. 国有企业中的薪酬管制与在职消费［J］. 经济研究，2005（2）：92 - 101.

[5] 陈孝勇，惠晓峰. 创业投资的治理作用：基于高管薪酬契约设计视角的实证研究［J］. 南开管理评论，2015（2）：126 - 135.

[6] 陈信元，陈冬华，万华林，梁上坤. 地区差异、薪酬管制与高管腐败［J］. 管理世界，2009（11）：130 - 143.

[7] 谌新民，刘善敏. 上市公司经营者报酬结构性差异的实证研究［J］. 经济研究，2003（8）：21 - 30.

[8] 程书强. 机构投资者持股与上市公司会计盈余信息关系实证研究［J］. 管理世界，2006（9）：129 - 136.

[9] 程新生，谭有超，程昱. 前瞻性信息缓解了信息不对称吗？［J］. 财经研究，2013（3）：42 - 52.

[10] 程新生，谭有超，廖梦颖. 强制披露、盈余质量与市场化进程 [J]. 财经研究，2011 (2)：60 – 70.

[11] 程新生，谭有超，刘建梅. 非财务信息、外部融资与投资效率研究 [J]. 管理世界，2012，(7)：137 – 150.

[12] 程新生，谭有超，许垒. 公司价值、自愿披露与市场化进程 [J]. 金融研究，2011 (8)：111 – 127.

[13] 程新生，谭有超. 自愿披露可以提高财务透明度吗？[J]. 经济管理，2013 (6)：95 – 102.

[14] 程新生，熊凌云，彭涛. 信息披露行为差异的经济后果——基于市场反应、股票交易量及股票收益波动性实证研究 [J]. 系统工程，2015 (10)：98 – 107.

[15] 醋卫华，李培功. 媒体监督公司治理的实证研究 [J]. 南开管理评论，2012，15 (1)：33 – 42.

[16] 戴德明，毛新述，姚淑瑜. 上市公司预测盈余信息披露的有用性研究——来自深圳、上海股市的实证证据 [J]. 中国会计评论，2005 (2)：253 – 272.

[17] 杜晓宇. 中国上市公司高管变更期间业绩预告披露行为研究 [D]. 吉林：吉林大学，2009.

[18] 杜兴强，王丽华. 高层管理当局薪酬与上市公司业绩的相关性实证研究 [J]. 会计研究，2007 (1)：8 – 19.

[19] 方芳，李实. 中国企业高管薪酬差距研究 [J]. 中国社会科学，2015 (8)：47 – 67.

[20] 方军雄. 高管超额薪酬与公司治理决策 [J]. 管理世界，2012 (11)：144 – 155.

[21] 方军雄. 我国上市公司高管的薪酬存在粘性吗？[J]. 经济研究，

2009（3）：110－124.

[22] 方军雄. 高管权力与企业薪酬变动的非对称 [J]. 经济研究，2014（4）：99－108.

[23] 冯旭南. 中国投资者具有信息获取能力吗？——来自"业绩预告"效应的证据 [J]. 经济学（季刊），2014（3）：1065－1090.

[24] 高敬忠，王英允. 强制或自愿：哪种披露政策下的业绩预告可靠性更高？——基于中国 A 股上市公司的经验研究 [J]. 财贸研究，2014（1）：149－156.

[25] 高敬忠，周晓苏，王英允. 机构投资者持股对信息披露的治理作用研究——以管理层盈余预告为例 [J]. 南开管理评论，2011（5）：129－140.

[26] 高敬忠，周晓苏. 管理层持股能减轻自愿性披露中的代理冲突吗？——以我国 A 股上市公司业绩预告数据为例 [J]. 财经研究，2013（11）：123－133.

[27] 高雷，张杰. 公司治理、机构投资者与盈余管理 [J]. 会计研究，2008（9）：64－72.

[28] 高丽，胡艳. 机构股东的积极治理效应研究：基于投资者关系管理调节效应与中介效应的检验 [J]. 中南财经政法大学学报，2011（5）：127－133.

[29] 郭普. 上市公司中期报告研究 [M]. 大连：东北财经大学出版社，2003.

[30] 洪剑峭，皮建屏. 预警制度的实证研究 [J]. 证券市场导报，2002（9）：4－14.

[31] 黄寿昌，陈星光，李朝晖. 管理层异质性与管理层薪酬契约效率 [J]. 山西财经大学学报，2011（1）：72－79.

[32] 黄再胜. 高管薪酬自愿性披露存在信息操纵吗？——来自中国上市

公司的经验证据 [J]. 南开管理评论, 2013 (4): 68 - 79.

[33] 蒋涛, 刘运国, 徐悦. 会计业绩信息异质性与高管薪酬 [J]. 会计研究, 2014 (3): 18 - 25.

[34] 蒋义宏, 童驯, 杨霞. 业绩预警公告的信息含量 [J]. 中国会计与财务研究, 2003 (4): 234 - 258.

[35] 眭国余, 蓝一. 企业目标与国有企业改革 [J]. 北京大学学报 (哲学社会科学版), 2004, 41 (3): 14 - 30.

[36] 孔东民, 孔高文, 刘莎莎. 机构投资者、流动性与信息效率 [J]. 管理科学学报, 2015 (3): 2 - 15.

[37] 李培功, 沈艺峰. 媒体的公司治理作用: 中国的经验证据 [J]. 经济研究, 2010 (4): 14 - 27.

[38] 李琪琦, 向锐. 上市公司管理层盈利预测的信息含量研究——来自沪深 A 股市场的经验证据 [M]. 成都: 西南财经大学出版社, 2010.

[39] 李善民, 王媛媛, 王彩萍. 机构投资者持股对上市公司盈余管理影响的实证研究 [J]. 管理评论, 2011 (7): 17 - 24.

[40] 李维安, 刘绪光, 陈靖涵. 经理才能、公司治理与契约参照点——中国上市公司高管薪酬决定因素的理论与实证分析 [J]. 南开管理评论, 2010, 13 (2): 4 - 15.

[41] 李维安, 张国萍. 经理层治理评价指数与相关绩效的实证研究——基于中国上市公司治理评价的研究 [J]. 经济研究, 2005 (11): 25 - 41.

[42] 李维安, 李滨. 机构投资者介入公司治理效果的实证研究——基于 CCGINK 的经验研究 [J]. 南开管理评论, 2008 (1): 4 - 14.

[43] 李向前. 机构投资者、公司治理与资本市场稳定研究 [J]. 南开经济研究, 2002 (2): 69 - 73.

[44] 李延喜, 包世泽, 高锐, 孔宪京. 薪酬激励、董事会监管与上市公

司盈余管理 [J]. 南开管理评论, 2007 (6): 55-61.

[45] 林毅夫, 刘明兴, 章奇. 政策性负担与企业的预算软约束: 来自中国的实证研究 [J]. 管理世界, 2004 (8): 32-44.

[46] 刘凤委, 孙铮, 李增泉. 政府干预、行业竞争与薪酬契约——来自国有上市公司的经验证据 [J]. 管理世界, 2007 (9): 76-84.

[47] 刘浩, 许楠, 张然. 多业绩指标竞争与事前谈判: 高管薪酬合约结构的新视角 [J]. 管理世界, 2014 (6): 110-125.

[48] 刘建梅. 高管超额薪酬与战略信息披露——基于薪酬辩护假说的研究 [D]. 天津: 南开大学, 2015.

[49] 刘芍佳, 孙霈, 刘乃全. 终极产权论、股权结构及公司绩效 [J]. 经济研究, 2003 (4): 51-62.

[50] 刘婷, 昝玉宇. 我国上市公司业绩预告修正的市场反应 [J]. 现代财经, 2012 (10): 58-66.

[51] 刘小玄. 中国企业发展报告: 1990~2000 [M]. 北京: 社会科学文献出版社, 2001.

[52] 刘彦来, 李文兴, 刘莎. 利益冲突机制、上市公司业绩预告与证券分析师预测修正行为 [J]. 证券市场导报, 2015 (2): 24-31.

[53] 刘志远, 花贵如. 政府控制、机构投资者持股与投资者权益保护 [J]. 财经研究, 2009 (4): 119-130.

[54] 柳木华. 业绩快报的信息含量: 经验证据与政策含义 [J]. 会计研究, 2005 (7): 39-43.

[55] 卢锐, 魏明海, 黎文靖. 管理层权力、在职消费与产权效率——来自中国上市公司的证据 [J]. 南开管理评论, 2008, 11 (5): 85-92.

[56] 逯东, 林高, 黄莉, 杨丹. "官员型" 高管、公司业绩和非生产性指出——基于国有上市公司的经验证据 [J]. 金融研究, 2012 (6): 139-

153.

[57] 逯东，王运，陈付鹏. CEO 激励提高了内部控制有效性吗？——来自国有上市公司的经验证据 [J]. 会计研究，2014 (6)：66 - 72.

[58] 罗宏，黄敏，周大伟，刘宝华. 政府补助、超额薪酬与薪酬辩护 [J]. 会计研究，2014 (1)：42 - 48.

[59] 罗昆. 寻租抑或辩护：同业参照效应、超额薪酬增长与薪酬业绩敏感性 [J]. 财贸研究，2015 (5)：131 - 138.

[60] 罗玫，宋云玲. 中国股市的业绩预告可信吗？ [J]. 金融研究，2012 (9)：168 - 180.

[61] 吕长江，赵宇恒. 国有企业管理者激励效应研究——基于管理者权力的解释 [J]. 管理世界，2008 (11)：99 - 109.

[62] 毛磊，王宗军，王玲玲. 机构投资者与高管薪酬——中国上市公司研究 [J]. 管理科学，2011 (10)：99 - 110.

[63] 缪毅，胡奕明. 产权性质、薪酬差距与晋升激励 [J]. 南开管理评论，2014 (4)：4 - 12.

[64] 牛建波，吴超，李胜楠. 机构投资者类型、股权特征和自愿性信息披露 [J]. 管理评论，2013，25 (3)：48 - 59.

[65] 邱茜. 中国上市公司高管薪酬激励研究 [D]. 山东：山东大学，2011.

[66] 权小锋，吴世农，文芳. 管理层权力、私有收益与薪酬操纵 [J]. 经济研究，2010 (11)：73 - 86.

[67] 饶育蕾，王建新，苏燕青. 上市公司盈余信息披露是否存在时机选择？——基于投资者有限注意的实证分析 [J]. 管理评论，2012 (12)：147 - 155.

[68] 宋云玲，李志文，纪新伟. 从业绩预告违规看中国证券监管的处罚

效果 [J]. 金融研究, 2011 (6): 136 – 149.

[69] 苏冬蔚, 熊家财. 股票流动性、股价信息含量与 CEO 薪酬契约 [J]. 经济研究, 2013 (11): 56 – 70.

[70] 唐松, 孙铮. 政治关联、高管薪酬与企业未来经营绩效 [J]. 管理世界, 2014 (5): 93 – 105.

[71] 唐松莲, 胡奕明. 机构投资者关注上市公司的信息透明度吗？——基于不同类型机构投资者选股能力视角 [J]. 管理评论, 2011 (6): 31 – 41.

[72] 唐松莲, 袁春生. 监督或攫取：机构投资者治理角色的识别研究——来自中国资本市场的经验证据 [J]. 管理评论, 2010 (8): 19 – 28.

[73] 唐跃军, 薛红志. 企业业绩组合、业绩差异与季报披露的时间选择——管理层信息披露的组合动机与信息操作 [J]. 会计研究, 2005 (10): 48 – 52.

[74] 王新, 毛慧贞, 李彦霖. 经理人权力、薪酬结构与企业业绩 [J]. 南开管理评论, 2015 (1): 130 – 140.

[75] 王会娟, 张然. 私募股权投资与被投资企业高管薪酬契约 [J]. 管理世界, 2012, 15 (9): 156 – 167.

[76] 王俊秋, 花贵如, 姚美云. 投资者情绪与管理层业绩预告策略 [J]. 财经研究, 2013 (10): 76 – 90.

[77] 王克敏, 王志超. 高管控制权、报酬与盈余管理——基于中国上市公司的实证研究 [J]. 管理世界, 2007 (7): 111 – 119.

[78] 王鹏程. 对盈利预测若干问题的分析和研究 [J]. 会计研究, 1997 (3): 13 – 19.

[79] 王亚平, 刘慧龙, 吴联生. 信息透明度、机构投资者与股价同步性 [J]. 金融研究, 2009 (12): 162 – 174.

[80] 王玉涛, 陈运森, 白晓宇. 业绩预告、管理层机会主义行为与分析

师预测 [C]. 学术年会论文集, 2011.

[81] 王玉涛, 王彦超. 业绩预告信息对分析师预测行为有影响吗? [J].
金融研究, 2012 (6): 193 – 206.

[82] 魏刚. 高级管理层激励与上市公司经营绩效 [J]. 经济研究, 2000
(3): 32 – 64.

[83] 吴晓晖, 姜彦福. 机构投资者影响下独立董事治理效率变化研究
[J]. 中国工业经济, 2006 (5): 105 – 111.

[84] 吴育辉, 吴世农. 高管薪酬: 激励还是自利? ——来自中国上市公
司的证据 [J]. 会计研究, 2010 (11): 40 – 48.

[85] 夏冬林, 李刚. 机构投资者持股和会计盈余质量 [J]. 当代财经,
2008 (2): 111 – 118.

[86] 肖继辉, 孟婷. 非对称业绩基准与高管薪酬: 基于代理成本视角
[J]. 管理评论, 2015 (1): 194 – 208.

[87] 谢德仁, 林乐, 陈运森. 薪酬委员会独立性与更高的经理人报酬—
业绩敏感度——基于薪酬辩护假说的分析和检验 [J]. 管理世界, 2012 (1):
121 – 140.

[88] 辛清泉, 谭伟强. 市场化改革、企业业绩与国有企业经理薪酬 [J].
经济研究, 2009 (11): 68 – 81.

[89] 熊凌云, 杨李娟, 彭涛. 集聚效应、生产性服务业与市场化进
程——来自全国 31 个省市的面板数据经验 [J]. 中国物价, 2015 (2):
76 – 78.

[90] 徐莉萍, 辛宇, 陈工孟. 控股股东的性质与公司经营绩效 [J]. 世
界经济, 2006 (10): 78 – 89.

[91] 徐细雄, 刘星. 放权改革、薪酬管制与企业高管腐败 [J]. 管理世
界, 2013 (3): 119 – 132.

[92] 薛爽. 预亏公告的信号效应 [M]. 北京：中国财政经济出版社，2002.

[93] 杨德明，赵璨. 媒体监督、媒体治理与高管薪酬 [J]. 经济研究，2012 (6)：116-126.

[94] 杨海燕，韦德洪，孙健. 机构投资者持股能提高上市公司会计信息质量吗？——兼论不同类型机构投资者的差异 [J]. 会计研究，2012 (9)：16-23.

[95] 杨清溪，高惠松. 管理当局盈余预测之关联性研究 [J]. 中国会计评论，2007，5 (2)：82-203.

[96] 杨志强，王华. 公司内部薪酬差距、股权集中度与盈余管理行为——基于高管团队内和高管与员工之间薪酬的比较分析 [J]. 会计研究，2014 (6)：57-65.

[97] 叶松勤，徐经长. 大股东控制与机构投资者的治理效应：基于投资效率视角的实证分析 [J]. 证券市场导报，2013 (5)：35-42.

[98] 伊志宏，李艳丽. 机构投资者的公司治理角色：一个文献综述 [J]. 管理评论，2013 (5)：60-71.

[99] 伊志宏，李艳丽，高伟. 市场化进程、机构投资者与薪酬激励 [J]. 经济理论与经济管理，2011 (10)：75-84.

[100] 袁振超，岳衡，谈文峰. 代理成本、所有权性质与业绩预告精确度 [J]. 南开管理评论，2014 (3)：49-61.

[101] 袁知柱，王泽桑，郝文瀚. 机构投资者持股与企业应计盈余管理和真实盈余管理行为选择 [J]. 管理科学，2014 (5)：104-119.

[102] 张娟，黄志忠. 高管报酬、机会主义盈余管理和审计费用——基于盈余管理异质性的视角 [J]. 南开管理评论，2014 (3)：74-83.

[103] 张俊瑞，赵进文，张建. 高级管理层激励与上市公司经营绩效相

关性的实证分析 [J]. 会计研究, 2003 (9): 29 - 34.

[104] 张亮亮, 黄国良. 管理者超额薪酬与资本结构动态调整 [J]. 财贸研究, 2013 (5): 148 - 156.

[105] 张敏, 姜付秀. 机构投资者、企业产权与薪酬契约 [J]. 世界经济, 2010 (8): 43 - 58.

[106] 张然, 张鹏. 中国上市公司自愿业绩预告动机研究 [J]. 中国会计评论, 2011 (1): 3 - 20.

[107] 张馨艺, 张海燕, 夏冬林. 高管持股、择时披露与市场反应 [J]. 会计研究, 2012 (6): 54 - 61.

[108] 张翼, 林小驰. 公司治理结构与管理层盈余预测 [J]. 中国会计评论, 2005, 3 (2): 241 - 252.

[109] 赵璨, 朱锦余, 曹伟. 产权性质、高管薪酬与高管腐败——来自中国上市公司的经验证据 [J]. 会计与经济研究, 2013 (5): 24 - 37.

[110] 郑志刚, 孙娟娟, Rui Oliver. 任人唯亲的董事会文化和经理人超额薪酬问题 [J]. 经济研究, 2012 (12): 111 - 124.

[111] 郑志刚. 经理人超额薪酬和公司治理——一个文献综述 [J]. 金融评论, 2012 (1): 103 - 112.

[112] 周冬华, 赵玉洁. CEO 权力、董事会稳定性与管理层业绩预告 [J]. 当代财经, 2013 (10): 118 - 129.

[113] 周黎安. 转型中的地方政府——官员激励与治理 [J]. 中国改革 30 年研究丛书. 上海: 格致出版社和上海人民出版社, 2008.

[114] 周仁俊, 杨战兵, 李礼. 管理层激励与企业经营业绩的相关性——国有与非国有控股上市公司的比较 [J]. 会计研究, 2010 (12): 69 - 75.

[115] 周晓苏, 高敬忠. 公司财务风险、消息性质与管理层盈余预告披露选择——基于我国 A 股上市公司 2004 - 2007 年数据的检验 [J]. 当代财

经，2009（8）：108 - 115.

[116] Aboody D, Kasznik R. CEO Stock Option Awards and the Timing of Voluntary Corporate Disclosures [J]. Journal of Accounting and Economics, 2000, 29 (1): 73 - 100.

[117] Ajinkya B, Gift M. Corporate Managers Earnings Forecastsand Symmetrical Adjustments of Market Expectations [J]. Journal of Accounting Research, 1984, 22 (2): 425 - 444.

[118] Ajinkya B, S Bhojraj, P Sengupta. The Association Between Outside Directors, Institutional Investors and the Properties of Management Earnings Forecasts [J]. Journal of Accounting Research, 2005, 43 (6): 343 - 376.

[119] Alex Edmans, Xavier Gabaix, Tomasz Sadzik, Yuliy Sannikov. Dynamic CEO Compensation [J]. The Journal of Finance, 2012, 5 (10): 1603 - 1647.

[120] Almazan A, Hartzell J, Starks L. Active Institutional Shareholders and Cost of Monitoring: Evidence from Executive Compensation [J]. Financial Management, 2005, 34 (4): 5 - 34.

[121] Amir E, B Lev. Value - Relevance of Nonfinancial Information: The Wireless Communications Industry [J]. Journal of Accounting and Economics, 1996 (22): 3 - 30.

[122] Amy P Hutton, Lian Fen Lee, Susan Z Shu. Do Managers Always Know Better? The Relative Accuracy of Management and Analyst Forecasts [J]. Journal of Accounting Research, 2012, 5 (50): 1217 - 1234.

[123] Anne Beyer, Ronald A Dye. Reputation Management and the Disclosure of Earnings Forecasts [J]. Review Accounting Study, 2012 (17): 877 - 912.

[124] Audra L Boonea, Joshua T White. The Effect of Institutional Ownership on Firm Transparency and Information Production [J]. Journal of Financial Economics, 2015, 117 (3): 508 – 533.

[125] Baber W, Janakiraman S, Kang S. Investment Opportunities and the Structure of Executive Compensation [J]. Journal of Accounting and Economics, 1996 (21): 297 – 318.

[126] Baginski S P, J M Hassell, M D Kimbrough. The Effect of Legal Environment on Voluntary Disclosure: Evidence from Management Earnings Forecasts Issued in US and Canadian Markets [J]. The Accounting Review, 2002 (77): 25 – 50.

[127] Baginski S P, J M Hassell. Determinants of Management Forecasts Precision [J]. The Accounting Review, 1997 (72): 303 – 312.

[128] Baginski S, Conrad E, Hassell J. The Effects of Management Forecast Precision on Equity Pricing and on the Assessment of Earnings Uncertainty [J]. The Accounting Review, 1993 (68): 913 – 927.

[129] Baginski S P, Hassell J M. The Market Interpretation of Management Earnings Forecasts as A Predictor of Subsequent Financial Analyst Forecast Revision [J]. The Accounting Review, 1990, 65 (1): 175 – 190.

[130] Bai C, J Lu, Z Tao. The Multitask Theory of State Enterprise Reform: Empirical Evidence from China [J]. American Economic Review, 2006 (96): 353 – 357.

[131] Balsam S, E Bartov, C Marquardt. Accruals Management, Investor Sophistication, and Equity Valuation: Evidence from 10Q Filings [J]. Journal of Accounting Research, 2002 (40): 987 – 1012.

[132] Bamber L, Cheon Y S. Discretionary Management Earnings Forecast

Disclosures: Antecedents and Outcomes Associated With Forecast Venue and Forecast Specificity Choices [J]. Journal of Accounting Research, 1998, 36 (2): 167 – 190.

[133] Bartov E, P Mohanram. Private Information, Earnings Manipulations and Executive Stock – Option Exercises [J]. The Accounting Review, 2004, 79 (4): 889 – 920.

[134] Bebchuk L A, Fried J M, Walker D I. Managerial Power and Rent Extraction in the Design of Executive Compensation [J]. University of Chicago Law Review, 2002 (69): 751 – 846.

[135] Bebchuk, Lucian A, Jesse M, Fried. Paying for Long – Term Performance [J]. University of Pennsylvania Law Review, 2010 (158): 1915 – 1960.

[136] Bebchuk Lucian A, Jesse M, Fried. Executive Compensation as An Agency Problem [J]. Journal of Economic Perspectives, 2003, 17 (3): 71 – 92.

[137] Bergstresser D, Philippon T. CEO Incentives and Earnings Management: Evidence from the 1990's [J]. Journal of Financial Economics, 2006, 80 (3): 511 – 529.

[138] Betrand M, Mullainathan S. Are Executives Paid for Luck? The Ones Without Principals Are Quarterly [J]. Journal of Economics, 2001 (116): 901 – 932.

[139] Beyer A, D A Cohen, T Z Lys, B R Walther. The Financial Reporting Environment: Review of The Recent Literature [J]. Journal of Accounting and Economics, 2010, 50 (12): 296 – 343.

[140] Boschen J F, Duru A, Gordon L A. Accounting and Stock Price Performance in Dynamic CEO Compensation Arrangements [J]. The Accounting Review, 2003, 78 (1): 143 – 168.

［141］Botosan C. Disclosure and the Cost of Capital: What Do We Know? ［J］. Accounting and Business Research, 2006 (36): 31 - 40.

［142］Boyd B K. Board Control and CEO Compensation ［J］. Strategic Management Journal, 1994, 15 (5): 335 - 344.

［143］Brian L C, L Tihanyi, T R Crook, K A Gangloff. Tournament Theory: Thirty Years of Contests and Competitions ［J］. Journal of Management, 2014, 40 (1): 16 - 47.

［144］Brick I E, Palmon O, Wald J K. CEO compensation, Director Compensation, and Firm Performance: Evidence of Cronyism? ［J］. Journal of Corporate Finance, 2006 (12): 403 - 423.

［145］Brickley J, R Lease, C Smith. Corporate Voting: Evidence from Charter Amendment Proposals ［J］. Journal of Corporate Finance, 1994, 1 (1): 5 - 31.

［146］Bushee B. The Influence of Institutional Investor on Myopic R&D Investment Behavior ［J］. Accounting Review, 1998 (73): 305 - 333.

［147］Canarella G, Gasparyan A. Forecast News Insights into Executive Compensation and Firm Performance: Evidence from a Pane of Forecast News Economy Firms ［J］. Managerial Finance, 2008, 34 (8): 537 - 554.

［148］Chemmanur T J, Krishnan K, Nandy D K. How Does Venture Capital Financing Improve Efficiency in Private Firms? A look Beneath The Surface ［J］. Review of Financial Studies, 2011, 24 (12): 4037 - 4090.

［149］Chen X, Harford J, Li K. Monitoring: Which Institutions Matter? ［J］. Journal of Financial Economics, 2007 (86): 279 - 305.

［150］Cheng Q. , K. Lo. Insider Trading and Voluntary Disclosures ［J］. Journal of Accounting Research, 2006 (44): 815 - 848.

［151］Cheng Q, Luo T, Yue H. Managerial Incentives and Management

Forecast Precision [J]. The Accounting Review, 2013, 88 (5): 1575 – 1602.

[152] Choi J H, Myers L, Zang Y. The Roles that Forecast Surprise and Forecast Error Play in Determining Management Forecast Precision [J]. Accounting Horizon, 2010, 24 (2): 165 – 188.

[153] Chung R, M Firth, J Kim. Institutional Monitoring and Opportunistic Earnings Management [J]. Journal of Corporate Finance, 2002 (8): 29 – 48.

[154] Cohen D, R Mashruwala, T Zach. The Use of Advertising Activities to Meet Earnings Benchmarks: Evidence from Monthly Data [J]. Review of Accounting Studies, 2010, 15 (4): 808 – 832.

[155] Coller M, Teri Y. Management Forecasts and Information Asymmetry: An Examination of Bid – Ask Spreads [J]. Journal of Accounting Research, 1990, 40 (3): 561 – 583.

[156] Coller M, Yohn T L. Management Forecasts and Information Asymmetry: an Examination of Bid to Ask Spreads [J]. Journal of Accounting Research, 1997 (35): 181 – 194.

[157] Conyon Martin J, Simon I Peck. Board Size and Corporate Performance: Evidence from European Countries [J]. European Journal of Finance, 1998, 4 (3): 291 – 304.

[158] Copeland R, Marioni R. Executives' Forecasts of Earnings Per Share Versus Forecasts of Naive Models [J]. Journal of Business, 1972 (10): 497 – 512.

[159] Core J E, Holthausen R W, Larcker D F. Corporate Governance, Chief Executive Officer Compensation, and Firm Performance [J]. Journal of Financial Economics, 1999, 51 (3): 371 – 406.

[160] Core John E, Jun Qian. Option-like Contracts for Innovation and Pro-

duction [R]. Boston College Working Paper, 2001.

[161] Core John E, Wayne Guay, David F, Larcker. The Power of the Pen and Executive Compensation [J]. Journal of Financial Economics, 2008, 88 (1): 1 – 25.

[162] Cory A Cassell, Shawn X Huang. Forecasting Without Consequence? Evidence on the Properties of Retiring CEOs' Forecasts of Future Earnings [J]. The Accounting Review, 2013, 6 (88): 1909 – 1937.

[163] Cotter J, A I Tuna, P D Wysocki. Expectations Management and Beatable Targets: How Do Analysts React to Explicit Earnings Guidance? [J]. Contemporary Accounting Research, 2006, 23 (3): 593 – 624.

[164] Dechow P, Sloan R. Executive incentives and horizon problem [J]. Journal of Accounting and Economics, 1991 (14): 51 – 89.

[165] Dechow P, Sloan R, A Sweeney. Causes and Consequences of Earnings Manipulation: An Analysis of Firms Subject to Enforcement Actions by the SEC [J]. Contemporary Accounting Research, 1996, 13 (1): 1 – 36.

[166] DeFond M, Jiambalvo J. Incidence and Circumstances of Accounting Errors [J]. The Accounting Review, 1991, 66 (3): 643 – 655.

[167] Demsetz H, Villalonga B. Ownership Structure and Corporate Performance [J]. Journal of Corporate Finance, 2001, 7 (3): 209 – 233.

[168] Deumes R, W R Knechel. Economic Incentives for Voluntary Reporting on Internal Risk Management and Control Systems [J]. A Journal of Practice and Theory, 2008 (27): 35 – 67.

[169] Devers C E, Cannella A A, Reilly G P. Executive Compensation: A Multidisciplinary Review of Recent Developments [J]. Journal of Management, 2007, 33 (6): 1016 – 1072.

[170] Dimitrov V, Jain P C. It is Show Time: Do Managers Report Better Forecast Forecast News Before Annual Shareholder Meeting? [J]. Journal of Accounting Research, 2011, 49 (5): 1193 – 1221.

[171] Ederhof M. Discretion in bonus plans [J]. The Accounting Review, 2010, 85 (6): 1921 – 49.

[172] Edward, Xuejun Li. Revealing Future Prospects without Forecasts: The Case of Accelerating Material Contract Filings [J]. The Accounting Review, 2013, 5 (8): 1769 – 1804.

[173] Elizabeth Chuk, Dawn Matsumoto, Gregory S Miller. Assessing Methods of Identifying Management Forecasts: CIG Vs. Researcher Collected [J]. Journal of Accounting and Economics, 2009, 55 (7): 23 – 42.

[174] Fama E F. Agency Problems and the Theory of the Firm [J]. Journal of Political Economy, 1980, 88 (2): 288 – 307.

[175] Fan J P, T J Wong, T Zhang. Politically Connected CEOs, Corporate Governance and Post – IPO Performance of China's Forecast Newsly Partially Privatized Firms [J]. Journal of Financial Economics, 2007, 84 (2): 330 – 357.

[176] Feng M, C Li, S Mcvay. Internal Controls and Management Guidance [J]. Journal of Accounting and Economics, 2009, 48 (2): 190 – 209.

[177] Firth M, P Fung, O M Rui. Corporate Performance and CEO Compensation in China [J]. Journal of Corporate Finance, 2006, 12 (4): 693 – 714.

[178] Fischer P E, R E Verrecchia. Reporting Bias [J]. The Accounting Review, 2000, 75 (2): 229 – 245.

[179] Flora Guidry, Andrew J Leone, Steve Rock. Earnings – Based Bonus Plans and Earnings Management by Business – Unit Managers [J]. Journal of Accounting and Economics, 1999 (26): 113 – 142.

[180] Francis J, Nanda D J, Olsson P. Voluntary Disclosure, Earnings Quality and Cost of Capital [J]. Journal of Accounting Research, 2008 (46): 53 – 100.

[181] Francis R, Olsson P M, Schipper K. The Market Pricing of Accruals Quality [J]. Journal of Accounting and Economics, 2005, 39 (2): 295 – 327.

[182] Frankel R, M Johnson, D Skinner. An Empirical Examination of Conference Calls As A Voluntary Disclosure Medium [J]. Journal of Accounting Research, 1999, 37 (9): 133 – 150.

[183] Frankel R, McNichols M, Wilson G P. Discretionary Disclosure and External Financing [J]. The Accounting Review, 1995 (70): 135 – 150.

[184] Fuller J, M Jensen. Just Say No to Wall Street: Putting A Stop to The Earnings Game [J]. Journal of Applied Corporate Finance, 2002, 14 (4): 41 – 46.

[185] Gibbs M, K Merchant, W Vander Stede, M Vargus. Determinants and Effects of Subjectivity in Incentives [R]. Working paper, University of Southern California, 2003.

[186] Gift M J, Gift P Yang, Ye Qing. Finance Market Reactions to Earnings Announcements and Earnings Forecast Revisions: Evidence from the US and China [J]. The International of Business and Finance Research, 2010, 4 (2): 85 – 96.

[187] Gigler F. Self – Enforcing Voluntary Disclosures [J]. Journal of Accounting Research, 1994 (32): 224 – 240.

[188] Gilles Hilary, Charles Hsu, Ren Cheng Wang. Management Forecast Consistency [J]. Journal of Accounting Research, 2014, 52 (1): 163 – 191.

[189] Gilles Hilary, Charles Hsu. Analyst Forecast Consistency [J]. The Journal of Finance, 2013 (1): 271 – 297.

[190] Graham J R, C R Harvey, S Rajgopal. The Economic Implications of Corporate Financial Reporting [J]. Journal of Accounting and Economics, 2005

(40): 3 –73.

[191] Guidry F, Leone A J, Rock S. Earnings-based Bonus Plans and Earnings Management by Business – Unit Managers [J]. Journal of Accounting and Economics, 1999, 26 (1 –3): 113 –142.

[192] Gul F A, Chen J P, Tsui J S. Discretionary Accounting Accruals, Managers' Incentives and Audit Fees [J]. Contemporary Accounting Research, 2003, 20 (3): 441 –464.

[193] Guojin Gong, Lauray Y Li, Jeff J Wang. Serial Correlation in Management Earnings Forecast Errors [J]. Journal of Accounting Research, 2011, 49 (3): 677 –720.

[194] Hartzell J, L Starks. Institutional Investors and Executive Compensation [J]. Journal of Finance, 2003 (58): 2351 –2374.

[195] Harvey K D, R E Shrieves. Executive Compensation Structure and Corporate Governance Choices [J]. Journal of Financial Research, 2001, 24 (4): 495 –512.

[196] Healy P M, K G Palepu. Information Asymmetry, Corporate Disclosure and the Capital Markets: A Review of the Empirical Disclosure Literature [J]. Journal of Accounting and Economics, 2001, 31 (12): 405 –440.

[197] Healy P. The Effect of Bonus Schemes on Accounting Decisions [J]. Journal of Accounting and Economics, 1985 (7): 85 –107.

[198] Healy P M, Wahlen J M. A Review of the Earnings Management Literature and Its Implications for Standard Setting [J]. Accounting Horizon, 1999, 13 (4): 365 –383.

[199] Healy Paul M. The Effect of Bonus Schemes on Accounting Decisions [J]. Journal of Accounting and Economics, 1985 (7): 85 –107.

[200] Henry T F, J J Shon, R E Weiss. Does Executive Compensation Incentivize Managers to Create Effective Internal Control Systems? [J]. Research in Accounting Regulation, 2011, 23 (1): 46 – 59.

[201] Hill C, S Snell. External Control, Corporate Strategy and Firm Performance in Research-Incentive Industries [J]. Strategic Management Journal, 1988 (9): 577 – 590.

[202] Hirst D E, Koonce L, S Venkatarman. Management Earnings Forecasts: A Review and Framework [J]. Accounting Horizons, 2008, 22 (3): 315 – 338.

[203] Hirst E, Koonce L, Miller J. The Joint Effect of Management's Prior Forecast Accuracy and the Form of Its Financial Forecast on Investor Judgment [J]. Journal of Accounting Research, 1999 (37): 47 – 75.

[204] Holmstrom B. Managerial Incentive Problems: A Dynamic Perspective [J]. Swedish School of Economics, 1982 (6): 169 – 182.

[205] Holmstrom B. Moral Hazard and Observe Ability [J]. The Bell Journal of Economics, 1979, 10 (1): 74 – 91.

[206] Holthausen R W, Larker D F, Sloan R G. Annual Bonus Schemes and the Manipulation of Earnings [J]. Journal of Accounting and Economics, 1995, 19 (1): 29 – 74.

[207] Hoskisson R E, Wright M, Filatotchev I. Emerging Multinationals From Mid-range Economies: The Influence of Institutions and Factor Markets [J]. Journal of Management Studies, 2013, 50 (7): 1295 – 1321.

[208] Hribar P, H Yang. Does CEO Overconfidence Affect Management Forecasting and Subsequent Earnings Management? [R]. Working paper, University of Iowa and University of Pennsylvania, 2010.

[209] Hughes J, S Pae. Voluntary Disclosure of Precision Information [J].

Journal of Accounting and Economics, 2004 (37): 261 – 289.

[210] Hui K W, S R Matsunaga, D Morse. The Impact of Conservatism on Management Quantitative Earnings Forecasts [J]. Journal of Accounting and Economics, 2009 (47): 192 – 207.

[211] Hutton A P, P Stocken. Prior Forecasting Accuracy and Investor Reaction to Management Earnings Forecasts [R]. Working paper, Boston College and Dartmouth College, 2009.

[212] Hutton A, G Miller, D Skinner. The Role of Supplementary Statements With Management Earnings Forecasts [J]. Journal of Accounting Research, 2003 (41): 867 – 890.

[213] Irene Karamanou, Nikos Vafeas. The Association Between Corporate Boards, Audit Committees, Management Earnings Forecast: An Empirical Analysis [J]. Journal of Accounting Research, 2005, 43 (3): 453 – 486.

[214] Jane A Craighead, Michel L Magnan, Linad Thorne, Craighead. The Impact of Mandated Disclosure on Performance – Based CEO Compensation [J]. Contemporary Accounting Research, 2004, 24 (2): 369 – 98.

[215] Jasmijn C Bol, Gary Hecht, Steven D Smith. Managers' Discretionary Adjustments: The Influence of Uncontrollable Events and Compensation Interdepe [J]. Contemporary Accounting Research, 2015, 32 (1): 139 – 159.

[216] Jay C Hartzell, Laura T Starks. Institutional Investors and Executive Compensation [J]. The Journal of Finance, 2003, 6 (12): 2351 – 2374.

[217] Jeffrey L Colesa, Michael Hertzela, Swaminathan Kalpathy. Earnings Management Around Employee Stock Option Reissues [J]. Journal of Accounting and Economics, 2006 (41): 173 – 200.

[218] Jeffrey Ng, Irem Tuna, Rodrigo Verdi. Management Forecast Credibili-

ty and Under Reaction to Forecast Forecast News ［J］. Review Accounting Study, 2013 （18）: 956 – 986.

［219］ Jennings R. Unsystematic Security Price Movements, Management Earnings Forecasts and Revisions in Consensus Analyst Earnings Forecasts ［J］. Journal of Accounting Research, 1987, 25 （1）: 90 – 110.

［220］ Jensen T K, Plumlee M A. Understanding the Role of Management Earnings Forecast Range ［R］. Working Paper, 2013.

［221］ Jensen M C. Agency Costs of Free Cash Flow, Corporate Finance and Takeover ［J］. American Economic Review, 1986, 76 （2）: 323 – 329.

［222］ Jensen M C, K Murphy. Performance Pay and Top – Management Incentives ［J］. Journal of Political Economy, 1990, 98 （2）: 225 – 264.

［223］ Jensen, Meckling. The Theory of the Firm: Managerial Behavior, Agency Costs and Capital Structure ［J］. Journal of Finance Economics, 1976, 3 （4）: 305 – 360.

［224］ Karamanou I, N Vafeas. The Association Between Corporate Boards, Audit Committees and Management Earnings Forecasts: An Empirical Analysis ［J］. Journal of Accounting Research, 2005, 43 （3）: 453 – 486.

［225］ Kasznik R, Lev B. To Warn or Not to Warn: Management Disclosure in the Face of An Earnings Surprises ［J］. The Accounting Review, 1995, 70 （1）: 113 – 134.

［226］ Kasznik R. On The Association Between Voluntary Disclosure and Earnings Management ［J］. Journal of Accounting Research, 1999 （37）: 57 – 81.

［227］ Kato T, Long C. CEO Turnover, Firm Performance, and Enterprise Reform in China: Evidence From Micro Data ［J］. Journal of Comparative Economics, 2006, 34 （4）: 796 – 817.

[228] Kenneth J Merkley, Linda S Bamber, Theodore E Christensen. Detailed Management Earnings Forecasts: Do Analysts Listen? [J]. Review Accounting Study, 2013 (18): 479 – 521.

[229] Kesavan S, V Mani. The Predictive Power of Abnormal Inventory Growth: Application to Earnings Forecasting for Retailers [R]. Working paper, University of North Carolina at Chapel Hill, 2010.

[230] Khan R, Dharwadkar R, Brandes P. Institutional Ownership and CEO Compensation: A Longitudinal Examination [J]. Journal of Business Research, 2005, 58 (8): 1078 – 1088.

[231] Kim O, Verrecchia R. Market Liquidity and Volume Around Earnings Announcements [J]. Journal of Accounting and Economics, 1994 (17): 41 – 67.

[232] Kim O, Verrecchia R. Trading Volume and Price Reactions to Public Announcements [J]. Journal of Accounting Research, 1991 (29): 302 – 321.

[233] King R, Pownall G, Waymire G. Expectations Adjustment Via Timely Earnings Forecast Disclosure: Review, Synthesis and Suggestions for Future Research [J]. Journal of Accounting Literature, 1990, 9 (2): 113 – 144.

[234] Koh P S. On the Association between Institutional Ownership and Aggressive Corporate Earnings Management in Australia [J]. British Accounting Review 2003 (35): 105 – 128.

[235] Koh P S. Institutional Investor Type, Earnings Management and Benchmark Beaters [J]. Journal of Accounting and Public Policy, 2007 (26): 267 – 299.

[236] Lambert R, Leuz C, Verrecchia R. Information Asymmetry, Information Precision and the Cost of Capital [R]. Working paper, University of Pennsylvania and University of Chicago, 2007.

［237］ Lambert R, Larcker D. An Analysis of The Use of Accounting and Market Measures of Performance in Executive Compensation Contracts ［J］. Journal of Accounting Research, 1987 (25): 85 – 129.

［238］ Lang M, R Lundholm. Voluntary Disclosure and Equity Offerings: Reducing Information Asymmetry or Hyping the Stock? ［J］. Contemporary Accounting Research, 2000 (17): 623 – 662.

［239］ Lehavy R, R Li, K Merkley. The Effect of Annual Report Readability on Analyst Following and the Properties of Their Earnings Forecasts ［J］. The Accounting Review, 2011 (86): 1087 – 115.

［240］ Lennox C, C Park. The Informativeness of Earnings and Management's Issuance of Earnings Forecasts ［J］. Journal of Accounting and Economics, 2006 (42): 439 – 458.

［241］ Leone A, Rock S, Guidry F. Empirical Tests of The Ratchet Effect and Implications for Studies of Earnings Management ［R］. Working paper, University of Rochester, 1998.

［242］ Leuz C, P Wysocki. Economic Consequences of Financial Reporting and Disclosure Regulation: A Review and Suggestions for Future Research ［R］. Working paper, University of Chicago, 2008.

［243］ Lev B, S H Penman. Voluntary Forecast Disclosure, Nondisclosure and Stock Prices ［J］. Journal of Accounting Research, 1990, 28 (1): 49 – 76.

［244］ Li Zhang. The Effect of Ex Ante Management Forecast Accuracy on the Post – Earnings – Announcement Drift ［J］. The Accounting Review, 2012, 5 (87): 1791 – 1818.

［245］ Li K, H Ortiz – Molina, X Zhao. Do Voting Rights Affect Institutional Investment Decisions? Evidence From Dual – Class Firms ［J］. Financial Management, 2008 (37): 713 – 745.

[246] Libby R, Tan H, Hunton J. Does the Form of Management's Earnings Guidance Affect Analysts'Earnings Forecasts? [J]. The Accounting Review, 2006 (81): 207 – 225.

[247] Maines L, McDaniel L. Effects of Comprehensive-Income Characteristics on Nonprofessional Investors' Judgments: The Role of Financial Statement Presentation Format [J]. The Accounting Review, 2000, 75 (2): 179 – 208.

[248] María Consuelo Pucheta – Martínez, Emma García – Meca. Institutional Investors on Boards and Audit Committees and Their Effects on Financial Reporting Quality [J]. Corporate Governance: An International Review, 2014, 22 (4): 347 – 363.

[249] Maribeth C, T L Yohn. Management Forecasts and Information Asymmetry: An Examination of Bid – Ask Spreads [J]. Journal of Accounting Research, 1997 (6): 181 – 194.

[250] Matsumoto D. Management's Incentives to Avoid Negative Earnings Surprises [J]. The Accounting Review, 2002 (77): 483 – 514.

[251] McDonald C L. Examination of the: Reliability of Published Predictions of Future Earnings [J]. The Accounting Review, 1973 (7): 502 – 510.

[252] McGuire J B, Sundgren A, Schneeweis T. Corporate Social Responsibility and Firm Financial Performance [J]. Academy of Management Journal, 1988, 31 (4): 854 – 872.

[253] Mei Feng, Chan Li. Are Auditors Professionally Skeptical? Evidence from Auditors' Going – Concern Opinions and Management Earnings Forecasts [J]. Journal of Accounting Research, 2014, 52 (5): 1061 – 1085.

[254] Melanie Cao, Rong Wang. Optimal CEO Compensation with Search:

Theory and Empirical Evidence ［J］. The Journal of Finance, 2013, 5 (10):
2001 - 2058.

［255］ Mercer M. How Do Investors Assess the Credibility of Management Dis-
closures? ［J］. Accounting Horizons, 2004, 18 (3): 185 - 196.

［256］ Michalisin, Michael D, Douglas M Kline, R D Smith. Intangible Stra-
tegic Assets and Firm Performance: A Multi-Industry Study of the Resource-based
View ［J］. Journal of Business Studies, 2000, 17 (2): 93 - 117.

［257］ Milgrom Paul, John Roberts. Predation, Reputation and Entry Deter-
rence ［J］. Journal of Economic Theory, 1982, 27 (2): 280 - 312.

［258］ Mitra S, M Cready. Institutional Stock Ownership, Accrual Manage-
ment and Information Environment ［J］. Journal of Accounting, Auditing and Fi-
nance, 2005 (20): 257 - 286.

［259］ Mscnichols M, Trueman B. Public Disclosure, Private Information Col-
lection and Short - Term Trading ［J］. Journal of Accounting and Economics, 1994,
17 (1 - 2): 69 - 94.

［260］ Murphy, Kevin J. Executive Compensation ［J］. Handbook of Labor
Economics, 1999 (3): 2485 - 2563.

［261］ Narayanan M. Managerial Incentives for Short - Term Results ［J］.
Journal of Finance, 1985, 40 (14): 69 - 84.

［262］ Natarajan R. Stewardship Value of Earnings Components: Additional
Evidence on the Determinants of Executive Compensation ［J］. Accounting Review,
1996 (71): 1 - 22.

［263］ Ochsner R, S Gross. Executive and alternative compensation ［C］.
Philadelphia PA: Hay Management Consultants, 1991.

［264］ Patell J. Corporate Forecasts of Earnings Per Share and Stock Price Behavior: Empirical Tests [J]. Journal of Accounting Research, 1976, 14 (2): 246 – 276.

[265] Penman S. An Empirical Investigation of the Voluntary Disclosure of Corporate Earnings Forecasts [J]. Journal of Accounting Research, 1980 (18): 132 – 60.

[266] Pownall G, Wasley C, Waymire G. The Stock Price Effects of Alternative Types of Management Earnings Forecasts [J]. The Accounting Review, 1993, 68 (4): 896 – 912.

[267] Pownall G, Waymire G. Voluntary Disclosure Credibility and Security Prices: Evidence from Management Earnings Forecasts 1969 – 1973 [J]. Journal of Accounting Research, 1989, 27 (2): 227 – 245.

[268] Qiang Cheng, Ting Lou, Heng Yue. Managerial Incentives and Management Forecast Precision [J]. The Accounting Review, 2013, 5 (88): 1575 – 1602.

[269] Radhakrishnan Gopalan, Todd Milbourn, Fenghua Song, Anjan V Thakor. Duration of Executive Compensation [J]. The Journal of Finance, 2014, 6 (12): 2777 – 2817.

[270] Rajgopal S, J Jiambalvo, M Venkatachalam. Institutional Ownership and the Extent to Which Stock Prices Reflect Future Earnings [J]. Contemporary Accounting Research, 2002 (19): 117 – 136.

[271] Robert W Holthausen, David F Larcker, Richard G Sloan. Annual Bonus Schemes and The Manipulation of Earnings [J]. Journal of Accounting and Economics, 1995 (19): 29 – 74.

[272] Roberts Peter, Grahame Dowling. Corporate Reputation and Sustained Superior Financial Performance [J]. Strategic Management Journal, 2002, 23

(12): 1077 – 1093.

[273] Rogers J L, A Van Buskirk, Bundled. Forecasts in Empirical Accounting Research [R]. Working Paper, The University of Chicago and The Ohio State University, 2011.

[274] Rogers J L, A Van Buskirk. Shareholder Litigation and Changes in Disclosure Behavior [J]. Journal of Accounting and Economics, 2009 (47): 136 – 156.

[275] Rogers J L, P C Stocken. Credibility of Management Forecasts [J]. The Accounting Review, 2005, 80 (4): 1233 – 1260.

[276] Rogers J L. Disclosure Quality and Management Trading Incentives [J]. Journal of Accounting Research, 2008 (46): 1265 – 1296.

[277] Roychowdhury S. Earnings Management Through Real Activities Manipulation [J]. Journal of Accounting and Economics, 2006, 42 (3): 335 – 370.

[278] Ruland W, S Tung, N E George. Factors Associated with the Disclosure of Managers' Forecasts [J]. The Accounting Review, 1990 (3): 710 – 721.

[279] Ruland W. The Accuracy of Forecasts By Management and By Financial Analysts [J]. The Accounting Review, 1978 (4): 439 – 447.

[280] Ryan Jr, Harley E, Wiggins Roy A. The Influence of Firm and Manager – Specific Characteristics on The Structure of Executive Compensation [J]. Journal of Corporate Finance, 2001 (7): 101 – 123.

[281] Sam Lee, Steven R, Matsunaga, Chul W Park. Management Forecast Accuracy and CEO Turnover [J]. The Accounting Review, 2012 (6): 2095 – 2122.

[282] Samuel B, Bonsall Iv, Zahn Bozanic, Paul E Fischer. What Do Management Earnings Forecasts Convey About the Macro-economy? [J]. Journal of Ac-

counting Research, 2013, 36 (2): 225 – 266.

[283] Sanford J Grossman, Oliver D Hart. Takeover Bids, the Free Rider Problem, and the Theory of the Corporation [J]. The Bell Journal of Economics, 1980, 11 (1): 42 – 64.

[284] Santhosh Ramalingegowdaa, Yong Yu. Institutional Ownership and Conservatism [J]. Journal of Accounting and Economics, 2012, 53 (1 – 2): 98 – 114.

[285] Schipper K. Commentary on Earnings Management [J]. Accounting Horizons, 1989, 3 (4): 91 – 102.

[286] Shleifer A, R Vishny. A Survey of Corporate Governance [J]. Journal of Finance, 1997 (52): 737 – 783.

[287] Shleifer A, R Vishny. Large Shareholders and Corporate Control [J]. The Journal of Political Economy, 1986, 94 (3): 461 – 488.

[288] Shleifer Andrei, Robert Vishny. A Survey of Corporate Governance [J]. Journal of Finance, 1997, 52 (2): 737 – 783.

[289] Skinner D. Earnings Disclosures and Stockholder Lawsuits [J]. Journal of Accounting and Economics, 1997, 23 (3): 249 – 262.

[290] Skinner D. Why Firms Voluntarily Disclose Bad Forecast Forecast News [J]. Journal of Accounting Research, 1994, 32 (1): 38 – 61.

[291] Stephen P, Baginski Kenneth C, Rakow Jr. Management Earnings Forecast Disclosure Policy and the Cost of Equity Capital [J]. Review Accounting Study, 2012 (17): 279 – 321.

[292] Subramanyam K R. Uncertain Precision and Price Reactions to Information [J]. The Accounting Review, 1996 (71): 207 – 220.

[293] T Kato, C Long. CEO Turnover, Firm Performance and Enterprise Reform in China: Evidence from Micro Data [J]. Journal of Comparative Economics,

2006, 34 (4): 796 – 817.

[294] Theodore H Goodman, Nemit Shroff. Management Forecast Quality and Capital Investment Decisions [J]. The Accounting Review, 2014, 89 (1): 331 – 365.

[295] Trueman B. Why Do Managers Voluntarily Release Earnings Forecasts? [J]. Journal of Accounting and Economics, 1986, 8 (1): 53 – 71.

[296] Truong T P, Dunstan K. The Influence of Corporate Governance on Management Earnings Forecast Behavior in A Low Private Litigation Environment [R]. Working Paper, 2011.

[297] Vidhi Chhaochharia, Yaniv Grinstein. CEO Compensation and Board Structure [J]. The Journal of Finance, 2009, 1 (2): 231 – 261.

[298] Wang I. Private Earnings Guidance and Its Implications For Disclosure Regulation [J]. The Accounting Review, 2007 (82): 1299 – 1332.

[299] Watts Ross L, Jerold L Zimmerman. Towards A Positive Theory of The Determination of Accounting Standards [J]. The Accounting Review, 1978 (1): 112 – 134.

[300] Watts Ross L, Jerold L Zimmerman. Positive Accounting Theory [M]. 2th ed. Forecast News Jersey: Prentice Hall Eglewood Cliffs, 1986.

[301] Waymire G. Additional Evidence on the Accuracy of Analyst Forecasts Before and After Voluntary Management Earnings Forecasts [J]. The Accounting Review, 1986 (61): 129 – 42.

[302] Waymire G. Additional Evidence on the Information Content of Management Earnings Forecasts [J]. Journal of Accounting Research, 1984, 22 (2): 703 – 718.

[303] Weiss D. Cost Behavior and Analysts' Earnings Forecasts [J]. The Ac-

counting Review, 2010 (85): 1441 - 71.

[304] William R Baber, Sok - Hyon Kang, Krishna R Kumar. Accounting Earnings and Executive Compensation: The Role of Earnings Persistence [J]. Journal of Accounting and Economics, 1998 (25): 169 - 193.

[305] Williams P A. The Relation Between a Prior Earnings Forecast By Management and Analyst Response to A Current Management Forecast [J]. The Accounting Review, 1996, 71 (1): 103 - 113.

[306] Wurgler J. Financial Markets and The Allocation of Capital [J]. Journal of Financial Economics, 2000 (58): 187 - 214.

[307] Ying Hua Li, Lian Dong Zhang. Short Selling Pressure, Stock Price Behavior and Management Forecast Precision: Evidence from A Natural Experiment [J]. Journal of Accounting Research, 2015, 53 (1): 79 - 115.

[308] Zamora V. Do Managers Benefit from Superior Forecasting [R]. Working paper, Seattle University, 2009.

[309] Zang A Y. Evidence on the Trade - Off between Real Activities Manipulation and Accrual - Based Earnings Management [J]. The Accounting Review, 2012, 87 (2): 675 - 703.